KB267793

통일시대를 위한 새로운 가치

통일시대를 위한 새로운 가치

통일시대를 위한 새로운 가치

|손대오 · 시사평론|

미래문화사

책머리에

이 책에 실린 글들은 1989년부터 2001년에 걸쳐 신문에 게재했던 것을 모은 것이다. 신문에 게재되었던 것을 다시 한 권의 책으로 묶어 내는 것이 그리 바람직한 것은 아니라고 느껴지기도 한다. 시사성을 띤 것이 많기도 하거니와 일단 한번 발표된 것을 재차 발표하는 것 같아 쑥스럽기도 하다.

그러나 20세기를 마감하며 21세기를 맞이하는 세기말의 12년 동안 한반도와 세계의 격변을 지켜보면서 고뇌하고 행동하며 기록한 내 삶의 단면이기도 한 이 글모음은 신문에 하루살이로 실렸다가 사라져버릴 그런 내용만은 아니라고 생각되어 이렇게 한 권의 책으로 다시 묶게 되었다.

나는 본래 직업인으로서의 신문기자나 언론인이 되고자 했던 사람은 아니었다. 그런데 나이가 50대 후반에 들어선 지금 교수·박사란 칭호 이외에 언론인이라는 간판이 하나 더 따라붙는 것이 왠지 어색하기도 하지만 운명적이라는 생각이 들기도 한다. 내가 운명적이란 말을 쓰는 것은 오늘의 내 인생관과 가치관을 형성하는데 결정적인 계기가 된 문선명(文鮮明) 선생과의 만남을 놓고 하는 말이다. 내 나이 20세 때인 대학 신입생 시절에 나는 선생의 통일원리사상을 처음 접했다.

이 일이 없었다면 나는 지금쯤 대학 강단에서 학문을 연구하면서 후학을 가르치는 교수로서의 생애를 살고 있지 않을까 생각한다. 그러나 '운명'은 나를 그렇게 놔두지 않았다. 나를 대학 강단에 붙들어 앉히고자 눈물을 흘리며 설득하던 대학 은사님들의 청을 끝내 마다하고 운명은 나를 문선명 선생의 통일원리운동에 생애를 걸고 열정을 쏟게 만들었다.

이 길을 걸어오며 내가 가장 치열하게 고뇌하면서 활동했던 시기가 1980년대와 90년대에 걸쳐서였다. 세계적으로는 동서냉전이 그 막바지를 향해 숨을 헐떡거리던 시기였고, 국내적으로는 남북관계의 긴장이 그 어느 때보다 이념적으로 첨예하게 맞부딪치던 시기였다. 한국의 대학가를 휩쓸던 '좌경이념'과 '전대협(全大協)'으로 대표되던 운동권 학생들의 무분별한 북한동조 통일논리와 거칠고 황폐했던 시위사태는 지금 생각해도 안타깝기 그지없는 일이었다. 물론 당시의 군사정권이 운동권에게는 '민주화를 위한 투쟁'이라는 좋은 대의명분을 줄 수 있었던 것도 사실이지만 그 '민주화'라는 슬로건 뒤로 끊임없이 따라붙는 반미자주, 민족해방, 주체사상, 연공합작 운운하던 사실도 잊어서는 안 된다.

이런 시대상을 누구보다도 깊이 염려하시던 문선명 선생께서 1989년 2월과 10월에 종합일간지 〈세계일보〉와 대학가를 중심한 교육사상전문 주간지인 〈전교학신문〉의 발행을 결정하고 그때까지 교수·학생을 대상으로 원리운동에 앞장서왔던 필자를 두 신문의 편집인 겸 주필로 참여케 하였다.

이와 같은 한국 사회의 이념적 갈등과 통일문제에 관한 좌우논쟁이 격렬했던 80년대 후반에서 90년대가 이 책에 실린 남북관계에 관한 글들의 시대적 배경이다. 혹자는 8~90년대의 이데올로기 혼란상을 한낱 지나간 시대의 옛이야기가 아닌가고 묻고 싶을 것이다. 그러나 대한민국 즉 남한이 남북통일에 대한 이념 정립과 국민적 합의를 위한 교육이 지지부진한 채 한반도의 통일문제가 현실로 다가올수록 이와 같은 이념의 혼란과 가치관의 갈등은 언제든지 재연될 소지를 안고 있다.

북한 지도자 김정일이 2000년 6월 남북정상회담 이후 몇 달 동안 지속된 남북교류와 대화 중에, 방북했던 남한 언론사 대표들에게 ''남측은 경제', '북측은 사상'으로 통일에 기여하자'라는 요지의 발언을 한 것을 보면 이념과 사상의 문제는 한반도 통일의 주요한 도전적인 과제로 남아 있음을 드러내고 있다.

이 책에 실린 글들을 대충 분류하다 보니 남북분단과 통일관계, 언론의 자기성찰, 사회의 도덕성 제고, 한국의 문화지향 비전 등의 네 부문으로 정리되었다. 글이란 게 글쓴이를 숨김없이 드러나게 하는 것이어서 이제 와 살펴보니 그저 민망하고 부끄럽다. 글을 쓰는 시점에는 이런저런 상황에 맞딱뜨려 제법 절실한 마음으로 쓰게 되었지만, 막상 써 놓은 것을 다시 읽어보니 천학비재라는 말이 절로 실감난다.

이 모자라는 글들을 모아 한 권의 책으로 묶어 내게 되기까지는 실로 고마운 여러분들의 도움이 있었음을 말하지 않을 수 없

다. 데이터베이스를 뒤지며 오래전 글을 찾아내고 일목요연하게
정리되도록 수고해 준 세계일보사의 홍광표 전산제작국장과 김희
준 비서실차장, 그리고 원고배열과 편집에 시간을 내 준 차준영
부장에게 감사의 뜻을 표하고 싶다. 특히 흔쾌히 이 책의 출판을
결심하신 미래문화사 임종대 사장님과 편집진 여러분들의 노고에
심심한 사의를 표해 마지않는다.

  끝으로 사족 같은 말씀이지만 그동안 필자를 손병우(孫炳禹)란
이름으로 기억해 주시던 독자 여러분께 저의 개명 사실을 알려드
리는 게 도리라 생각된다. 앞으로는 손대오(孫大旿)란 새 이름으로
기억해 주시기를 바라 마지않으며 필을 놓는다.

2001년 11월

미국 워싱턴 근교 비엔나 소재

一宇書室에서 손대오

차례

4부 • 자랑스런 문화대국의 길로

1부

투명한 도덕사회의 꿈

열린 사회와 가정의 위기
가정헌장 제정을 제의한다

> 국제화·사회화로 치닫는 개방시대를 맞이하여 나라
> 의 기본 세포에 해당되는 가정을 보호하는 일은 경
> 제와 정치가 국제 경쟁력을 갖는 것보다 더욱 중요
> 한 일이다.

가정의 달 5월이 왜 이다지도 잔인한가.

어제와 오늘 아마도 많은 사람들은 너무도 끔찍한 악몽에 시달리느라 밤잠을 제대로 이룰 수 없었을 것이다.

부모는 무엇이며 자식은 또 무엇인가. 부자지간의 관계가 도대체 무엇이기에 이토록 몸서리쳐지도록 하는가. 이에 대해 새삼스레 생각해 보게 된다. 세상의 모든 부모들은 자식들 얼굴 쳐다보기가 어색해졌고, 자식들은 부모 대하기가 그저 죄스럽기만 할 뿐이다.

그렇다. 우리는 지금 그런 악몽이 현실로 나타난 천인공노의 패륜 앞에 놀란 가슴을 진정시킬 수가 없다. 어쩌다 이런 일이 일어났는가. 자식이 아버지와 어머니를 말짱한 제정신을 가지고 계획적으로 살해하고 방화한 후 재산을 탈취하려 했다니……. 도대체가 말이 되지 않고 상상하기조차 싫은 일이다.

정말 없었던 일로 하고 싶은 심정이지만 현실로 우리 앞에 벌어진 이 사실을 어쩔 것인가. 문제는 이 지경에 이르고서도 우리 모두가 이런들 어떡하겠느냐 하는 무력감에 빠져들어 그저 한탄만 하고 있는 것은 아닌가 하는 점이다. 이래서는 안 된다.

'자식 교육이나 물질 위주의 사회 풍조와 가치관이 문제'라는 것을 모르는 사람은 아무도 없다. 그러나 이 문제를 해결하는 데 무슨 답이 있겠는가. 개개인의 문제요 가정의 문제이니 만큼 각자가 알아서 해결할 사항일 뿐이라고 할 수밖에 없다면, 세상의 모든 부모들은 자식이란 애물단지 때문에 천형을 받고 있는 것과 같은 심경이 되고 만다.

이번 사건을 교훈으로 우리 국민들은 그야말로 대오각성을 하지 않으면 안 되겠다. 도피성 미국 유학생인 장남의 손에 어처구니없는 죽음을 당한 이번 박씨 부부의 참극은 가정과 사회와 국가와 세계를 따로 떼어 놓고 생각할 수 없다는 중요한 하나의 교훈을 던져 준다.

세계의 풍조는 국가의 풍조에 조만간 영향을 끼치고, 국가의 풍조는 사회에, 사회의 풍조는 직접적으로 우리네 가정에 영향을 미치게 된다. 다시 말하면 건강하고 주체성 있는 가치관으로 무장되지 아니한 국가나 사회나 가정이나 개인일수록 백해무익한 외부 풍조에 쉽사리 휘말려들고 만다는 사실이다. 전통사회와 달리 현대사회는 근원적으로 개방된 세계, 정보의 자유로운 소통이 가능해진 열린 사회다. 사방팔방에서 불어오는 바람에 그대로 노출된 벌판에서 현대인은 끊임없이 선택을 강요당하며 살아야 하는 것이다. 자식을 가둬 놓고 기를 수도 없는 노릇이요 묶어 놓고 살 수도 없는 노릇이 아닌가.

그러니 세계에서 불어오는 바람, 나라에서 불어오는 바람, 사회에서 불어오는 바람이 우리 가정에 그대로 몰아치는 열린 정보화 시대를 살아가는 우리의 미래가 불안한 것이다.

이것을 피해 갈 수 있는 부모나 자식은 없다. 모든 가정이 아무리 방범시설을 완벽하게 해 놓고 살아도 부모와 부부와 자식들이 외부 세계와 접하는 정보까지 단속하고 살 수는 없게 된 것이다. 전파매체, 컴퓨터통신, 전화, 신문, 잡지 등 보고 듣고 만나고 흔들리고 유혹당하면서 자극받을 때 무엇을 기준 삼아 스스로의 행동을 판단하게 할 것인가. 바로 이것이 문제가 아닐 수 없다. 열린 세상, 정보화 세상을 휘감으려 하는 악마의 검은 손을 보면서, 금지옥엽 같은 자식을 껴안고 이리저리 쫓기고 뒤척이며 숨바꼭질하는 세상의 모든 부모들은 한약상 박씨 부부의 비참한 종말과 맏아들 박한상 군의 엽기적 살인 행각이 남의 일이 아님을 실감하고도 남았을 것이다.

이제 답은 분명해지고 있다.

첫째는, 모든 가정·사회·국가가 교육 우위의 분위기를 만들지 않으면 안 된다. 가정교육, 학교 교육이 참사랑에 터전한 인간의 본성에 눈뜨게 하는 가치관을 찾아 세워야 한다. 모든 종교도 여기에 나서야 한다. 사회 지도층, 국가 지도자들도 본성 교육의 중요성을 재인식해야 한다. 나라의 교육 예산이나 교육부처의 위상도 제고(提高)시켜야 한다. 참된 부모의 길, 참된 부부의 길, 참된 자녀의 길을 보여 주고 가르쳐야 한다.

둘째는, 자식 농사야말로 가정의 미래와 국가의 흥망성쇠가 직결되어 있다는 점이다.

'졸부 부모에 오렌지족 자식'이 경제제일주의로 치달아 온 우리나라의 지난 30년을 한마디로 표시한 조어라면 지나친 표현일까. 졸부는 돈을 벌기 위해서 자기 자식까지도 음란 퇴폐 영업의 고객을 만들 수 있는 사람의 다른 이름이 아니고 무엇이겠는가. 자업자득이요, 자승자박의 결과를 놓고 오늘의 부모 세대들은 가슴을 앓고 있다. 우리 자식들이 밤낮으로 매달려 있는 TV 화면이나 컴퓨터 프로그램에서 아무도 몰래 유혹의 검은 손을 내뻗는 자도 결국은 '돈벌기'가 지상의 목표인 부모 세대들의 자살 행위에 다름 아님을 우리 모두가 똑바로 인식하지 않으면 안 된다. 건전한 생각과 가치관으로 길러지는 자식들은 건전한 생각과 생업으로 살아가는 부모 아래서 가능한 것이다. 동시에 사회와 국가를 주도하는 기풍이 모든 기성세대들로 하여금 건강한 가치관과 건강한 생업에 종사할 수 있도록 하지 않으면 안 된다. 국가 지도자와 사회 지도층, 모든 가정의 아버지와 어머니, 자식들은 이 우울한 가정의 달 5월을 보내며 가슴에 손을 얹고 반성하고 각성하고 분발하지 않으면 안 될 것이다.

국제화·사회화로 치닫는 개방시대를 맞이하여 나라의 기본 세포에 해당되는 가정을 보호하는 일은 경제와 정치가 국제 경쟁력을 갖는 것보다 더욱 중요한 일이다. 가정이 해체되거나 불륜의 소굴이 된 다음에야 그 위에 무엇을 일으켜 세울 수 있겠는가.

이런 의미에서 정부는 우리의 가정을 보호하고 그 가치를 보다 소중히 할 가정헌장을 제정하여 모든 가정과 학교, 사회에서 국민 교육의 기본틀로 삼을 것을 제의한다.

〈세계일보〉 (1994. 5. 28)

매춘 여성 65만이 '남의 집' 일인가
'가정의 달'을 보내며

65만이라는 숫자는 한국의 여성인구 중 가임여성 8백 34만 명의 7.8%에 해당하는 숫자다. 우리의 딸들, 누나들, 여동생들이 지금은 '꽃순이', '잔순이'들로 변신했다는 얘기가 된다.

한국의 오월은 우리 사회와 정치의 현실을 참으로 상징적으로 잘 말해 주고 있다. 어린이 날(5일), 어버이 날(8일), 스승의 날(15일), 성년의 날(18일)이 몰려 있어 가정의 소중함과 자녀 교육의 중요성을 일깨워 주는가 하면, '5·16', '5·17', '5·18'로 불리는 정치의 파행과 한국 민주주의의 불행했던 역사도 이 5월에 나란히 줄을 서 있으니 말이다.

오월동주(吳越同舟)가 아니라 가정의 소중함과 정치의 파행상이 한데 맞물려 있는 '오월동주(五月同舟)'라고나 할까.

이 요란벅적한 정치판에는 언제나 말의 성찬이 춤을 추기 마련이었다. 어떤 정당에서는 한국 민주주의의 국민적 축제를 연답시고 몇 달 동안이나 '완전 자유경선과 6·29의 완결'이라는 나팔을 불어대다가 결국은 망신을 당했고, 또 어떤 당은 6공의 경제실정 (失政)을 일거에 바로잡을 경제 대통령이 내로라고 있는 대로 큰 소리를 다 질렀고, 또 다른 당에서는 나야말로 경륜과 능력으로 봐서 비록 3수이기는 하지만 대통령감으로선 최적임자요 도덕정 치를 펼칠 철인의 경지에 올라 있는 아무개라고 목청을 돋우었다.

정계에서 마구 쏘아대는 이런 대포 소리, 되는 소리, 안 되는 소리들이 엮어 내는 그 불협화음의 바로 뒤안길에는 우리 사회의 일그러져 가는 흉측한 얼굴들이 하나 둘씩 고개를 들고 나서고 있으니 이를 어떻게 보아야 하는가.

무엇보다 우리를 우울하게 만드는 것은 정치 쪽에서 민주주의 와 경제회복, 도덕정치를 떠들면 떠들수록 빈 양철통과 빈 수레 가 시끄럽기만 한 것과 같이 한국 사회가 알맹이는 다 빠지고 밑 바닥부터 내려앉고 있는 게 아닌가 하는 의구심만 깊어지고 있는 점이다.

‘가정의 달’인 이 5월에 우리를 슬프게 하는 소식이 어디 한둘 이었는가 말이다. 우선 17만 개 유흥업소에 65만 명의 매춘 여성 이 우글거리고 있다는 이 충격적인 현실을 우리는 어떻게 해석해 야 하는가. 65만이라는 숫자는 한국의 여성인구 중 가임여성 8백 34만 명의 7.8%에 해당하는 숫자다. 한때 ‘공순이’로 비하되던 우리의 딸들, 누나들, 여동생들이 지금은 모두가 어딘가에서 ‘꽃 순이’, ‘잔순이’ 들로 변신했다는 얘기가 된다. 국내뿐만 아니라 일본 등지까지 건너가 한밑천 잡기 위해 ‘꽃’과 ‘잔’을 파는 우리 의 딸들이 수만 명이 된다는 얘기도 들린다.

그들이 떠나버린 일터에는 지금 거미줄이 끼기 시작한 지 오래 다. 어디 이뿐인가. 성폭력 세계 3위라던가. 65만 명의 매춘여성이 모자라 성폭력 발생 건수마저 세계 3위를 달린다는 얘기인가 말이다. 참으로 고개들 수 없는 부끄러운 세상이 되었다. 인면수 심의 사회가 아니고 무엇이란 말인가.

그런데도 음란·퇴폐물이 밤낮없이 쏟아져 나온다. 갖가지 도 색 비디오테이프, 선정적인 영화, 온갖 퇴폐적인 출판물들, 소위 성인만화라는 갖가지 행태들, 황색신문들, 선정적이고 음담패설 까지 늘어놓을 수 있는 TV·라디오 프로그램들, 퍼스널 컴퓨터 를 통해 음란물까지 보급하는 세상이 되었다니 더 이상 무슨 할 말이 있다는 말인가. 이제는 마약을 팔아서라도 '돈을 벌어야 한 다'는 단계에까지 왔으니 갈 데까지 다 간 것이다.

이 5월에 또 우리를 우울하게 하는 소식이 있다. 청소년 흡연 율 세계 최고라는 통계다. 담배를 피워 물기 시작하는 것은 성인 이 되었다는 과시욕에서 비롯된다. 성인이 되면 담배도 술도 그 외 유흥업소 출입도 또 그 무엇도 사회의 간섭없이 내 맘대로 할 수 있다는 의미이다. 지금과 같은 퇴폐분위기가 만연하는 속에서 청소년들이 흡연을 한다는 것은 그외의 퇴폐적인 행위에도 얼마 든지 빠져들 수 있다는 개연성을 부정할 수 없다. 우리의 아들딸 들을 이와 같은 환경에서 자라도록 언제까지 내버려둘 것인가.

정치하는 사람들이 지금 온통 난리법석을 치고 있는 대권주자 운운하는 소리를 들으면서 우리는 조용히 그들에게 되묻지 않을 수 없다. 나라의 근본 바탕인 우리의 가정이 이렇게 병들어 가고 있는 데 대해서 어떤 처방을 가지고 있는가 말이다. 거창하게 남 북통일, 민주주의, 경제회복, 도덕정치를 운운하면서 공수표를 남발하지 말고, 우리 사회의 밑바닥이 급속도로 썩어 가고 있는 이 현실을 어떻게 바로잡을 것인지 이 문제부터 대답해야 할 것이다.

한때 우리 사회에는 해외여행 갔다오면서 '태극기를 몇 개 꽂고 돌아왔느냐'는 말이 유행처럼 번진 일이 있었다.

외유길, 여행길에 이국 여성들과 정사를 가졌다는 말을 태극기를 꽂는다는 말로 은유하면서 그것이 마치 그 무슨 능력이나 수완의 상징인 양 으스대며 자못 자랑하는 데서 나돈 말이었다. 아직도 이런 의식을 가진 한국의 지도층 인사들이 다 사라진 것 같지는 않다. 그들이 우리 나라의 각계각층을 이끌어 가는 한 한국 사회는 '밑 빠진 독에 물붓기식'의 한심한 몰골을 면치 못할 것이다. 산토끼 잡으려고 뛰고 돌아다니면서 집토끼마저 다 놓치고 말 것이기 때문이다.

5월을 보내면서 가정과 청소년의 미래를 생각하지 않을 수 없다. '가정의 달', '정치의 달'이었던 우리 나라 5월의 두 얼굴이 교차되는 이 시점에 서서 아무래도 정치가 가정을 불행하게 만들고 있다는 결론이 내려지는 것 같아 뒷맛이 씁쓸하다.

가정을 지키는 모든 아내와 어머니들이 행복한 정치, 그 가정에서 건강하게 자라나야 할 우리 아들딸들이 진정으로 행복하고 자유로울 그런 정치가 꽃을 피우고 자리를 잡기 위해 이 땅의 정치인들은 이제부터 무엇을 할 것인가를 깊이 생각할 때다. 가정과 정치가 한배에 타고 있음을 한국의 '오월동주'는 웅변하고 있다.

〈세계일보〉 (1992. 5. 31. '가정의 달을 보내며)

강태공 노릇 3개월의 향수병

나의 여행은 일종의 귀양살이였다고 봐야 적절할지 모르겠다. 뜻하지 않게 강태공이 되어 이른 새벽부터 늦은 저녁까지 허드슨 강변에서 낚시를 드리우고 세월을 보내게 되었다.

1991년 4월 초순부터 석 달 동안 나는 뜻하지 않게 '외유'에 나선 적이 있다. 대개 해외여행이나 출장은 뭔가 기대와 흥미와 흥분을 안고 떠나게 마련인데 당시 나는 정말 떠나기 싫은 길을 나선 것이었다.

내가 근무하던 신문사가 당시 정치적으로 민감했던 '수서비리사건'을 특종 보도한 여파로 이래저래 집 안팎에서 말이 많던 시절이었다. 결국 편집인으로 있던 내가 당분간 복잡한 머리를 좀 식히는 게 좋겠다는 주위의 '권고'를 받은 상황이었다. 이럴 때 쓰는 말이 자의 반, 타의 반인지는 몰라도 내 경우는 타의가 전부였지 자의는 없었다.

이렇게 시작된 나의 여행은 일종의 귀양살이였다고 봐야 적절할지 모르겠다. 뜻하지 않게 강태공이 되어 매일 이른 새벽부터 늦은 저녁까지 뉴욕 교외로 흐르는 허드슨 강변에서 낚시를 드리우고 세월을 보내게 되었다. 허드슨강에는 스트라잎 베스(striped bass:줄무늬 농어) 시즌이 5월 하순까지 계속된다. 점차 강이 따스해져 농어들이 떠나면 뉴폭해안으로 나가서 블랙피쉬(blackfish:검은색 나는 농어류)를 낚곤 했다.

속 모르는 이는 이국만리에서 이 무슨 호강이냐고 여길 수도 있겠지만, 나로서는 고달픈 어부 생활이었을 뿐 시쳇말로 관광낚시나 즐기는 여유 있는 시간은 아니었다. 그도 그럴 것이 도대체 내가 하고 싶은 의욕이나 목적이 있어 시작한 낚시가 아니라 유배당한 심정으로 매일매일 강으로 바다로 꼭두새벽부터 나갔으니 무슨 흥미가 붙어날 수 없었던 것이다.

일렁이는 파도만 봐도 멀미를 느끼는 나는 산골 촌놈 출신이라 바다같이 넓은 허드슨강 위에서도 처음 며칠은 천지가 노래질 정도였다. 내가 매일 모시고 다닌 어르신은 칠순 고령에도 바윗돌같이 끄떡도 않으시는데 오십이 채 안 된 이 촌놈은 벌벌 기었으니 꼴이 말이 아니었다.

그러면서도 나는 허드슨 강변의 우거진 숲과 아름다운 풍광을 보면서 고등학교 때 유수현 선생님한테 배운 워싱턴 어빙의 립반빙클이 머물렀다는 무릉도원을 떠올리지 않을 수 없었다. 바로 내가 매일 낚시를 하는 이 강변이 립반빙클의 소설의 배경인 그 무릉도원이었기 때문이다. 나도 립반빙클처럼 시간 관념을 바꾸어 나가기로 작심해 보았다. '에이, 그까짓 현실 문제 잊어버리고 지내야지. 그 골치 아프고 좀 억울하고 분한 맘 푹 삭아져 버려라!' 이렇게 되뇌이고 되뇌어도 끝까지 잘되지 않았다. 아무래도 강태공이나 립반빙클 같은 선인의 인연은 나에게 없었던 모양이다.

잊으려고 하면 더욱더 집요하게 달라붙는 것이 있었다. 한국에 미결로 남겨 놓고 온 현실 문제도 있었지만, 그보다 더한 것은 향수병이었다. 그 전에는 1년 가까이 외국에 나가 활동하면서도 미처 몰랐는데 그때 마지못해 떠난 객지살이에서는 왜 그리도 한국의 산천이 그립고 한국의 친구와 지기들이 생각나는지 매일 몸살을 앓듯 했다.

나는 그제야 내 나라의 모든 것이 내 혈관 속에 살아 있음을 확인했다. 한국에 있을 때 등산을 가거나 들판을 거닐며 무심코 발길에 채이는 돌멩이와 나무, 풀포기, 흙덩이까지 내 눈앞에 어른거리는 것이었다. 아무리 멋진 이국 풍광이라 해도 내게는 그저 그렇게만 보였고, 한국의 산야가 그리울 뿐이었다. 한국에 돌아가기만 한다면 돌 하나, 풀 한 포기마저 다시 쓰다듬고 사랑해야 되겠다고 절절히 느껴지는 것이었다. 여태껏 무심하게 대했던 한국의 모든 것이 그렇게 절실하게 그립고 후회스러울 수가 없었다. 3개월의 짧은 기간에도 이 정도의 향수병을 겪었는데 만일 3년이나 30년 혹은 그 이상의 기간이었다면 어떻게 될까에 생각이 미치면 망향의 한을 품고 쓰러져 가는 해외 동포들이나 남북 이산가족의 아픔은 얼마나 클 것인지 요즈음 더 잘 실감하게 된다.

그래서 모교도 있고, 동창회도 있는 이 좋은 내 나라에서 보고 싶은 사람, 만나고 싶은 사람들 더 자주 만나면서 살아가야 하지 않겠나 하고 생각하는 것이다.

〈靑潮人〉 (1992년 3월호)

투명한 도덕사회의 꿈

차기 정부가 깨끗한 정치를 소리 높이 외치고 있는
데 대해 우리는 공직자의 부패와 관존민비의 폐습을
완전히 청산하지 못하는 한 그것은 공염불에 그치고
말 것임을 지적하지 않을 수 없다.

계유년 새해는 우리에게 많은 꿈을 갖게 한다. 실로 한 세대가
넘도록 지속된 권위주의 군사통치가 막을 내리고 이른바 문민정
치가 출범하는 새해라서만은 아니다. 그보다도 일제 강점으로부
터 광복 이후 오늘의 문민정부가 탄생되기까지 최근세사를 되돌
아볼 때 우리 민족의 진면목이 어떻게 일그러졌었는지를 가장 잘
깨달을 수 있는 시공간에 우리가 서 있다는 데서 그러하다. 길고
긴 터널이 끝나고 신한국의 탄생을 알리는 새벽 닭 울음소리와도
같은 새해를 맞이했기 때문일 것이다. '우리도 다시 일어설 수
있다'는 희망을 갖게 되었다는 데서 우리가 가지는 꿈의 실상이
선명하게 드러나게 된다. 그 꿈의 실상은 14대 대선 총선 등을
통해 드러난 민의대로 투명한 도덕사회의 건설에 있다. 투명한

도덕사회를 열망하는 국민적 공감대가 이처럼 확산되고 있는 현
상은 우리 사회가 그만큼 혼탁하다는 반증인 동시에 아직은 자정
력을 완전히 상실하지 않았다는 희망이 되기도 한다.

　국민들의 이와 같은 마음을 김영삼 대통령 당선자가 가장 잘
읽었다고 볼 수 있다. 그가 한국병을 말하고, 그 병을 치유하는
의사가 되겠다고 하며 '신한국 건설'을 공약했을 때 국민들은 '투
명한 도덕사회의 건설'을 그가 약속한 것으로 확인하여 그를 선
택한 것이다. 지금 김영삼 당선자의 차기 정부는 정치·경제·사
회·문화 등 각 방면에 걸쳐 '신한국 건설'의 청사진을 제시하기
에 분주할 줄로 안다. 그 요체는 투명한 도덕사회 건설에 있음을
우리는 재삼 강조하고자 하는 것이다.

　신한국의 정치와 경제·사회와 문화가 투명하지도 도덕적이지
도 못하게 된다면 '김영삼 대통령'을 선택한 국민들의 기대는 무
참히 배반당하는 결과가 되고 만다. 그런 불행한 사태를 예방하
기 위해서 신한국의 정치와 경제는 특히 투명해야 한다. 권력과
금력이 과거처럼 어두운 밀실에서 밀월관계를 계속 즐기려 한다
면 신한국 건설의 싹은 처음부터 노랗게 되고 말 것이다. 선거
때마다 이른바 '얼굴 없는 돈'이 난무한다면 그런 정치는 정상배
들의 무도회이지 국가 경영을 위한 정치라고 말할 수 없다.

　따라서 우리는 문민정치의 건강한 내일을 위해 조속한 금융실
명제 실현을 촉구하지 않을 수 없다. 정치 자금을 둘러싼 정경유
착의 비리야말로 우리 사회 부패 구조의 원조라고 불릴 만한 것
이다. 정치 자금의 투명성을 위한 법적·제도적 장치는 신한국
건설의 대들보임을 차기 정부는 명심해야 한다. 국민은 이 부분
을 예의 주시하게 될 것이다.

또한 우리는 관권의 부패와 억압 체제가 투명한 도덕사회 건설에 커다란 걸림돌이 되고 있음을 지적하지 않을 수 없다. 급행료나 뇌물을 받지 않고는 꼼짝도 않는 행정 업무, 각종 명목으로 뜯어 가는 준조세성 강제 잡부금들로 기업은 숨이 가쁘다. '닭 잡아먹고 오리발 내밀기', '도적놈이 몽둥이 들고 큰소리치기' 라는 표현이야말로 권위주의 관권의 횡포에 대한 민권의 항변이 아닐 수 없다. 이제 조선왕조와 일제가 남긴 관존민비의 폐습을 영구히 벗어던질 때가 되었다. 관은 민을 위해 있다는 공복의식이 자리잡도록 해야 한다.

차기 정부가 깨끗한 정치를 소리 높이 외치고 있는 데 대해 우리는 공직자의 부패와 관존민비의 폐습을 완전히 청산하지 못하는 한 그것은 공염불에 그치고 말 것임을 지적하지 않을 수 없다. 모든 행정기관과 권력기관의 공무 집행 과정이 투명해야 한다는 말이다. 국민의 눈이 차단된 밀실에서 무슨 야합이든지 자행될 수 있었던 시대는 이제 끝난 것이다. 문민정부는 더 이상 국민을 무시하거나 속일 수 없다는 데서 모든 정책을 입안해야 한다. 김영삼 당선자는 우리 국민들의 이와 같은 정서와 의식을 잘 살펴야 할 것이다. 투명사회는 곧 정직사회요 공개사회다. 공개사회는 언론이 권력이나 금력에 의해 왜곡되지 않음을 대전제로 한다는 것도 국민들은 이제 잘 알고 있다. 정권과 언론의 올바른 관계 또한 투명한 도덕사회 건설의 중요한 과제임을 당사자들은 분명히 인식해야 할 것이다.

또한 차기 정부는 강력한 정부가 될 것이라고 누누이 강조하고 있는 데 대해서도 우리는 무엇이 '강력한' 것인가를 짚어 둘 필요를 느낀다. 과거 군사통치·권위주의 정권 아래에서는 물리·군사적 힘의 대소로 강함과 약함을 규정지었다. 그러나 탈냉전 문민시대의 '강력한 정부'를 관권이나 공권력의 강대함으로 생각한다면 이것은 크나큰 시대착오가 아닐 수 없다. 경찰청·국세청·검찰청이 강력해져야 강한 정부가 될 것이라고 판단한다면 이것은 독재의 족쇄를 채울 구실을 말하는 것에 다름 아니다.

문민정부가 진실로 강력해지는 길은 도덕적으로 깨끗하고 정당하여 그 투명성이 모든 국민의 눈과 귀에 확인되는 데 있다. 문민시대라 함은 물리적 '강대'가 도덕적 '정대(正大)' 앞에 무릎을 꿇는 시대를 말한다. 구시대와 마찬가지로 '강대'가 '정대'를 억누르게 된다면 참된 문민시대는 오지 않았음을 뜻한다. 따라서 문민시대의 강력한 정부란 정대한 정부 곧 도덕적으로 투명하고 정당한 정부일 때만 설득력을 획득하게 될 것이다. 이와 같은 관점에서 '윗물 맑기 운동'을 공약한 것은 김영삼 정권의 도덕성을 위한 지침이 되는 동시에 무서운 심판의 척도도 될 것이다. 민의를 두려워하는 권력, 투명한 돈 관리, 깨끗한 사생활, 이 세 가지만 지도층이 솔선수범한다면 한국병의 치유와 신한국 건설은 그리 어려운 일이 아니다. 차기 정부가 이와 같은 투명한 도덕성을 견지하는 한 김영삼 당선자의 '신한국 건설을 위해 국민 모두 피와 땀, 눈물을 흘리며 고통을 분담하자'는 호소는 당당한 설득력을 지니게 될 것이기 때문이다. 그러므로 우리 국민들의 신명에 불을 지펴 신한국 건설로 나설 수 있도록 차기 정부는 투명한 도덕성을 견지해야 한다.

이렇게만 되면 우리는 오랜 침체와 좌절을 떨치고 일어나 머지않아 통일의 대업은 물론 민족 웅비의 새 역사를 펼칠 21세기를 '한민족의 세기'로 맞이할 수 있을 것이다.　〈세계일보〉(1993. 1. 1)

억울한 사람 없는 세상부터

세상만사가 모두 자업자득이란 말이 있다. 이것이 개인적 차원에서나 가정적 차원에서 들어맞는 경우는 누구를 원망하고 사회를 향해 억울하다고 할 명분이 적어지겠지만 집단사회나 국가 차원이 되면 억울한 사람을 양산하는 결과가 된다.

요즘 삶의 질을 선진화하고 21세기 세계 일등국가를 건설하자 거창한 구호가 정부 관계자들의 입에서 거침없이 튀어나오고 있다. 좋은 구호요 좋은 목표다. 제발 그렇게 되기를 바라고 노력해야 할 것이다.

그렇게 하려면 국민소득을 높이고 사회의 기간시설 투자를 늘리는 것도 중요한 몫이 될 것이다. 즉 물질적·경제적 토대 구축이 시급한 일이다. 그러나 따지고 보면 이것만이 중요한 게 아니고 법과 제도, 윤리와 도덕적 행위의 중요성이 더욱 크다.

우선 우리 사회에는 자기 잘못이 아닌데도 억울한 일을 당하는 사람들이 너무 많다. 삼풍백화점에서 변을 당한 사람들과 그 가족들을 비롯하여 곳곳에서 시도 때도 없이 터지는 대형 사고들은 우리 국민들의 가슴에다 너무나도 억울하고 원통한 한과 불행을 심어 놓게 된다. 정말 이런 날벼락이 어디 있는가. 국가에 대한 고마움은커녕 원망만 커지게 되는 것이다.

이런 큰 사건만이 문제가 아니다. 우리 나라의 장애인 중 80% 가까운 사람들이 후천적인 사고나 재해 등으로 인해 고통을 받고 있다는 통계가 나와 있다. 길 가다 매일 눈에 띄다시피 하는 뺑소니차를 찾는다는 플래카드를 대하는 시민들의 가슴은 우울하고 답답해진다. 제값 다 내고 어렵사리 입주한 아파트가 부실투성이라고 아우성치는 서민들을 볼 때 그 씁쓸함이나 배신감은 건설회사와 감독기관으로 이어져 결국은 나라에 대한 원망과 불만이 되고 마는 것이다.

아무런 위법 행위나 잘못한 일도 없이 느닷없이 당하게 되는 개인적 또는 집단적인 억울한 일들을 못 본 체하는 국가 공무원, 그런 국민들을 앞에 놓고 삶의 질이 어떻고 일류 국가가 어떻고 하는 것은 웃기는 얘기다.

지금 이 시간도 억울한 일 당하고 어디 하소연할 수도 없고 누구도 귀기울여 주지 않는 이 사회와 나라를 향해 저주의 화살을 쏟아 내는 사람은 없는가를 모든 관계자들이 관심을 가져야 한다. 법을 잘 몰라 사기당한 사람들은 평생을 고통받고 사는데 사기를 친 자는 희희낙락하면서 지내는 경우가 흔히 있다. 가해자가 오히려 피해자인 양 큰소리치고 피해자가 거꾸로 가해자로 바뀌는 기막힌 사연들이 아직도 우리 사회에는 너무나 많다.

힘없고 배운 것이 없는 사람들, 연줄이 없어서 이래저래 하대당하고 무시당하는 수많은 사람들이 있는데 이런 것을 바로잡을 줄 모르는 사회요 국가라면 선진국이니 삶의 질이니 하는 소리는 그만두는 게 나을 것이다.

한때 우리 사회 일각에서는 '내 탓이오'라는 운동이 있었다. 대단히 좋은, 도덕적 각성 운동이라고 생각한다. 하지만 이때 말하는 '내 탓'을 시민 각자의 개인적 차원에서만 생각한다면 보다 큰 사회적·국가적 후진성에 대한 책임의식을 일깨우기는 어려울 것이다. 왜냐하면 국가나 공무원들의 직무유기나 부정과 비리로 말미암아 빚어지는 훨씬 더 큰 사회적 고통, 구조적인 비리와 후진성에 대한 면죄부를 주기 쉽기 때문이다.

세상만사가 모두 자업자득이란 말이 있다. 이것이 개인적 차원에서나 가정적 차원에서 들어맞는 경우는 누구를 원망하고 사회를 향해 억울하다고 할 명분이 적어지겠지만 집단사회나 국가 차원이 되면 억울한 사람을 양산하는 결과가 된다. 그럴 경우는 지도자를 잘못 뽑은 억울한 죄를 둘러쓰거나 회장이나 사장 등 지도부 잘못 두어 당하는 숱한 괴로움이 되고 마는 것이다.

이제부터라도 집단 성원 개개인과 전체를 책임진 지도자가 다 같이 '억울한 사람'을 안 만드는 일부터 해 보았으면 좋겠다.

〈靑潮人〉(1996년 2월호)

가정 일이 백악관 일보다 더 중요하다

진실되고 원만한 부부관계, 너무 쉬운 얘기이지만 이것이야말로 사회를 안정시키는 첩경이 아닐 수 없다. 부부가 진실되고 아름다운 사랑으로 하나가 되어 있지 못하는 데서 만가지 가정의 불행, 사회의 범죄현상이 쏟아져 나오게 되는 것이다.

근자 우리 사회를 놀라게 만들고 있는 존속 살해 사건의 급증 현상은 가정의 문제가 곧 사회와 국가의 문제임을 극명하게 드러내 주고 있다. 인간사회의 기본 세포는 개인이 아니고 가정이다. 세포가 병이 들면 조직이나 기관, 신체 전체는 조만간 치명적인 장애를 받게 되어 종국에는 파멸에 이르고 만다. 암세포란 바로 이와 같은 현상을 일으키는 1차적 원인물체다.

이와 마찬가지로 사회의 병리현상이나 붕괴 내지 해체현상도 따지고 보면 그 기초적인 가정과 가족관계의 건강함에 좌우된다고 봄이 가장 정확한 진단일 것이다. 남편과 아내가 진정으로 하나되어 있고 외도는 하지 않는가, 형제자매는 서로 우애하며 부모 앞에 순종하고 효행하는 자세가 되어 있는가? 이런 기반이 되어 있지 않다면 남편은 언제나 방황하거나 방탕하기 쉬울 것이며 아내 또한 얼마나 외롭고 고통스러운 생활을 하게 될 것인가.

진실되고 원만한 부부관계, 너무 쉬운 얘기이지만 이것이야말로 사회를 안정시키는 첩경이 아닐 수 없다. 부부가 진실되고 아름다운 사랑으로 하나가 되어 있지 못하는 데서 만가지 가정의 불행, 사회의 범죄현상이 쏟아져 나오게 되는 것이다. 이런 점에서 보더라도 모든 고등종교가 남녀관계, 부부관계에 대해 정(貞)과 열(烈)의 가르침을 베풀고 있는 것은 너무도 당연하고 옳은 사실이 아닐 수 없다. 그렇지만 우리 주변에는 너무도 많은 퇴폐나 불륜의 암세포들이 도처에 그 주검의 입을 벌리고 있다. 우리 자식들이 그런 환경에 무방비 상태로 노출되어 있다.

황금만능의 세태와 성상품이 범람하는 가운데 이것들을 이겨내고 그 유혹에 빠지지 않게 하는 피난처요 성(城)과도 같은 곳이 우리들 각자의 가정이 아니겠는가. 가정이 건전하면 집 바깥이 위험해도 우리는 승리할 수 있다. 끝내는 사회까지도 정화시키고 건전하게 만들 수 있는 것이다.

지난 3월 워싱턴에서 거행된 세계평화여성연합 미·일 자매결연식 초청 강연회에서 미국의 부시 전 대통령이 "가정 일이 백악관 일보다 더 중요하다"고 설파하여 참석자들로부터 열렬한 박수를 받았다는 보도는 참으로 신선한 뉴스였다. 가정 일이 백악관 일보다 더 중요한 사실을 부시 대통령이 재임기간 중에도 알고 있었는지는 모르겠으되 각국의 모든 대통령들이 이런 철학과 가치관을 가지고 가정을 바로 세우는 데 중심을 두는 정책과 행정을 해 나가길 기대해 보는 것이다.

〈참여성〉(제8호 1995. 4. 1)

인물 검증장치가 필요하다

실명사회(實名社會)의 공인(公人)

이제부터는 사람(人物)도 실명화하자는 여론이 안 나올 수 없는 것이다. 누가 어떤 사람인지 알아야 한다는 말이다.

금융실명제에 이은 부동산실명제로 인해 익명(匿名)의 시대는 끝이 나고 실명(實名)의 시대가 도래하고 있다. 익명사회가 실명사회로 바뀌고 있는 것이다. 바람직한 변화가 아닐 수 없다.

익명사회는 근원적으로 범죄를 잉태하기 쉬운 우범 공간이다. 1960년대부터 불붙기 시작한 경제개발과 산업화 시책은 전통사회의 해체를 촉진했고, 그 결과 급격한 도시화를 가속시켰다. 뿌리 뽑힌 익명의 다중들이 고향을 떠나 도시로 몰려들어 누가 누군지를 알 수 없는 익명의 도시사회를 이루었다. 앞집 뒷집에 살고 있는 이웃조차도 누군지 모른 채 살아가는 은폐된 생활, 가장무도회와도 같은 외롭고 메마른 도시인의 삶이 매일 펼쳐지게 된 것이다.

이번 설 연휴에도 수많은 사람들이 삭막한 익명의 도회지를 탈출하여 고향엘 다녀왔을 것이다. 고향은 실명사회의 한 전형이다. 명절을 맞이하여 고향을 찾을 때 우리의 마음은 한결 경건해지고 우리의 몸가짐 또한 얼마나 반듯해지는가를 모두 느꼈을 것이다. 도시라는 익명사회에 살던 우리가 고향이라는 실명사회에 들어서게 될 때 우리는 모든 사람과 사물들에게 자신들을 드러내게 마련이다. 자기가 드러나는 사회에서 사람은 겸손해지지 않을 수 없고 경건해지지 않을 수 없으며 정직해지지 않을 수 없다.

자신의 정체(正體:ldentity)를 감출 수 있을 때 인간은 악의 유혹을 받기 쉽다. 은폐된 시공간에서 자기 행위를 감출 수 있다고 판단되는 여건이 조성되면 인간은 누구나 범죄를 저지를 가능성이 커지는 것이다.

그렇기 때문에 우리가 살고 있고, 우리 후대가 길이길이 살아가야 할 이 사회와 나라를 부정부패와 비리, 범죄와 불륜으로부터 보호하려면, 이 사회를 익명의 사회에서 실명의 사회로 바꾸는 것이 그 요체다. 은폐사회, 밀실사회에서 공개사회, 개방사회로 가야 하는 것이다. 산업사회까지는 은폐와 밀실 거래가 가능한 익명성이 보장된다. 그러나 미래를 예견하는 많은 지성들의 견해에 의하면 산업사회 이후에 도래할 정보사회는 공개사회요 유리 어항 속에서 살아가는 어족의 세계처럼 투명사회인 것이다.

만약 대부분의 종교인들이 믿고 있는 천국이 있다면 그곳은 어떤 사회일까. 그곳은 남몰래 죄를 지어도 아무도 못 알아보는 그런 어두컴컴한 세상은 아닐 것이다. 자기의 전체를 다 드러내고 살아도 부끄럽지 않은 사람들이 모여 사는 대명천지가 바로 천국이다.

우리는 지금 그런 사회를 만들고 그런 나라를 세우지 않으면 안 되는 시점에 서 있다. 범죄와 불륜이 깃들 수 없는 투명한 도덕사회를 가꾸어야 한다는 말이다.

그러나 무엇보다도 우리를 슬프게 만든 것은 공직사회의 부정과 비리 풍토다. 국민의 혈세를 빨아먹는 도세(盜稅) 박쥐들이 전국에 포진하여 '모범 공무원'으로 가장하고 앉아 있으니 이 얼마나 기가 찰 노릇인가. 개혁과 사정을 표방한 현 정부 아래에서도 공직 풍토가 이 지경이니 과거는 물어서 무엇하겠는가.

공직 풍토가 투명하고 맑아지기 전에는 시민사회가 맑아지기 어렵다는 것은 누구나 공감할 것이다. 혹자는 민간이 깨끗하지 못하니 공직사회가 오염될 수밖에 없지 않느냐고 강변할지 모르나 그것은 선후와 주객을 구별하지 못하는 억지에 불과하다. 모름지기 대통령을 비롯한 전 국무위원과 국록을 먹는 모든 공직자들이 도덕적 수범과 행정의 투명성을 보인다면 어떠한 난제도 풀리게 되어 있는 것이 공개된 민주사회다. 그 외의 모든 민간기업이나 기관·조직·단체들도 마찬가지다. 그 지도층들이 도덕적 수범을 보이고 행정과 관리의 투명·공정성을 보장한다면 그런 조직이나 단체는 밑으로부터의 적극적인 참여와 강력한 지원을 유도해 낼 수 있는 것이다. 그럴 때라야 상하좌우가 일체감을 가지고 신바람이 나서 일하게 될 것이다.

그렇지 않고 부도덕한 자가 성인군자인 양 가면을 쓰고 지도자 행세를 하고 온갖 비리를 다 저지른 자가 백설공주로 둔갑하여 갖은 아양을 다 떨게 된다면 그것은 아니올시다가 되고 마는 것이다.

이제 앞으로 넉 달 후 6월 27일에는 지자체장들과 의회 의원들을 선출하게 되어 있다. 시·도지사 15명, 시장·군수·구청장

236명, 시·도의원 860명, 시·군·구의원 4300명 등 총 5400여 명에 이르는 사상 최대 규모의 선량들을 뽑는 지방자치선거가 치러진다. 3배수로 그 입후보자를 계산한다 해도 2만 명에 가까운 정치 지망생이 무더기로 쏟아져 나오게 될 전망이다. 까막까치 등 온갖 잡새까지 다 날아드는 그야말로 인물 사태가 나게 생겼다. 입후보자 모두가 다 양화라면 얼마나 좋으랴마는, 정치판이나 선거판이란 으레 '악화는 양화를 구축한다' 는 그레셤의 법칙이 통하기 쉬운 곳이라 걱정이 앞선다. 사기 잘 치고 거짓말 잘하고 수단 좋은 사람들, 남 모함 잘하고 이권 잘 챙기고 뒷구멍으로 별짓 다하는 건달들이 대량 생산되어 민선 시·도의원입네, 민선 시·군·구의원입네, 민선 시장·군수·도지사입네 하고 나서게 된다면 세계화해야 할 우리 지방자치단체들의 앞날은 떡잎부터 샛노래지지 않을 수 없게 된다.

그렇기 때문에 이제부터는 사람(人物)도 실명화하자는 여론이 안 나올 수 없는 것이다. 누가 어떤 사람인지 알아야 한다는 말이다. 불량 생산품은 어디서 바꿀 수 있지만 인간 불량품은 두고두고 골칫거리요 그로 인한 피해는 그 불량 인간의 책임진 자리가 무거우면 무거울수록 더욱 심각한 것이다. 양두구육(羊頭狗肉)의 위선자, 도덕불감증자가 판을 치는 세상이 안 되게 하려면 금융거래나 부동산만 실명화할 것이 아니라 우선 공인된 사람부터 사생활 주변까지 샅샅이 뒤져서 일반이 알게 해야 한다. 사생활 보호 운운할는지 모르나 공인에게는 해당 사항이 아니다. 그래서 임명직 공인은 인사청문회가 필요한 것이고 민선직 공인은 입후보자들에 대한 원천적 검증장치가 요구되는 것이다. 그러나 우리 나라엔 아직 이와 같은 인물 검증장치가 없다.

　이런 의미에서 언론과 비정치적인 시민단체들은 입후보자들의 '인물 실명화'를 위해 엄정하고 용기 있는 자세로 서로 연대해서 활동을 펴 나갈 필요가 있다. 공인은 물론 공인이 되고자 하는 모든 사람은 자기 전모를 떳떳이 밝힐 수 있어야 한다. 자기를 은폐하고 대중을 기만하는 자는 언론이 마땅히 그 가증스런 가면을 벗겨내 백일하에 정체를 드러내게 해야 할 것이다.

〈세계일보〉 (1995. 2. 2)

효(孝) 사상은 선진 도의사회의 초석

창간기념 특별대담

> 제가 주장하는 효는 유교의 형식적인 효가 아닙니다. 인간의 본성에서 우러나오는 애틋한 정서를 의미합니다. 인간의 원초적인 정서라고나 할까요.

지난 연말 노동 관련법과 안기부법 변칙 통과의 후유증이 새해에도 말끔히 가시지 않은 가운데 장기간의 경제 불황, 윤리의 타락 등 우리 사회는 안팎으로 시련의 국면에 처해 심한 물질적·정신적 혼란과 불균형 속에 있다. 또 연말 대통령 선거를 앞두고 정치권도 조기 과열 조짐을 보이고 있고, 사회 각 분야가 생산적이라기보다는 소비적 증후군을 보여 21세기를 앞둔 세기말적 어둠에서 활로를 찾지 못하고 있다. 이에 홍일식 고려대 총장과 본사 손대오 주필 겸 편집인의 대담을 통해 우리 사회가 당면한 여러 문제에 대한 문화적 진단과 해법을 모색해 본다.

〈편집자 주〉

▲손대오 주필 (이하 손) : 지난 연말 노동 관계법과 안기부법

의 변칙 통과로 노·사·정이 대립한 가운데 그 여파가 새해에
도 온통 사회를 혼란스럽게 하고 있습니다. 심각한 무역 적자와
외채 누증, 물가 상승 등 어려운 경제 여건에서 설상가상으로 어
려움을 안겨 주고 있습니다. 이럴 때일수록 지식인과 지도자들의
지혜와 용기가 아쉬운 실정입니다. 어디서부터 실마리를 풀어가
야 하겠습니까.

인의(仁義) 메말라

△홍일식 총장(이하 홍) : 밝지 않은 나라 안팎의 정세를 보면
서 왠지 마음이 무겁습니다. 거시적 안목으로 보면 국민소득 1
만 달러 진입은 과거보다 월등히 생활 수준이 올라갔다는 지표가
되는데 이상하게도 사회 각계각층의 불만은 더욱 커지고 있는 것
같습니다. 결국 물질적으로 잘산다고 불만이 없어지는 것은 아니
지요. 이런 사회 문제들의 요체를 들여다보면 우리가 그동안 너
무 경제 위주의 정책에 매달린 결과라는 생각이 듭니다. 그리고
자기 이익만을 지나치게 추구하다 보니 인성이 거칠어지고 자연
히 심한 갈등과 불평등을 빚게 되지요. 결국 거칠어진 심성과 불
평등이 가장 큰 원인인 것 같습니다. 이를 해소하기 위한 장기적
이고 다각적인 정책이 시급한 실정입니다.

▲손 : 불평등도 문제지만 과소비와 도덕적 타락을 지적하는 이
도 많은 것 같습니다.

△홍 : 경제 문제는 물론 경제적으로 풀어야 하겠지만 그것이
사회의 다른 부문과 결코 떨어져 있지 않은 만큼 다른 부문에서

도 다각도의 대책이 요구됩니다. 인문학도의 입장에서 볼 때 저는 오히려 우리 사회에 인의의 정신이 부족한 게 걱정입니다. 우리가 과거에 못살았을 때도 이렇게 이기적이고 도덕 불감증에 걸리진 않았거든요. 인성의 문제에서 보면 인륜과 도덕의 부활, 신인본주의, 신인간 중심주의 가치의 실천에 그 답이 있다고 생각합니다.

▲손 : 경제적·물질적 성장을 했는데 이에 걸맞은 가족·사회윤리가 미처 따르지 못해 그 부작용이 가정에서도 노출되고 심지어 가족 해체의 징후마저 보입니다. 어떻게 하면 건강한 가정을 되찾을 수 있을까요. 세계일보에서는 지난해에 '순결한 가정·건강한 사회' 캠페인을 벌였습니다만…….

△홍 : 가정은 사회라는 건물의 초석과 같습니다. 사회가 아무리 소득이 증가하고 부자가 된다고 해도 예(禮)가 없으면 사회는 무너지는 수밖에 없습니다. 따라서 부와 풍요에 걸맞은 절도와 분수를 심어 주어야 합니다. 그래서 '종합적인 문화 양식으로서의 예'를 하루빨리 확립해야 소비지향으로 나아가는 사회를 바로잡을 수 있습니다. 전반적인 사회적 행동 규범, 예의 범절을 마련하고 이를 초등학교부터 철저히 교육해야 내일을 보장받을 수 있을 것입니다. 현 정부가 들어서자마자 새마을 운동에 이어 새생활 운동을 펼쳤어야 했다고 봅니다. 그랬다면 지금과 같은 천박한 허영과 허세에 따른 과소비는 어느 정도 막을 수 있지 않았을까 생각합니다.

▲손 : 건강한 가정은 튼튼한 나라를 만드는 기초가 된다고 볼

때 오늘날 가정의 중심가치는 무엇으로 잡아야 하겠습니까.

△홍 : 두말할 것도 없이 '효' 사상입니다. 하지만 효를 중심가치로 세우기 위해서는 부부가 먼저 화합해야 하고 부모가 위로 할아버지, 할머니에게 효도를 다하고 수범을 보일 때 자식들은 저절로 그것을 본받고 따르게 될 것입니다. 효를 아는 자식들은 반드시 올바른 인간으로 자라나 우리의 희망이 될 겁니다.

어머니의 힘, 여성의 힘 되살려야

▲손 : 전국민이 한꺼번에 불만을 표출하면 자칫 더 큰 혼란과 무질서로 나아가지 않을까 염려됩니다. 우리 조상들은 낙천적이었지만 위기 때에는 그만큼 위기관리 능력을 갖추고 있었다는 견해가 있던데요. 그러한 능력을 믿고 싶은 심정입니다.

△홍 : 5천 년의 민족사를 유지해 온 것은 결국 우리 겨레의 우수성과 위기 적응능력을 입증하는 것입니다. 하지만 지금 분단 상황에서 국내적 안정과 통일에 대한 준비를 착착 진행해야 하는 시점에서 이렇게 대립과 분열만을 오래 지속한다는 것은 결코 바람직하지 않습니다.

저는 국민이 자발적으로 참여하는 '국민 총동원'을 제안하고 싶습니다. 이를 위해서는 대통령을 위시해서 각계 지도층이 솔선수범해야 합니다. 이제 말로써 설득하고 글로써 국민을 감동시키는 단계는 이미 지났다고 봅니다.

우리 민족은 예로부터 정서로 모든 문제를 풀어왔습니다. 아래 위의 정서가 서로 통해야 합니다. 그러기 위해서는 저는 우리 사회의 어머니의 힘, 여성의 힘이 동원되어야 할 때라고 봅니다.

우리 민족은 국난 시에 여성의 힘을 통해 국난을 극복한 적이 많습니다. 오늘날 과소비의 상당부분을 책임지고 있는 여성들, 특히 지도층과 상류층의 여성들이 이제 작업복을 입고 노동 현장으로 나가서 소외된 계층을 위로하면서 함께 일을 해야 합니다. 이때 주의할 점은 만의 하나라도 근로자나 소외계층에 대해 위화감을 주거나 콤플렉스를 자극해서는 안 됩니다. 각자 사정에 따라 한 주일에 2, 3일씩 다만 몇 시간만이라도 정기적·지속적으로 말없이 실천하는 것만이 오늘의 이 난국을 풀어갈 수 있는 유일한 길이라 생각합니다. 진심으로 '우리는 하나' 라는 공동체 의식을 심어 줄 때 사회적 불만이 점차 해소되리라고 봅니다. 지금 교육받은 여성의 힘이 사치나 낭비 쪽으로 흘러서 사회적 역기능을 초래하고 있습니다. 이것을 순기능으로 유도해 나가야 합니다. 여성은 예부터 지키고 계승하는 수성의 존재였습니다. 그리고 장기적으로는 고급 여성 인력을 적극적으로 활용하는 방안도 강구해야 합니다.

▲손 : 총장님은 평소에 효 사상의 회복을 통해 현대 산업자본주의 사회의 많은 병폐들을 치유할 수 있고, 또 한국의 효 사상이야말로 장차 인류를 구원할 미래의 가치라고 주장하신 것으로 알고 있습니다.

△홍 : '효'란 인간이 지켜야 할 가장 근본적인 덕목이라고 봅니다. 효심이 없이는 다른 어떠한 덕목도 제대로 실천되기 어렵습니다. 그러나 제가 주장하는 효는 유교의 형식적인 효가 아닙니다. 인간의 본성에서 우러나오는 애틋한 정서를 의미합니다. 인간의 원초적인 정서라고나 할까요. 우리 전통의식 속에는 유교적

인 효 이전에 조상을 섬기는 샤머니즘적인 효가 존재했습니다. 중국의 효 사상은 한 시대의 사회적 규범 문화로서의 그것이었지만 우리의 효 사상은 선사 이래 조상숭배의 샤머니즘이 마침내 조상신으로 발전하여 신앙화한 것입니다. 여기에 유교의 규범논리가 결합하면서 관념 문화로서의 고유한 우리의 효 사상이 확립되었어요. 오늘날 중국이나 일본에서는 잔영으로 밖에 볼 수 없는 효 사상이 유독 우리 나라에서 꺼지지 않는 불꽃으로 남아 있는 것은 결코 우연히 아닙니다. 그런 측면에서 우리 민족에게는 아직 희망이 있습니다. 우리의 효는 마음에서 우러나는 정서적인 것입니다. 조상 제사도 마찬가집니다. 아무리 흉년이 들어도 조상 제사에 쓸 진멥쌀만은 간직해 두는 게 상례였어요. 우리 민족의 기질이 정(情)을 바탕으로 하는 것임을 알 수 있어요. 그래서 정을 무시하고 법이나 제도로써 모든 것을 해결하려고 하면 우리 민족을 제대로 이끌어갈 수 없어요.

이기심 억제해야

▲손 : 우리 효 사상의 어떤 점이 세계화될 가능성을 내포하고 있습니까.

△홍 : 우리의 효 사상에는 인본주의, 이타주의, 절충주의, 평화공존주의가 내재해 있습니다. 효심은 착한 인간본성의 자연스런 발로로서 인본주의 구현의 원동력인 동시에 사람이 곧 하늘이라는 인내천 사상에까지 이르게 됩니다. 효심은 또 이기심을 억제하는 데서 출발하는 것으로 남을 이롭게 하는 시초이기도 합니다. 감정의 절제를 전제로 하는 것이기 때문에 불경에 빠지지 않

게 하여 우주와 세계의 평화를 이루는 출발이 됩니다. 효 사상을 잘 실천한다면 우리는 공존·공영에 이를 수 있을 것입니다.

▲손 : 우리 민족의 정이 부정적으로 작용한 경우도 적지 않았다고 느껴지는데요. 공익보다 사리를 중시하고 정실에 치우쳐 나라 일을 그르친 일이 적지 않았습니다.

△홍 : 그게 바로 정의 부정적 측면입니다. 부정적인 측면은 정에만 있는 게 아니라 소위 서양의 합리주의도 마찬가지입니다. 단지 부정적인 측면이 드러나지 않도록 제도적인 장치를 하는 게 중요합니다. 그래서 동양에서는 예를 강조했던 것이지요. 예란 겸양지덕의 소산이거든요. 남을 도와줄 때도 자기를 낮추고 남을 높이면서 도와주어야 합니다. 그래야 도움을 받는 쪽의 열등감이나 자존심을 자극하지 않게 됩니다. 흔히 있는 '배신'이란 반드시 은혜를 입은 사람이 하게 마련입니다. 그것은 은혜를 입을 때 그가 당한 열등감, 자존심의 상처가 보복 심리로 발동하기 때문입니다. 그래서 가까운 사이일수록 예의가 필요한 것입니다. 예는 객관적 규범일 뿐 아니라 이지적인 것이기 때문에 정과의 조화와 균형을 잡아 줄 수 있습니다.

정(情)의 부작용 경계해야

▲손 : '예'라는 것은 어떤 정신과 어떤 가치를 가시적인 형태로 나타냄으로써 추상적인 가치가 생활 실천으로 연결되는데 필수적인 요소라고 생각합니다. 그렇다면 예의 근본은 무엇입니까.

△홍 : 아시다시피 예기에 나오는 구절입니다만 예는 정에서 나

오고 정은 가까운 곳에서 나오는 것입니다(禮出於情 情出於近). 하지만 그 가까운 곳에서부터 절도를 익혀야 하는 것이지요. 바로 그럴 때 동심원적으로 확대되는 사회화 과정에서도 갈등이나 마찰 없이 예를 지킬 수 있는 것입니다. 단순히 정이 가까움에만 의존할 때는 부작용이 많아지는 법입니다.

▲손 : 우리의 문화의식이 경제 수준에 못미처 선진국으로 진입하지 못하는 근본 원인은 무엇일까요. 우리는 이것을 천민 자본주의라고 스스로 자조하기도 합니다만.

△홍 : 저는 일제 때 형성된 우리 민족의 자기 부정의식에 그 원인이 있다고 생각합니다. 일제는 우리 민족으로부터 문화적 시혜를 받은 열등의식을 가진터라 식민 통치를 효과적으로 하기 위한 수단으로 우리 민족에게 자기 부정의 의식을 심을 음모로 정치적 탄압과 함께 역사적·문화적 조작을 시도했습니다. 그때부터 우리 민족에겐 자기 부정적인 사고가 지배적이 되었습니다.

그러나 광복 이후 비교적 짧은 기간 안에 경제 개발에 성공한 것을 계기로 민족적 자긍심을 회복했으면서도 아직 이를 문화적으로 연결시키지 못하는 것은 바로 이와 같은 자기 부정의 의식을 청산하지 못했기 때문입니다. 이제 자기 긍정으로의 대전환이 필요해요. 우리의 자기 부정이 얼마나 심각한가 하는 것은 신라의 삼국 통일을 외세에 의한 통일로 규정하면서 민족을 배반한 것처럼 해석함으로써 신라의 통일 자체를 부정적으로 보는 견해 같은 데서도 확연히 느낄 수 있어요.

이것만큼 허황된 게 없어요. 물론 여기에는 다분히 고구려를 내세우는 북한의 역사적 관점이 영향을 미쳤으리라고 봅니다만

이건 정치적인 발상이에요. 우리 민족이 민족적 동질성을 가지게 된 것은 통일신라에 이어 고려의 태조 왕건이 한반도를 통일하고 거란족과 싸우면서 형성된 것이지요. 그 이전 삼국 시대에는 아직 한민족이라는 개념이 성립되지 않았어요.

조선사를 당쟁으로만 얼룩진 역사로 보는 것도 식민지 지식인들의 자기 부정에서 온 폐단입니다. 자기 부정은 가장 큰 우리의 병입니다.

자기 부정에서 자기 긍정으로

▲손 : 총장님이 처음으로 주창하신 '문화영토' 개념은 바로 효에서 확대된 문화선진국, 문화대국을 지향하는 개념으로 이해됩니다. '문화영토' 개념에는 다분히 역사지리학적 입장이나 문화지리학적 입장이 내포되어 있는 것 같은데요. 또 현대 정보화 사회의 '정보' 개념마저 내포되는 것은 아닌지요.

△홍 : 제가 '문화영토'라는 개념의 용어를 처음 쓰기 시작한 것은 80년 초의 일입니다. 1985년 LA에서 열린 제2차 해외한민족회의에서 처음으로 문화영토론의 시론을 내 놓았어요. 문화영토론은 무엇보다도 주권적 영토 개념의 배타성과 독점성에 대한 평화지향의 대항논리입니다.

서구문화의 세계지배와 그 한계를 극복하는 대안으로 제기된 것입니다. 그 개념은 '아득한 선사 시대로부터 현재에 이르기까지 우리 민족이 생활해 온 일체의 문화 · 생활사적 공간'을 뜻합니다. 같은 논리로 우리 영토 전체를 흔쾌히 다른 인접 문화영토 공간에 개방해야 마땅하겠지요.

이슈도 세계화한다

▲손 : 문화영토론은 지리적·물리적 영토론을 문화적으로 전환시켰다는 점에서 시공간을 동시에 초월했다는 생각이 듭니다. 21세기에 어떻게 기여하게 될지에 대해서 말씀해 주십시오.

△홍 : WTO 체제의 출범, 교통·수송 및 전자통신기술의 발전으로 인한 정보화 사회 등 미래 사회는 복합적이고 다중적인 성격을 띨 것입니다. 헤아릴 수 없는 크고 작은 행위 주체들의 복잡한 이해관계 속에서 국내외로 혼재하는 다양한 이익을 좇아 결합과 분리, 이합과 집산이 이뤄질 것이라 봅니다. 투자 매력이 있는 곳이면 전세계 어디든지 파고드는 4만여 개에 달하는 초국가적(Trans National) 단위들이야말로 미래의 모습을 암시하는 것입니다. 이렇게 되면 이슈도 세계화할 것입니다.

예컨대 해마다 20만ha씩 사라져 가는 삼림들, 엷어지는 오존층, 인구의 폭발적 증가, 급증하는 실업, 20억 절대 빈곤층과 기아 인구, 불안한 국제금융, 무역 마찰, 여전히 해소되지 않는 핵 위협, 종교적·인종적·국지적 분쟁에 따른 난민 발생, 인권, AIDS, 식량·자원 파동, 마약, 국제적 테러·폭력·범죄 등을 들 수 있습니다.

또 지식정보 고속화에 따라 국경 개념도 흐려지고 장벽으로서의 국경을 무의미하게 만드는 현상도 필연적일 것입니다. 1백20여 개 국의 수십 억 인구가 인터넷에 연결되어 있고, 이러한 추세는 앞으로도 더욱 진전될 전망입니다.

이와 함께 문화의 경제논리와 문화 우위의 지배적 현상이 앞으로의 세계적 성격을 특징지을 것입니다. 문화가 중시되면 인간자본론이 대두될 것입니다. 이러한 것을 포괄하는 것이 문화영토론입니다.

▲손 : 총장님의 문화영토론과 헌팅턴의 문명충돌론은 아주 대조가 되는데요. 헌팅턴의 충돌론은 여전히 서구 중심주의와 제국주의적 관점에서 벗어나지 못했다는 비판도 있습니다.

△홍 : 공산세계의 몰락으로 이제 세계는 바야흐로 제1세계, 제2세계는 사라지고 제3세계마저 힘을 상실하고, 지구공동체라는 말이 어색하지 않게 자리잡아 가고 있습니다.

하지만 세계는 여전히 화해를 지향하면서 동시에 갈등을 연출하고 있습니다. 냉전종식 후 헌팅턴의 '문명충돌론'은 갈등에 초점을 맞추고 있습니다. 이것은 종교·문명적 갈등으로 인한 전쟁가설로 시선을 끌고 있습니다. 이에 비해 저의 문화영토론은 문명 간의 만남이 갈등의 계기라기보다는 조화와 극복의 계기가 될 것이라는 점에서 평화 지향적 입장입니다.

▲손 : 문화영토론이 표방하고 있는 평화 지향론이 이상적이긴 합니다만 역사적으로 전쟁이 끊이지 않았다는 점에서 현실성이 부족하지는 않는지요.

△홍 : 물론 절대 평화론은 이상적입니다. 어차피 미래에 대한 이념적 지향은 극단적이 되기 쉽습니다. 서양 문화는 아무래도 인간과 자연, 인간대 인간을 대립·갈등의 존재로 보고 있습니다. 그러나 동양은 언제나 이들의 조화와 공존을 이상향으로 설정하고 있습니다. 아마도 저의 평화론도 동양 문화의 세례를 받은, 제 자신의 피할 수 없는 소산이 아닌가 합니다.

봉사가 자랑이 되는 사회

▲손 : 앞으로 우리 민족이 문화대국의 건설이라는 민족적 과제를 이루려면 어떤 자세로 살아야 할지 말씀해 주십시오.

△홍 : 지금 우리 나라는 사회의 질서를 유지시켜 주는 여러 장치, 예컨대 도덕이라든가, 예의범절이라든가, 분수라든가 이런 것이 없이 마치 고삐 풀린 망아지처럼 만인의 욕구만이 무한 분출하고 있습니다. 너무 자본주의의 이익추구에 오랫동안 길들여진 탓입니다. 앞에서 얘기했듯이 국민 총동원이라는 심기일전하는 기분으로 사회적 평등을 실천하여야 합니다. 그러기 위해서는 사회지도층 인사들이 적극적으로 봉사를 실천하면서 사회복지와 보장제도에 대한 청사진을 제시해야 합니다. 과소비가 아니라 '봉사가 자랑이 되는 사회'로 만들어 가야 합니다. 최근 연변 조선족 동포들이 국내 취업을 하려다가 사기를 당하고 패가망신한 사례가 발생하고 있는데 참으로 애석한 일입니다. 일본은 임진왜란 후 조선통신사를 열두 번이나 받아들여 조선에서 문물과 예의범절을 배워 오늘날 세계에서 문화대국으로, 예의바른 나라로 행세하고 사는데 왜 우리는 국민 모두가 천민처럼 사는지 참으로 딱하기 그지없습니다.

하지만 이제라도 우리의 효 사상을 중심으로 다시 인본주의를 일깨우고 예의범절을 확립한다면 다시 문화대국으로 나아갈 가능성은 충분히 있습니다. 아직도 우리에게는 효 사상이라는 불쏘시개가 살아 있거든요. 미래 사회는 국경의 개념도 없고 가상공간에서 그야말로 무진장·무한 생산도 가능하게 됩니다. 지금까지는 '분배의 영웅'이 부각되었습니다만 이제 '생산의 영웅', '공급의 영웅', '창조의 영웅'이 등장할 차례입니다. 빌 게이츠는 그 대표적인 인물입니다. 우리도 생산의 영웅들을 많이 길러 내야 합니다. 그러기 위해서는 바로 문화영토 개념을 축으로 하여 세계의 중심국가로 발돋움해야 합니다.

보편과 특수의 조화

▲손 : 우리는 21세기를 앞두고 극심한 세기말적 혼돈의 상황에 처해 있습니다. 이러한 과도기를 어떻게 슬기롭게 넘겨야 할까요.

△홍 : 지금의 세기말은 백년 단위의 세기말이 아니라 천년 단위의 세기말입니다. 다행히 우리 민족은 역사의 각 단계마다 세계화를 잘해 온 민족입니다. 세계적 보편정신을 언제나 받아들여서 자국의 것으로 만들어 우리 역사를 발전시켜 왔습니다. 이는 보편성과 특수성을 잘 조화시켜 왔다는 증거입니다. 신라 시대에는 화랑도를, 고려 시대에는 호국불교를, 조선조에는 유교 사상을 목적으로서가 아니라 수단으로 삼아 문화적 저력을 키워 왔습니다. 오늘날 교회가 이처럼 많은 것도 그런 현상 중의 하나입니다. 보편적인 것을 수단으로 하여 역사 속에서 버텨 왔습니다. 우리 민족의 힘인 정을 순기능적으로 작용하도록 유치원, 초등학교에서부터 잘 교육하면 어느 나라보다 인간적이고 절도가 있는 나라로 만들 수 있습니다. 미래에는 어느 문화가 보다 인간적이냐 하는 것이 문화의 선진성을 가늠하는 시금석이 될 것이기 때문입니다.

▲손 : 지금 남북관계는 김일성 사후 경색국면이 계속되고 있습니다. 남북의 화해와 통일을 위해서는 무엇이 가장 급한 것일까요.

△홍 : 되풀이하지만 먼저 인의를 기초로 국민 모두가 염치와 예를 갖추는 것이 급선무입니다. 못사는 북한의 자존심을 상하게 하는 것은 오히려 통일에 방해가 되고 그들의 원한만 사게 됩니다. 우리를 낮추면서 상대를 도울 때 상대도 진심으로 고마워하고 동족임을 느끼게 될 것입니다. 예를 아는 문화대국이 되면 이러한 사실을 음으로 양으로 접한 북한 주민도 스스로 통일을 원하게 될 것입니다. 또 정부 차원에서 통일비용을 비축해야 하는 것은 물론입니다만 민간 차원에서도 국민 각자가 북한 주민들에게 주기 위해 남아돌아가는 옷가지라도 모아 보관하는 정성이 필요합니다.

그리고 통일이 되어도 북한의 지도층 인사가 결코 제거되지 않으리라는 믿음을 가질 수 있게끔 남북 간의 분위기를 조성해야 합니다. 저는 독일이 통일될 당시에 총성이 나지 않고 동독 지도층의 집단망명이나 돌출사태가 발생하지 않은 사실에 큰 감명을 받았습니다. 동독의 지도층이 최소한 서독에 흡수통일이 되어도 자신들이 결코 죽지 않을 것이라는 믿음이 있었던 것 아닐까요. 저들에게 생명에 대한 불안과 공포가 있는 한 평화적 통일이 되기는 어렵습니다. 어떠한 일이 있더라도 남북한이 하루빨리 상호 방문과 문화교류의 물꼬를 토고 소통을 시작하는 게 통일의 지름길이자 출발입니다.

〈세계일보〉 (1997. 2. 1)

◎ 홍일식 총장 약력 및 주요 저서

△36년 서울에서 출생 △고려대 국어국문학과 졸업(1959년) △고려대 대학원 문학박사(1980년) △고려대 문과대학 교수로 재직 중 민족문화 연구소 소장으로 있으면서 (1978~1992년) 세계 최대규모의 중국어사전인 '중한대사전'을 비롯하여 '한국문화사대계'(전7권), '한국민속대관'을 편찬 △1982년 제1회 세종문화상 수상 △91년 문화훈장 보관장 서훈 △1997년 현재 고려대 총장

△저서: 《六堂研究》, 《한국전통문화신론》, 《한국개화사상사(공저)》, 《한국개화기의 문학사상연구》, 《일제하의 문화운동사(공저)》, 《문화영토시대의 민족문화》, 《21세기와 한국전통문화》, 《한국인에게 무엇이 있는가》 등 다수.

덕화력이 넘쳐나는 사회

불의와 결탁하여 국가, 사회에 무수히 해독만 끼친 역사의 죄인들이 한번도 제대로 단죄되고 응징되는 일 없이, 여전히 권력의 주변을 맴돌고 양지만을 골라 다니며 부귀를 누리는 동안 힘없는 정직한 사람들은 언제나 손해만 보고 살아왔다.

1996년 새 아침이 밝았다. 새해를 맞는 7천만 겨레의 희망은 참으로 크고 아름답다.

새해는 무엇보다 통일이 큰 발걸음으로 성큼 다가오는 한 해가 되기를 기원한다. 그리하여 우리는 북쪽을 향하여 이 사회의 체제적 우위가 단순히 경제력에 있는 것이 아니라, 높은 민족적 자존심과 흠결없는 도덕성에 기초하고 있음을 실천으로 똑똑히 보여 줄 수 있기를 소망한다.

기아선상의 2천만 북한 동포들이 생존의 빵을 얻기 위해서가 아니라, 진정으로 동경하고 희구하여 마지않는 이상사회가 남쪽에 존재하기 때문에 통일을 갈망하는 그런 사회의 건설을 향하여 온 국민의 뜻과 지혜와 힘을 모을 때다. 인간의 존엄과 사회 정의가 완전히 실현되고, 운명 주체로서 대등하고 자주적인 인간들이 자기 실현과 자기 주장을 관철할 수 있는 활력에 넘치는 자유복지 사회의 건설이 그것이다.

돌이켜보면, 광복 50주년이 되는 지난해 1995년은 통일로 완결될 '제2광복'의 원년이자 세계화와 지방화 시대를 여는 새 출발의 해라는 점에서 각별한 뜻을 부여할 수 있는 '축복의 해'였다. 그러나 우리의 기대와는 달리 지난해 역시 예년과 다름없이 어둡고 일그러지고 뒤틀린 모습으로 다가왔다가 악몽처럼 끔찍한 기억만 무수히 남기고 떠나 버린 '실망의 해'였다. 대구지하철 가스폭발 사고로부터 삼풍백화점 붕괴로 이어지는 대형참사 시리즈는 부실의 업보로 나타날 수 있는 참화의 극치를 보여 주었다. 온 국민을 자기 모멸적 패배주의의 수렁 속에 빠뜨려 헤어날 수 없는 좌절과 고통을 겪게 만든 인재(人災)의 해이기도 했다.

연말에 이르면서 노태우·전두환 두 전직 대통령이 구속되어 법의 심판을 받는 가히 혁명적 상황이 전개되었다. 전·노씨에 대한 법의 단죄를 보면서, 우리는 결국 이 땅의 모든 비리와 부실의 원천이 정경유착의 부패 사슬에 뿌리를 두고 있고, 보다 결정적 근원은 반민주적·반역사적 군사반란 세력의 헌정 파괴로 귀결되는 그 불의와 무도함에 맞닿아 있음을 확인하게 되었다.

비리의 집대성이라고 해야 할 전·노씨의 대죄악을 묻어 둔 채, 그동안 우리는 세계 일류와 선진을 표방하고 세계화의 깃발을 기세 좋게 휘두르며 돌진한 꼴이었다. 생각조차 우습고 부끄럽기 짝이 없는 자기 기만에 얼굴이 달아오를 지경이었다. 이른바 '과거 청산'과 '역사 바로 세우기'가 오늘의 시대적 명제로 떠오를 수밖에 없었던 필연과 당위를 우리는 바로 여기에서 찾을 수 있었던 것이다.

그렇다고 지난해에는 이렇듯 끔찍하고 엄청난 사건·사고만이 끊임없이 터져 나온 것은 아니다. 1995년의 하늘을 온통 잿빛으로 물들인 부실의 전면 공해 속에서도 몇 가지 고무적인 성취는 있었다. 금권과 관권을 물리치고 공명선거를 이룩한 6·27 지방선거, 수출 1천억 달러의 달성, 유엔안전보장이사회 비상임이사국 진출 등이 그것이다.

그러나 그 무엇보다도 우리 사회의 새로운 가능성을 보여 준 가장 고무적인 현상은 바로 지금 한창 진행 중인 과거 청산과 '역사 바로 세우기'의 과업을 일으킨 일이다. 물론 이 과업에는 일정한 고통과 희생이 따를 수 있고 놀라움과 혼란이 클 수도 있다. 오욕의 과거를 씻는 데에 어찌 아무런 아픔이 없고 그저 조용할 수만 있겠는가.

그동안 우리는 자식들에게, 그리고 학생들에게 무엇이 옳고 무엇이 그른가를 떳떳하게 가르칠 수 없는 부끄러운 사회를 만들어 왔다. 목적이 수단을 정당화하는 몰가치·몰염치의 양심 마비 사회에 기민하게 순응하고 약삭빠르게 처세하는 인간들이 활개 치는 사회를 만들었기 때문이다.

불의와 결탁하여 국가, 사회에 무수히 해독만 끼친 역사의 죄인들이 한번도 제대로 단죄되고 응징되는 일 없이, 여전히 권력의 주변을 맴돌고 양지만을 골라 다니며 부귀를 누리는 동안 힘없는 정직한 사람들은 언제나 손해만 보고 살아왔다. 이처럼 무법천지와 같은 거꾸로 선 사회에서 국민소득 1만 달러가 무슨 의미가 있고 무슨 소용이 있단 말인가. 어떻게 이 같은 무규범의 혼돈을 그대로 못 본 체하면서 단지 조금 잘살게 되었다는 자만

심 하나만 가지고 북쪽에 대해서 통일의 광장으로 나오라고 자신 있게 손짓을 할 수 있겠는가.

과거 청산과 역사 바로 세우기는 우리 사회의 이와 같은 본질적 치부를 걷어 내어 불의에 짓밟힌 국민적 자존심을 회복시키면서 의로운 사회 건설의 기초를 다시 놓는 숭고한 과업이다. 이러한 뜻에서 1995년은 끝없는 어둠 속에서 한 줄기 빛을 찾아 낸 '가능의 해'였다.

이제 1996년은 역사 바로 세우기를 성공적으로 완결 짓는 해가 되어야 한다. 우리는 이 과업이 정략적 차원을 크게 초월하는 시대정신이기 때문에 반드시 성공해야 한다고 믿는다. 이 과업의 승리는 민족의 승리요, 실패와 좌절은 곧 우리 국민의 실패요 좌절임을 명심해야 한다. 그리하여 불의는 절대로 감춰질 수 없고 반드시 규명되어 철저히 심판당하고야 만다는 진리를 실천으로 보여줌으로써 민족 정기를 바로 세우고 법과 정의가 지배하는 도덕사회로 다가가야 한다. 이 같은 사회의 건설만이 통일의 대업을 이룩하는 데 결정적인 힘을 발휘할 수 있는 것이다.

전·노 두 전직 대통령의 경우에서 본 것처럼 지금까지 우리 사회를 전면에서 이끌어 온 지도층들의 대부분이 국민 일반에게는 기껏 반면 교사로밖에 기능할 수 없는 한 이 나라의 미래는 실로 우려되지 않을 수 없다. 국가는 물론 어떤 집단도 그 얼굴과 같은 지도자들이 수범을 보여야 하고 덕화력의 원천이 되어야 한다. 그리하여 모든 가정과 사회와 나라 전체에 덕화력이 넘쳐 나게 될 때, 우리의 삶은 보람과 행복으로 꽃이 피게 되는 것이다. 덕화력이 넘쳐나는 나라의 건설이야말로 우리 국민 모두의 의무요, 책임이요, 권리이기도 하다.

금년은 총선의 해다. 지난해 지방선거에서 더욱 첨예하게 심화
된 사분오열의 지역분할 구도가 이번 총선에서도 재현될 것으로
예견된다. 이 망국적 지역분할 구도는 기필코 분쇄되어야 한다.
이를 이뤄 낼 수 있는 힘도 국민밖에 없다. 정치가 만든 인위적
고질의 틀을 과감하게 깨뜨려 버리는 진정한 주인으로서 깨어 있
는 국민이 되어야 하겠다. 아울러 격변의 시대를 살면서 그 변화
의 수용을 두려워하고 내 몫만 지키려는, 수구적으로 움츠러든
왜소한 국민이 아니라 격동에 오히려 능동적·진취적으로 대응해
나가는 의연한 국민이 되자.

〈세계일보〉(1996. 1. 1)

국민에게 희망을 주십시오

영수회담에 드리는 고언(苦言)

> 나라야 결딴이 나든 말든, 국민이야 죽든 말든, 병
> 든 국민이 진료도 못 받고 거리를 헤매다가 피를 토
> 하며 쓰러지든 말든 자기가 권력 잡는 것만이 오로
> 지 관심 사항이고 민생과 국가안보는 안중에도 없
> 다.

두 분이 마주 앉기가 이렇게 어려운 것입니까? 나라 안팎의 사
정은 온 국민의 마음과 몸을 불안하고 불편하게 하는 온갖 비바
람을 몰고 오는 판에 대한민국호(號)를 이끄는 두 분은 그동안 어
디서 무얼 하다가 오늘에야 만나는 것입니까? 무슨 사정이 그리
도 급했는지 모르지만 수개월 동안이나 국회를 내팽개치고 들어
오라, 못 간다 승강이하며 가두에서 외치고 핏대를 올렸던 그 모
든 사안들이 도대체 우리 국민의 생활과 마음자리에 무엇을 보태
준 게 있습니까? 불안과 불편에 시달리는 국민 앞에 두 분은 먼
저 사과해야 합니다. 이것이 민심(民心)입니다.

공기업의 부실(不實)을 구조조정하는 것과 같은 맥락에서 정치
부실로 국정에 폐해만 끼치는 국회도 300명 가까운 국회의원 '패

거리'를 축소하여 정치 경비를 대폭 삭감하자는 주장이 고개를 들고 있습니다. 정치인들은 국민 앞에 부끄러운 줄을 알아야 합니다.

'정치(政治)'는 없고 '대권(大權) 사냥' 만

시중의 민심은 한마디로 이 나라는 '대권(大權)' 만을 목표로 하는 국회의원들 때문에 희망이 없다는 것입니다. ' '정치(政治)'는 없고 '대권 사냥질' 만 있다.' 이것이 우리 나라 정치인들, 특히 여·야당의 실세들을 바라보는 국민들의 마음인 것입니다.

"자기가 대통령이 되기 위해서는 못할 짓이 없다. 나라야 결딴이 나든 말든, 국민이야 죽든 말든, 병든 국민이 진료도 못 받고 거리를 헤매다가 피를 토하며 쓰러지든 말든 자기가 권력 잡는 것만이 오로지 관심 사항이고 민생과 국가안보는 안중에도 없다"는 이 처절한 정치 불신을 두 분은 똑똑히 아셔야 합니다. 이 정치 불신을 두 분은 씻어내셔야 합니다.

정치인은 바른 부모(政)가 되어 자녀와 같은 국민을 기르고 보호하며 부부가 가업(家業)의 번성을 위해 근면·성실로 가정을 지키듯이 나라를 돌봐야 한다고 생각합니다.

비유가 적합할지 모르겠습니다만 여(與)가 지아비(夫)라면 야(野)는 지어미(婦)가 되면 안 됩니까? 여·야당은 늘 싸우고 욕하고 다리 잡고 늘어지면서 너하고는 못살겠다고 고래고래 소리지르며 집안을 풍비박산내야만 제대로 정치를 하는 겁니까? 부부가 밤낮 싸우면 그 집안 자식들의 불행은 누가 책임져 줍니까? 오순도순 머리 맞대고 집안 제대로 가꾸면 뭐 어디 덧나기라도 하는 겁니까?

'불신의 시대' 국민만 고통

지금 나라 안은 경제위기설만으로 집집마다 한숨소리가 짙어 가는 게 아닙니다. '러브 호텔'로 상징되는 불륜 사회의 한복판에서 어린 자식들을 끌어안고 이리저리 고민하는 시민들의 고통을 두 분은 아시나요. 세수를 늘리기 위해 불륜 사업을 조장하고 환경을 마구 훼손하는 지방 행정, 여기에도 여·야당이 따로따로 노는 겁니까? 무엇보다 남북관계의 진전에 따른 국민 내부의 이념적 갈등을 두 분은 어떻게 해결하려 하십니까?

이회창 총재는 얼마 전 장외투쟁시에 영남에서 행한 강연에서 '김정일이 통일 대통령이 되도록 김대중 정권은 길을 닦아 준다'고 소리쳤습니다. 솔직히 말해 충격적인 발언이었습니다. 현재의 남북관계와 교류를 놓고 두 분은 이 정도로 인식이 다른 것입니까? 책임 있는 정치 지도자로서 국민을 불안하게 하는 공개적 발언은 문제가 있다고 봅니다.

김정일 '통일 대통령' 운운하는 소리는 YS(김영삼 전 대통령)가 민주산악회란 단체 이름으로 발표한 '김정일 방한저지 서명운동' 성명서에서도 나타나고 있습니다. 재임 중 YS도 김일성 주석과 정상회담을 가지려 했었던 것으로 알고 있습니다만 YS는 현재 진행 중인 남북관계의 판을 깨자고 작심한 듯 보입니다.

북한에 대한 자유로운 의견 개진은 필요한 것이지만 현재의 남북 교류와 협력 관계를 깬다는 것은 역사의 순리라고는 볼 수 없습니다. 역사의 순리에 부응하면서 우리 내부의 남남(南南) 갈등을 풀어낼 수 있는 길은 지금의 여·야당이 한목소리로 대북 관계 진전에 따른 우리 국민의 이념적 혼란을 잡아 주고 해이해질 수도 있는 안보의식을 바로 세우는 정신 교육을 지속적으로 펼치는 것입니다.

공산권의 몰락과 더불어 공산주의 사상은 분명히 퇴조했지만 북한은 아직도 공산주의 세계관을 바탕으로 한 주체사상을 통치 이념으로 채택하여 한반도 전체를 공산화하는 통일을 노동당 규약으로 규정해 놓고 있습니다. 우리는 공산주의는 끝났다고 안이하게 대처하지만 저들은 아직도 그것을 신앙처럼 섬기고 있는 상황에서 우리 내부는 보수와 진보의 이념 갈등으로 국론 분열의 조짐마저 나타나고 있습니다. 일차적으로 두 분의 책임이 아닐 수 없습니다.

남남(南南) 갈등 심화 땐 불행 초래

조선노동당 창건일에 참관하는 문제를 놓고도 일부 단체들은 국민 일반의 정서와는 달리 처신하는 모습을 보면서 뭔가 꺼림칙한 것이 사실입니다.

우리 내부의 좌경세력들이 북한의 대남 통일전선에 부화뇌동(附和雷同)할 소지를 여·야가 합심하여 최소화하는 것이 지금 두 분이 합의해야 할 중대한 사항이라 생각합니다. 그렇지 않으면 남북관계의 진전과 정비례하여 남남 갈등은 깊어질 것이고, 남북 7000만 겨레 모두가 원치 않는 불행한 사태가 벌어지지 않는다고 누가 장담하겠습니까.

각급 학교와 공직사회 및 일반에게도 올바른 통일을 위한 사상·가치관 교육을 통일 교육의 필수 과목으로 채택토록 하여 사상문제로 우리가 북한의 공세 앞에 밀리는 낭패는 없어야 할 것

입니다. 북한 김정일 위원장이 방북한 언론사 사장단들과 만난
자리에서 남한의 '경제', 북한의 '정신'으로 통일하자고 한 발언은
그냥 흘려 넘길 얘기가 아닙니다.

<세계일보> (2000. 10. 9)

아이들이 지켜보고 있다

'문화의 정치', '도덕의 정치', '교육의 정치'를 생각
해야 한다. 여기에는 모든 가정의 행복 지수를 고려
하지 않으면 안 된다. IQ(지능 지수)를 넘어 EQ(도
덕 지수)·HQ(행복 지수) 시대를 대비해야 한다.

오월이 지나간다. 오월 한 달 동안 여느 해처럼 어린이 날, 어
버이 날, 스승의 날을 맞이했다. 자녀를 바르게 교육하는 일의
어려움, 부모가 되는 도리의 엄숙함, 남을 가르치는 일의 소중함
과 그 책임의 막중함을 생각해 본 한 달이었다.

이런 오월에 우리는 여전히 가슴 저미는 아픈 소식들을 연이어
접해야 했다. 아들이 늙으신 부모를 '내다 버린 일'이나 자식이
공부하라는 어머니를 폭행 치사케 한 일, 또는 딸이 불륜의 어머
니를 독살한 소식 등으로 우울한 오월을 보내지 않을 수 없었다.

지난번 우리는 박한상 군 부모 살해 사건으로 온 나라가 몸살
을 앓았었고, 또 언젠가는 김성복이란 대학 교수가 학교 이사장
이었던 아버지를 살해한 사건으로 놀란 가슴을 진정할 길이 없었

다. 어쩌자는 것인가. 어떻게 될 것인가. 모두들 불안한 마음 어디 앉힐 데가 마땅찮다.

여기서만 끝나지 않는다. 청소년 범죄는 줄어들 기미가 없고 폭력이나 성범죄가 더욱 증가하는 추세다. 에이즈 감염 문제도 점차 심각해지고 있다. 미군과 결혼하여 미국으로 떠난 우리 딸들이 창녀 생활로 돌아서는 경우가 많다는 보도 또한 우리를 서글프게 만든다. 불륜으로 인한 부부들의 이혼율 또한 계속 증가하고 있다는 소식이다.

세상에 하고많은 사건·사고 중에 인륜을 저버리는 일만큼 우리를 놀라게 만드는 일도 없다. 정치판이 어떻고 경제계가 어떻다 하더라도 나라와 사회의 기본 세포와도 같은 가정이 건재하고 화평한 동시에 그 둥지에 안기어 자라나고 있는 우리 2세들이 건전하다면 우리는 희망에 가슴 부풀고 보람찬 내일을 기대해도 좋을 것이다. 그런데 우리는 모두 자식 걱정, 남편 걱정, 아내 걱정, 부모 걱정으로 가슴이 무겁고 답답하다. 이런 시대의 정치는 무엇이고 지도자란 또 무엇인가. 지난날의 정치와 과거형 지도자는 전쟁에 이기고 국가를 외적으로부터 지키는 일을 가장 큰 과업으로 삼았었다. 독재와 투쟁하며 민주주의를 쟁취하는 일이 정치 지도자의 제1의 덕목으로 평가되던 시절도 있었다. 그 당시는 '힘있는 지도자', '능력 있는 지도자' 면 그만이었다. 행동은 개차반이어도 강하기만 하면 되었다. 그러나 이제 그와 같은 시대는 끝나고 있다. 지도자의 '힘'과 '능력'이 물리력에서 오는 시대가 아니라 '도덕성'이나 '인격'에서 오는 시대가 도래하고 있다. 언행의 일치가 요구되고 있는 것이다.

얼마 전 부시 전 미국 대통령이 어떤 여성단체 초청 특강에서

“가정사가 백악관 일보다 더 중요하다”고 연설하여 참석자들로부터 뜨거운 박수를 받았다고 한다. 부시가 백악관에 있을 때는 그저 국내외적인 큼직큼직한 일에만 관심을 쏟았기에 미처 미국민들은 가정의 행복과 화평을 위해 제대로 신경을 못 썼다는 고백같이 들리기도 한다. 대통령직을 떠나고 보니 그도 역시 민생 정치의 중요함과 교육 부실과 치안 불안, 범죄 증가와 도덕적 퇴폐, 부부 이혼으로 인한 가정 파괴, 마약, 에이즈, 결손 가정 등으로 미국인들의 밑바닥 근심거리가 이만저만이 아님을 더욱 실감했을 것이다. 세계 최강국의 대통령으로 우쭐대기도 해 보았겠지만 미국의 집안 살림을 자세히 들여다본 그는 참담해졌을는지 모른다.

이것은 남의 나라 미국 얘기만이 아니다. 우리도 이제는 국민소득이 1만 달러에 육박했고, 국제 교역액이 10위권에 진입했으며, 얼마 안 있으면 선진국 사교클럽인 OECD(경제협력개발기구)에 가입된다느니 어쩌니 떠드는 게 얼마나 허망한 것인가를 미리 내다봐야 한다. 그것이 진정한 국리민복이 될 것인지 아닌지는 모든 가정의 행복 지수로 측정해야 옳다. 가정은 풍비박산이요, 사방으로부터 위협받고 있는데 계수적으로는 선진국입네 한다면 이것이야말로 난센스가 아닐 수 없다.

물질적 풍요와 윤택이란 선진국으로 가는 선정(善政)의 필요조건일는지는 몰라도 결코 충분조건은 아니다. 이제 머지않아 선·후진국의 격차가 점차 좁혀질 것이고 절대빈곤의 시대도 끝나 평준화 시대가 도래할 것이다. 물질적 풍요와 더불어 정신적 풍요를 요구하는 시대가 오고 있다. 그런 시대를 대비하는 ‘문화의 정치’, ‘도덕의 정치’, ‘교육의 정치’를 생각해야 한다. 여기에는 모든 가정의 행복 지수를 고려하지 않으면 안 된다. IQ(지능 지수)를 넘어 EQ(도덕 지수)·HQ(행복 지수) 시대를 대비해야 한다. 가정을 가꾸고 보호하는 정치와 종교, 교육과 문화, 사회와 경제를 위해 이 나라를 움직이는 지도층은 보다 큰 관심을 쏟아야 할 때이다.

지자제 선거를 앞두고 온통 들떠 있을지도 모를 후보자들도 가정의 소중함, 결혼의 신성함, 자녀 교육의 올바름을 위해 정책을 개발하고 실천할 수 있는 사람들이 많이 나와야 한다. 그것이 삶의 질과 직접 관계되는 것이다. 우리 지방 토지개발이 급하고 지역 수입은 어찌된다는 식으로만 내세우는 선심성 공약들을 다시 생각해 볼 문제다. 가정의 달 5월을 보내며 우리 아들딸들이 졸부 대한민국의 부모들이 키워 내는 그 아버지에 그 자식들이 되지 않기를 빌어 본다.

자식은 부모를 본따면서 자라게 된다. 며느리는 시어머니를 욕하면서 닮는 법이며, 아랫사람은 윗사람이 하는 대로 하게 되어 있다. 따라서 자식은 부모의 자화상이요 그림자다. 그러므로 부모의 길, 부부의 길, 자녀의 길, 스승의 길, 지도자의 길을 보여 주면서 깨우쳐 줄 수 있는 사람들이 많아야겠다. 부실공사, 무너져 앉은 다리, 어처구니없는 대형 참사, 무질서, 파렴치한 비리, 무정하고 냉정한 인간관계, 음란 퇴폐의 현장……. 이 모든 것을 우리 아이들이 지켜보고 있다.

〈세계일보〉 (1995. 5. 31)

당쟁 없는 나라에 살고 싶다

국태민안(國泰民安), 국리민복(國利民福)을 위해 서로 양보하고 타협하고 손을 붙잡아 주는 상생정치는 정녕 불가능한 것인가. 총선민의란 것이 무엇인지 요즘 다시 논쟁거리로 떠올라 있다.

얼마 전 모 정당 국회의원을 만나서 이런저런 얘기를 나누다가 요즘 우리 정치현실이 너무 심한 당쟁(黨爭)으로 나라가 결딴나고 있다는 데까지 갔다. 필자는 시중의 여론을 한마디로 '당쟁 없는 나라에 살고 싶다'라고 요약했다. 그러면서 여담 비슷한 소리로 하도 답답하니 파자(破字)로 '政黨'이란 단어를 한번 풀어보자며 둘이서 웃었다. 정당이란 바른(正) 아버지(父)들이 모여 있는 무리인데 이 무리(黨)가 나라를 다스리는 것을 목적으로 하고 있다. 그런데 문제는 이 '黨' 자에 있다. '黨' 자는 무리라는 뜻 외에 서로 도와 나쁜 짓을 숨겨 준다는 의미의 돕는다는 뜻도 있어서 논어에서는 '군자부당(君子不黨)'이라고 했다. 그도 그럴 것이 지붕 아래 검은(黑) 입(口)이라 하였으니, 도대체 바른 아버지들 곧 군자

(君子)들이 검은 입이 되어 모여 있는 무리요, 패거리란 뜻이 되고 보니 '政' 자와 '黨' 자가 궁합이 맞지 않는 게 아니냐는 말이다.

'정치'가 나라 결딴낸다

검은 입들이 한곳에 모여 밤낮으로 뭔가를 의논하고 머리를 짜내어 본들 나라와 국민을 편안케 할 그 무엇이 나오기보다 어떡하면 '정권 쟁취'와 '정권 유지'를 위해 자기 무리들이 이득을 볼 수 있겠는가만이 그 결론이 될 게 뻔하다. 그러니 정당 소속 정치인들은 겉과 속이 정반대인 위선자들이 되기 쉬운 것이다.

"정치판에 뛰어든다든가 정치물을 먹었다는 말은 그래서 사람 버렸다는 말과 동의어가 되고 만 것이 오늘날의 한국의 세태가 아니냐. 당신같이 제법 반듯한 양반이 이제 재선 국회의원인데 이런 정당인(政黨人)이 모여 있는 판에서 어떻게 그 꿈을 펼칠 수가 있겠소." 자못 필자는 안타까운 마음으로 그를 향해 말을 던졌다. 그의 반응은 당권을 전제하는 1인 보스 중심의 당내 비민주성이 제일 큰 문제라고 말하면서 씁쓸히 웃는 것이었다.

정말 요즈음은 정당 소식을 접하자면 얼굴이 화끈거린다. 새천년을 열어 가는 21세기 첫해 벽두 1월 4일의 김대중 대통령과 이회창 총재 회담은 어느 것 하나 합의한 것이 없었다. 영수회담 이후 '작태'니 '짓'이니 하는 말들이 대통령과 총재를 맞대 놓고 정당 대변인들이 쏟아대는 말이 되고 있다. 정말 흑구(黑口)들의 대변인답다.

국태민안(國泰民安), 국리민복(國利民福)을 위해 서로 양보하고 타협하고 손을 붙잡아 주는 상생정치는 정녕 불가능한 것인가. 총선민의란 것이 무엇인지 요즘 다시 논쟁거리로 떠올라 있다.

총선민의는 '초당(超黨) 협력 – 국태민안(國泰民安)'

각 정당의 입장에서는 뭣이든 자당에 유리하게 온갖 해석을 다할 수 있겠지만 국민이 보는 총선민의는 국리민복이요, 국태민안이다. 이 숭고한 민의를 받들어 각 정당들이 협력하란 말이다. 어느 당도 과반수를 확보하지 못했으니 서로 화합·협력·양보·타협하란 뜻이다. 남북대결시대에서 남북화해 통일시대로 새로운 세기가 열리는 마당에 남남화해협력 곧 영·호남·중부권의 화합과 협력이 선결 과제란 것을 4·13 총선으로 국민은 우리 정치인들에게 그 과업을 맡긴 것이다. 국민의 뜻이 곧 하늘의 뜻이다. 몇 석 더 얻었다고 해서 우리 당이 국민으로부터 가장 큰 지지를 받았으므로 우리 당 뜻대로 해야 된다고 할 형편이 못 된다. 4·13 총선 이후 무려 8개월 동안 정치는 공회전하면서 소음과 오염물질만 내뿜고 있다. 정치 때문에 나라가 결딴나고 있는 것이다.

대한민국호가 태평양 거센 파도를 가르며 세계로 나아가는 이 상황에서 국민은 함장을 서로 제 편이 해야 한다고 치고 받는 승무원 패거리들에게 포로가 되어 끌려가는 기분이다. 항해도는 제대로 있는 것인지, 어디로 가려는 것인지 도무지 불안하다. 국민을 불안하게 하는 정치는 하루속히 끝을 내야 한다. 국가의 중심이 서 있고 국정의 좌표가 있어야 한다. 그래야 국민이 안심하고 사회가 안정될 것이 아닌가. 대통령 중심제인 우리 나라는 대통령 자리가 그 중심을 바로잡는 핵이다. 그 자리는 민의(民意)와 천의(天意)의 합일점이 되어야 한다. 정당한 도덕성과 경륜으로 국민 모두를 끌어안되 부정(不正)과 비리(非理)와 퇴폐는 엄격하게 다스려야 한다. 부정과 비리를 바로잡는 것은 결코 정쟁이나 당쟁의 대상이 될 수 없다. 그런 의미에서 1000억 원이 넘는 안기부 자금이 95년 신한국당 총선 자금으로 유입된 사건이 드러난 것은 온 국민을 분노케 하고 있다. 반드시 진실을 규명하고 책임을 물어 다시는 이런 비민주적 부패가 발을 못 붙이게 해야 한다. 남아 있는 2년 동안 김 대통령은 스스로 옷깃을 여미고 민의와 천의의 합일점이 무엇인가를 끊임없이 찾아서 흔들림 없는 국정을 수행해야 한다. 이것이 국민이 불안하지 않게 되는 원점이 될 것이다.

비리(非理)는 정쟁(政爭)의 대상 아니다

대통령은 그 중심에서 조금도 흔들림 없이 야당을 비롯한 모든 정파들의 의견을 조율하고, 조율이 어려우면 각계각층으로부터 국민의 소리를 직접 듣고 국정의 좌표를 제시해야 한다. 어느 대통령이나 다 마찬가지지만 김 대통령은 자신의 말대로 실패한 대통령이 되어서는 안 된다. 대통령의 실패는 그 개인의 불행이 문제라기보다 나라와 국민이 당할 고통이 너무나 크기 때문에 있어서는 안 되는 것이다.

여야당이 형님 먼저 아우 먼저 하면서 국리민복을 위해 합심 노력하는 모습을 보는 것이 온 국민의 소원인 것을 알아야 하겠다. 당쟁으로 인해 100년 전에도 나라를 잃어버렸던 것처럼 100년이 지난 오늘에도 망국병과도 같은 당쟁을 여전히 그만두지 못한다면 우리 나라는 희망이 없다. '하늘은 스스로 돕는 사람을 돕는다'고 했으니 우리가 오늘처럼 가다가는 무슨 변을 당할지도 모른다. 검은 입들의 무리(黨人)가 아니라 우리를 살려주는 대지(土) 위에 집을 짓고 모여 사는 당인(堂人)이 되어, 정정당당(正正堂堂)한 군자(君子)들의 모임인 '政堂'이 되어야 하지 않겠는가. 정당이 黑口之家(黨)가 아닌 土口之家(堂)가 되어야 하지 않겠는가.

어제부터 내린 눈이 이 강토를 온통 은빛으로 바꾸어 놓았다. 오늘 1월 8일, 지저분한 옛것을 청산하고 새롭게 출발하라는 하늘의 메시지가 아닐는지.

〈세계일보〉(2001. 1. 8)

우리 모두가 공범입니다

'삼풍 참사' 희생자들의 넋을 위로하며

생지옥 같은 삼풍 참사 현장의 상황이 TV 화면에 비치거나 신문 지면으로 우리 앞을 가로막을 때, 어린 자식들이 보고 놀라고 상처받을세라 당황해 하는 우리들의 모습은 또 얼마나 안쓰러운지요.

오, 하느님 이게 웬일입니까? 도대체 어찌 이런 일이 일어날 수 있는 것입니까? 저렇게도 많은 단장(斷腸)의 슬픈 사연들을 뒤로 남기고 이승을 떠나가신 이들은 무엇을 위한 희생의 제물이란 말입니까?

오, 하느님! 이토록 엄청난 대가를 치르고서야 깨달아야 할 만큼 우리들은 목이 곧고 죄가 많은 어리석은 자들이란 말입니까. 이 어처구니없는 희생자들의 넋과 그 피맺힌 별리(別離)의 아픔으로 몸져누운 우리들의 이웃을 위해 살아남은 우리들이 감당해야 할 몫은 무엇입니까? 유모차에 태운 두 살배기 어린아기를 보호하기 위해 온몸으로 유모차 위를 덮어 안은 채 피투성이로 숨져 간 위대한 모정도 우리들의 순진무구한 어린 싹을 끝내 주검의 마신으로부터 지켜 주지 못했다는 소식은 차마 듣기조차 숨막히는 사연이 아닐 수 없습니다.

이처럼 피맺히게 억울한 사연들이 죄 없이 돌아가신 수많은 희생자들의 시신마다에 얽히고 설키어 유족들의 가정과 삶을 천 갈래 만 갈래로 찢어 놓고 있지 않습니까? 오 하느님, 우리 모두는 이번 삼풍 붕괴 참사에 직·간접적으로 한몫 거든 공범자들임이 분명합니다. 총체적 부실(不實)공사라 했나요. 총체적 부실 사회라 했나요. 이건 우리 모두가 이번 참사에 어떤 형태로든 연관이 돼 있다는 말이 아니고 무엇이겠습니까. 건축업자와 백화점 경영자, 구청 공무원들이 일차적·직접적으로 주연급의 책임을 질 자들이라면 우리 모두는 그들의 조연이든 엑스트라이든 어떤 형태로든 이 사고와 연관되어 있는 것이 아니겠습니까. 문제는 이런 부실 풍토를 용납하고 어울려 지내며 얼렁뚱땅 해 왔던 정계·재계·언론계·교육계·관계(官界)·종교계·문화계의 부실 합작품이 바로 삼풍 붕괴 사건으로 나타난 것이란 점입니다.

대도시의 한복판에서 악마처럼 주검의 아가리를 떡 벌리고 서 있는 맘몬(Mammon:拜金神)을 떠받들기 위해 우리 모두는 정신 나간 미친 짓들을 해 왔던 것이 사실입니다. 우리가 그동안 금송아지 물신(物神)을 에워싸고 경배하고 춤추면서 먹고 마시고 쿵작작 떠들며 무슨 짓들을 해 왔는지, 차가운 시체로 일그러져 버린 희생자들의 처참한 모습이 바로 내 자신, 내 자식, 내 부모, 내 형제들의 또 다른 얼굴일 수 있다는 이 무서운 깨달음을 이제야 실감하게 되다니, 이런 못난 자들이야말로 살부모동기(殺父母同氣)한 흉악범이 아니고 무엇이란 말입니까. 돈 때문에 제 아비, 제 어미를 죽인 천하의 패륜아가 그들 한둘뿐인 줄 알았더니, 어느새

이 죽음의 신은 우리 모두를 사로잡고 말았습니다.

"자기 재산 날아가는 것 아깝게 생각하지 않을 사람 어디 있겠소." 마치 있으면 나와 보란 듯이 만인이 주시하는 TV 화면 앞에서 일갈하던 삼풍 소유주 이모 회장이란 사람(?), 그가 내뱉은 이 한마디 말은 우리 모두가 그의 공범임을 증언하는 무서운 협박이었습니다. 돈 때문이라면 수많은 사람을 죽게 할 수도 있다는 이 암묵적인 우리 시대의 병든 가치관의 일단이 그를 통해 드러난 것은 아니었는지요? 삼풍의 이모 회장은 서울에서 가장 이름난 교회의 유력한 집사 신도로서 미션계 학원까지 운영하는 신앙인이라는 사실은 우리 모두를 한층 더 소름 끼치는 공포 분위기로 몰아넣기에 충분합니다.

서울을 지배하고 있는 것이 무엇입니까? '그것은 이 금송아지로다' 라고 맘몬이 외칩니다. 하나님이 너희를 보호하고 인도하시는 게 아니라 이 금송아지야말로 너희가 믿고 따르고 너희를 보호해 주는 신이라고 말입니다.

서울에 있는 정부도 기업도 학교도 교회도 사찰도 사람들도 모든 가정들도 도대체 무엇한테 끌려다니고 점령당해 있는 것입니까. 물신(物神) 금송아지 맘몬이 우리의 왕 노릇을 하고 있음이 사실로 드러나고 말았습니다. 우리가 이 금송아지를 떠받치고 밤낮으로 돈, 돈 하고 외치며 게걸스런 걸신처럼 입맛을 쩝쩝거리는 한 우리 모두의 운명은 늦고 이른 차이만 있을 뿐이지 머잖아 또 다른 삼풍 붕괴 참사가 우리를 덮칠 것은 불을 보듯 훤한 일입니다. 여기 살아남은 자들의 몫은 이 죽음의 신 맘몬의 지배에서 벗어나는 일입니다. 모세가 이스라엘 민족의 정기를 어지럽히는 금송아지 맘몬신을 갈아 없앤 후 누구든지 다시 그를 숭배하는 자를 죽음으로 징벌한 것과 같이, 이제 우리는 겨레의 정기를 어지럽히는 이 맘몬을 엄중하게 징벌하고 심판해야 하겠습니다. 사랑을 돈으로 더럽히는 자, 자유와 민주주의와 정의를 돈으로 짓밟으려는 자, 명예와 권력을 돈으로 사고팔며 유지하려는 자, 믿음도 종교도 돈으로 회칠한 무덤을 만들고 있는 자, 선함도 아름다움도 진실됨도 돈으로 치장하고 꾸미려는 자, 무엇보다도 돈이 이 모든 것을 가능케 해 준다고 믿고 돈 모으기에 정신이 나가 부실공사로 미쳐 날뛰고 유해식품까지 만들어 파는 인간들은 마땅히 살인범과 같은 형량으로 처단할 것을 우리 모두 엄숙히 다짐하도록 채찍질하여 주십시오.

생지옥 같은 삼풍 참사 현장의 상황이 TV 화면에 비치거나 신문 지면으로 우리 앞을 가로막을 때, 어린 자식들이 보고 놀라고 상처받을세라 당황해 하는 우리들의 모습은 또 얼마나 안쓰러운지요.

"아빠! 그치(그렇지)? 한국 사람들 부끄럽고 창피하다 그치?" 부끄러운 짓 하다가 어린 자식들에게 들킨 꼴이 된 몰골이 요즘 우리들의 구겨져 버린 자화상입니다.

오늘 새벽, 참사 9일째 되는 이 이른 아침에, 우리 모두는 저 순진무구한 어린 자식들의 잠든 얼굴을 들여다보며 그들의 고사리 손을 보듬어 쥐고 하나님 앞에 맹세하게 해 주십시오. "하나님, 두 번 다시 이런 일이 일어나지 않도록 '내가', '우리가' 똑바로 책임지겠습니다" 라고 우리 모두를 대신해 숨지신 여러분들을 조금이라도 위로하고 그 죽음을 헛되이 하지 않기 위해서 말입니다.

〈세계일보〉(1995. 7. 7)

스포츠 1류, 정치 4류의 나라

총선 직후에 여야 영수들이 돌아가면서 만나고 서로 덕담을 나누며 화해와 타협의 정치를 하겠다던 대국민 약속은 한때의 '정치쇼'였다면 더 할말은 없다.

초여름인데도 날씨는 이미 성큼 더워져 그늘진 곳이 그리워진다. 매일 무더운 날씨가 더욱 무덥고 짜증나게 체감되는 것은 꼭 날씨 탓만이 아니라는 생각도 든다.

비록 반쪽 대회지만 월드컵을 유치하게 돼 국민들은 박수를 치면서도 마음 한켠에는 정쟁으로 밤낮을 지새는 정치판을 생각하면 과연 '정치'는 무엇인가를 자문자답하게 된다. 어느 기업인이 말한 대로 정치는 3류도 아닌 4류로 오히려 국가 발전에 걸림돌이 되지 않나 염려된다.

초선으로 당선된 국회의원들은 대망하던 선량이 되었는데도 국회의 법정 개원일인 5일이 다 되도록 국회가 열릴 가망은 안 보이고, 국회가 없어도 국정은 별탈 없이 굴러가 새삼 국회 무용론까지 설득력 있게 들릴 판이니 과연 이 일을 어찌 할 것인지 정치인들은 곰곰이 생각해 봐야 할 일이다.

특히 국제수지 적자가 방어선을 넘어선 데 이어 OECD 가입도 눈앞의 현실로 닥쳐올 상황이고, 통계청과 한국은행에 따르면 물가마저 올 들어 3.5% 올라 연간 억제 목표 달성이 불투명하다고 하니 보통 일이 아니다. 뿐만 아니라 다음달부터 교육세 부과에 따라 담뱃값이 대폭 인상될 전망인데다 서울시 버스 요금, 상수도료 등 공공요금 인상 요인이 줄줄이 대기하고 있다니 서민들의 가계는 주름살이 더욱 깊어지게 되었다.

사정이 이러한데도 3김이 주도하는 정치권은 이전투구(泥田鬪狗) 식으로 '3김의 과잉 이미지 싸움'에 골몰하고 있다는 인상이다. 누가 뭐라고 해도 3김은 정치권의 실질적 권력자들이고 그런만큼 그들은 이 시대의 국가와 민족에 대한 책임과 의무를 피할래야 피할 수 없는 운명적 처지에 있다. 한마디로 3김의 어깨에 7천만 민족의 장래가 걸려 있다고 해도 과언이 아닐 것이다.

월드컵 최면을 걸고 있는 언론들은 애써 폐색(閉塞)된 정치현실을 외면하고 국민과 정치권의 눈치만 살피고 있는 형국이다. 월드컵만 잘 치르면 금세 파라다이스가 열리는 양 아젠다 세팅을 하고 있으니 순진한 국민들은 집단 최면 상태로 빠져들고 있다. 국내 사정이 이렇게 꼬이는가 하면 우리를 둘러싼 국제 정세도 숨가쁘게 돌아가고 있다.

6월 17일 선거를 앞둔 러시아는 공산주의 세력이 미약해진 의회를 장악한 데 이어 서서히 다시 결집되고 있다는 소식이다. 뿐만 아니라 과거 슬라브민족의 대국주의가 부활할 조짐이어서 주목된다. 4자회담 대상에서 소외된 데 대한 응어리가 풀리지 않아 우리와의 관계도 소원해지고 있다.

미국도 금년 11월 선거를 앞두고 국내외 모든 문제를 클린턴 재선에 초점을 맞추고 국익우선주의로 처리하고 있어 남북관계 등이 얽혀 있는 우리로서는 긴장을 늦출 수 없는 상황이다. 일본 또한 2년 가까이 계속돼 온 자민·사민·사키가케 3당 연정체제가 정책 조정능력의 한계와 하시모토 류타로(橋本龍太郎) 총리의 스캔들로 인한 리더십 부재 등으로 내부 분열조짐을 보이는 등 혼미를 거듭하고 있다.

중국 또한 '포스트 덩샤오핑(鄧小平)'을 놓고 내부 권력투쟁이 강화되고 있다. 중국 전문가들은 티토 사후에 유고슬라비아가 4분 5열돼 내전을 치렀던 것처럼 중국도 1994년 춘절 이후 모습을 보이지 않은 덩샤오핑 사후에 유고와 비슷한 수순을 밟을 가능성을 전망하고 있다. 덩샤오핑이 비난했던 마오쩌뚱(毛澤統)이 다시 중국 민중의 영웅으로 떠오르며 재평가 받는 등의 조짐은 허약한 장쩌민의 리더십으로 미루어 중국의 앞날을 불투명하게 하고 있다.

또 큰 새, 작은 새가 날아오듯 북한의 사회지도층 인사들의 잇따른 망명러시로 북한 상층부에 예전 같지 않은 이상 기류가 흐르고 있음이 감지된다. 성급한 논자들은 이 같은 북한의 비정상적인 움직임을 붕괴 조짐으로 확대·재생산하고 있다. 그러나 북한 내부에서는 오히려 정치적으로 지리멸렬하고 고황이 들어 버린 고질적인 지역감정으로 '남조선'이 오히려 자기들보다 먼저 붕괴할 것이라고 예단한다는 섬뜩한 소식까지 들리니 새삼 우리의 주변을 다시 돌아보지 않을 수 없다.

여·야가 월드컵 정국이라는, 모처럼 일체화된 국민통합의 좋은 기회를 놓치고 또다시 국회의 개원을 놓고 조건과 시기를 따지고 줄다리기를 한다면 국민들은 그야말로 '스포츠는 1류, 정치는 4류'라는 평가를 하고 '정치 무관심'의 방향으로 흐르지 않을까 우려된다.

지난 총선에서 나타났듯 국민들은 3김이 30년 가까이 벌이는 지루한 게임에 싫증이 났고 심지어 역겨워하는 분위기마저 있음을 명념(銘念)해야 할 것이다. 자신들의 정치적 야심을 위해 특정 지역을 볼모로 잡고 정치게임을 즐기는 행태에 국민소득 1만 달러 시대로, 그리고 정치를 시시콜콜한 흥행 이벤트로 전락시킨 '텔레크라시'로 상징되는 미디어 정치로 과거처럼 정치인에 대한 환상이나 신화가 사라졌음을 간파해야 한다. 국민들이 이제 정당이나 정치인을 기대하거나 신뢰하지도 않는 시대로 우리 사회가 가고 있음을 정치인들은 간취해야 할 것이다.

아직도 미몽에서 깨어나지 못한 우리 정치의 현실이 안타깝기만 하다. 미그기가 귀순해 왔는데 기체를 반환하자고 정당에서 주장하는가 하면 북한 실정을 놓고 여야가 천양지차의 인식의 갭을 보이는 등 국론 분열이 심각한 처지다. 그야말로 국가 위기관리 시스템화가 전혀 안 돼 있어 일조 유사시에 어떻게 대처할지 심히 우려하지 않을 수 없다. 민방공 체제에서 보았듯 우리 사회의 위기관리 체제에 구조적 결함이 노정되고 있는 것이다. 이제부터라도 누구를 탓할 게 아니라 하나씩 고쳐 나가는 일이 시급하다.

우선 3김은 이 같은 국가의 총체적 위기와 부조화를 수습하기 위해 머리를 맞대고 논의부터 시작해야 한다. 총무 회담이나 대표 회담으로는 사안이 풀리지 않을 것을 뻔히 알면서도 '눈 가리고 아옹하는 식'의 시간에 해결을 맡기는 정치는 이제 지양해 줬으면 하는 것이 국민의 바람이다.

  총선 직후에 여야 영수들이 돌아가면서 만나고 서로 덕담을 나
누며 화해와 타협의 정치를 하겠다던 대국민 약속은 한때의 '정
치쇼'였다면 더 할 말은 없다.

<세계일보> (1996. 6. 4)

도덕성과 경제력의 균형

순결한 가정, 건강한 사회를 위한 캠페인에 부쳐

모든 것을 '상품화' 하고 '최소의 자본으로 최대의 이익 창출' 이라는 경제원리가 지배하는 비정의 사회가 된다는 점은 경계해야 할 부분이 아닐 수 없다.

인간은 물질적인 존재인가, 정신적인 존재인가. 정답은 정신과 물질의 통일체요 균형체일 것이다. 마음(心)과 몸(身)이 조화로운 통일체를 이룰 때 곧 '바른 사람' 이 된다. 세계나 국가의 경우도 도덕·윤리·종교 등이 정신적 기능을 담당하고 경제와 과학 기술 등은 물질적 기능을 담당함으로써 양자가 조화와 균형을 유지할 때 '좋은 세상', '좋은 나라' 가 될 수 있다.

인간관의 문제는 세계관 문제와 함께 역사를 해석하는 것과 국가의 통치이념을 설정하는 데 곧바로 중요한 연관이 된다.

역사를 의미 있게 해석하고 국가를 경영하는 기본 철학이 애매해질 때 인간사회에는 혼란과 일탈, 도덕적인 퇴폐가 자리잡게 된다. 역사에 대한 바른 인식이 없는 국민들은 신념체계마저 흔들리게 될 것이므로 사회 전체는 도덕적 퇴폐, 물질만능, 향락문화로 병들게 되기 쉽다.

　문제는 개인의 경우 심신의 조화와 균형이 절대적으로 필요한 것과 같이 사회나 국가의 경우도 정신적 가치지향과 물질적 경제 기반의 조화와 균형이 반드시 갖추어져야 한다는 점이다. 이중 어느 한쪽이 무시되거나 소홀해지게 되어 그 불균형이 심화되면 중세 유럽의 종교 암흑기나 공산독재 치하의 사회가 되든가, 범죄와 퇴폐가 범람하는 '배부른 자본주의' 사회가 도래하고 만다.

　지금은 중세의 암흑기도, 공산혁명의 붉은 깃발도 다 사라져버린 자본주의 시대다. 더구나 지난 1백 년간 공산주의와의 지리했던 싸움도 끝난 상황이다. 그러나 자유·자본주의가 공산주의를 물리치고 승리했다고 성급한 결론을 내려 샴페인을 터뜨리며 흥청망청해도 좋을 상황은 결코 아니다. 왜냐하면 자본주의 사회, 자유세계는 그 내부로부터 심각한 불치의 병이 돋아나고 있기 때문이다. 우리가 알아야 할 것은 공산주의가 자본주의와의 대결에서 패배한 것이 아니라 그 자체 내부의 모순과 거짓에 의해 스스로 주저앉은 것과 마찬가지로 오늘날 일견 번영의 가도를 달리는 것처럼 보이는 자유·자본주의 체제도 그 내부에서 도지는 불치의 병을 치유할 자정력(自淨力)을 갖추지 못한다면 스스로 해체되는 운명을 맞을지도 모른다는 사실이다. 자본주의 자유세계가 물질적 번영의 궤도로 진입하게 한 경쟁과 자유를 통한 '시장경제'의 활성화라는 장점은 더욱 살려 나가야 하겠지만, 모든 것을 '상품화'하고 '최소의 자본으로 최대의 이익 창출'이라는 경제원리가 지배하는 비정의 사회가 된다는 점은 경계해야 할 부분이 아닐 수 없다.

　사회나 국가 전체도 도덕과 윤리와 같은 정신적 가치 지향을 망각하거나 경시하게 되는 불균형이 가장 심각한 문제가 된다. 다시 말해 '도덕성'과 '경제력'의 조화와 균형은 반드시 유지되어야 한다. 도덕이 황폐해진 경제대국이 무슨 소용이 있으며 춥고 배고픈 도덕국가는 또 무슨 의미가 있겠는가.

이런 관점에서 볼 때 지구상에 우리가 본받아야 할 모델이 될 만한 나라는 보이지 않는다. 이른바 G-7으로 불리는 미국을 비롯한 선진제국들도 물질적·군사적으로는 세계를 이끌어 가고 있는지 모르나 그 내부의 심각한 도덕적 퇴폐는 이미 치명적인 수준에까지 이르고 있음을 우리는 직시해야 한다. 미국의 경우 절반에 가까운 가정이 이혼을 하고, 끝도 한도 없는 미혼모의 증가, 청소년 비행, 성범죄, 마약, 살인 등 어느 것 하나 가볍게 취급할 수 없는 중증들이다. 그 배후에는 성의 상품화를 부추기는 온갖 상술이 개발되고, 성을 팔아 부를 축적하는 것까지 미덕으로 평가받는 자본주의 속성이 도사리고 있다. 이것을 그대로 방치한다면 전지구의 소돔·고모라화는 시간 문제다. 이미 그런 징조는 우리 안방에까지 나타나고 있다. 첨단화하는 컴퓨터 통신 기술은 이른바 '인터넷 홍등가'까지 버젓이 차려 놓고 우리의 곱디고운 아들딸에게까지 유혹의 붉은 혓바닥을 날름거리고 있다.

에이즈를 콘돔으로 예방할 수밖에 없다는 우리 보건 당국의 고뇌 어린(?) 캠페인이 지금도 계속되고 있다. 더 무슨 말이 필요할 것인가. 음란·퇴폐문화를 근본적으로 다스릴 수 없다면 우리는 머지않아 에이즈 환자 10억 시대에 살게 된다. 2010년의 경우, 세계 인구를 70억이라 늘려 잡더라도 그 7분의 1이 에이즈 환자가 된다는 무서운 보고가 나와 있다. 미국에 이어 우리 나라도 청소년 야간 통행금지를 검토하고 있다는 우울한 소식도 들린다. 세계 최대 마약 밀매조직인 '쿤사마약'으로부터도 국내용 마약이 밀수입되고 있다는 보도다. 산업현장은 구인난에 허덕인 지 오래인데 1백만 명에 가까운 우리의 젊은 여성들이 밤거리의 꽃이 되어 성을 팔고 있다. 이대로 가도 되는 건가.

도덕성의 핵은 부부관계의 순결성과 남녀관계의 건전화에 있다. 남편과 아내가 바로 서지 않고 어찌 자녀들을 올바르게 기를 수 있겠는가. 성을 상품화하는 모든 업종이 우리 사회에서 영원히 사라지게 하려면 그 고객이 되는 모든 가정의 아버지와 어머니와 자녀들이 '순결한 가정'을 가꾸고 지키는 데서부터 시작된다. 세상 만사가 다 변하고 있는 듯하지만 변치 않는 원칙이 존재하는 것처럼 '가정의 순결'은 인류가 영원히 지키고 보호해야 할 불변의 대원칙이다.

가정이 더럽혀지는 데서 모든 범죄는 기생할 수 있으며 이로부터 온갖 불륜과 부도덕이 창궐하게 되는 것이다. 사회조직의 기본 세포는 가정이다. 세포가 건강해야 조직이 건강한 것이다. 가정의 부모 · 부부 · 자녀가 있어야 할 제자리를 찾을 때만이 자유시장경제 사회의 건강한 미래가 보장될 것이다. 우리의 정치와 교육이 어디에 그 힘을 쏟아야겠는가를 다시 생각할 때다. 세계일보사가 '순결한 가정 · 건강한 사회'를 위한 캠페인을 제창하는 이유는 바로 여기에 있다.

<세계일보> (1995. 10. 4)

강자는 후한 법

통일문제에 대해서도 약자인 북한 수뇌부의 공포에 질린 헛소리에 일희일비할 것이 아니라 여유를 갖고 정도로 당당하게 접근해야 할 것이다.

일찍이 없었던 위기상황이 한반도에 연출되고 있다. 세계 초강대국이었던 미·소의 경쟁에서 소련 붕괴로 미국이 부전승함으로써 냉전시대가 종식됐으나 냉전의 잔설은 아직도 한반도를 불안하게 하고 있다.

2차대전 이후 서방 패권국가였던 미국에 의존하는 미 일변도의 외교 원칙을 견지해 왔던 우리는 그동안 미국 핵우산에 안주하면 됐지만 냉전체제 이후 갑자기 '신질서 수립'이라는 새로운 상황을 맞아 기회일 수도, 위기로 치달을 수도 있는 미묘한 국제 정세의 흐름 한복판에 서 있는 것이다.

6·25 동란에 참전해 적성국가로 분류됐던 중국과 러시아와는 국교 정상화가 됐지만 이들은 완전히 믿어도 좋을 우리 편은 아니다. 혈맹관계를 유지해 온 미국도 대북 경수로 문제 등에서 한

국 정부를 소외시킨 자국 이익 우선의 정책 결정으로 우리를 당황하게 했고, 일본 또한 우방국가지만 북한과의 관계에서 노정되는 일본 특유의 이중성, 즉 속 다르고 겉 다른 더블플레이는 신뢰할 수만은 없음을 보여 줬다.

우리를 둘러싼 4강의 이 같은 복잡 미묘한 대립은 국내 정치상황과 맞물려 갈등구조를 더욱 심화시키고 있으며, 우리의 외교원칙이나 국가 전략을 혼란스럽게 하고 있다. 과거 같으면 적과 우방의 구분이 명쾌하고 국민 정서의 통일이 용이했으나 지금은 적과 동지의 구분이 애매모호해지면서 과거 이분법적 사고의 틀을 크게 벗어나지 못해 도무지 갈피를 잡을 수 없는 정신적 혼돈을 경험하고 있다.

더욱이 최근 잇따라 귀순한 북한인들은 한목소리로 북한 군부나 주민들이 '굶어 죽느니 차라리 한판 붙자' 는 이판사판식으로 일전불사의 호전적인 침략 의지를 호언하고 있다고 전하고 있어 일촉즉발의 전쟁 위기가 감돌고 있다.

그럼에도 불구하고 군사정권 아래에서 면역이 된 탓인지 전쟁이 발발하리라고 생각하는 국민은 거의 없고 마치 이솝의 '늑대 소년' 우화에 나오는 마을 사람들처럼 모두가 태평스럽다. 북한 비행기가 우리 땅에 떠도 사이렌은 먹통이고, 관계 부처는 책임전가에 급급한 채 건망증이 심한 국민들은 모두 망각한 지 벌써 오래다.

대화마저 단절된 남북의 대치라는 특수상황 속에서 정치는 사상 초유로 두 전직 대통령을 구속해 놓고, 국회는 개원도 못한 채 정쟁으로 파행을 거듭했다. 30대 재벌 기업인들은 정치 자금과 관련, 대부분 기소 계류 중이며 언론과 지식인들은 중구난방의 백가쟁명식 논란만 거듭한 채 정치권은 지방색으로 사분오열 되고 여기에 노사 갈등까지 겹쳐 사회 불안이 가중되고 있다.

'10대 교역국', '소득 1만 달러 시대'라는 요란한 국정 홍보식 선전을 하고 있지만 그걸 가꾸고 지키는 구성원들은 세계 최고 반열에 드는 물가고에 상대적 박탈감을 느끼고 미래의 희망에 대한 좌절로 자포자기에 빠져 있다. 공동체를 유지하는 것은 돈이 아니고 바로 구성원들인 사람이라는 인식이 결여돼 있음을 지적하지 않을 수 없다.

이처럼 내우외환이 겹쳐 있음을 인식하면서 여기서 함몰되면 우리는 또 19세기 말의 망국과 비견되는 비극을 되풀이해야 된다는 역사 인식을 구성체 모두가 공유했으면 한다. 침몰되는 배 안에서 내 금덩어리만을 끌어안고 있어 봐야 무슨 의미가 있겠는가.

한마디로 시대적 대전환기인 현 정세는 흐르는 강물에 비유컨대 크게 소용돌이치는 여울목을 만난 격으로 6·25 후 최대의 국가적 위기상황을 맞은 셈이다.

그러나 차분히 생각해 보면 북한의 7일 전쟁설 등에 현혹될 필요는 없다고 생각한다. 돌이켜보면 우리도 북한보다 국방력이나 경제적 측면에서 열세일 때 '북진 통일', '김일성 괴뢰도당'을 큰 목소리로 외쳤던 적이 있다. 오늘의 북한이 바로 그런 처지에 빠져 있는 것은 아닐까 하는 생각이 든다.

통일문제에 대해서도 약자인 북한 수뇌부의 공포에 질린 헛소리에 일희일비할 것이 아니라 여유를 갖고 정도로 당당하게 접근해야 할 것이다. 24년 전 오늘 '7·4 남북공동성명'이 발표되어 국민 모두가 금방이라도 통일을 맞이할 수 있을 듯이 착각에 빠져들었으나, 벌써 20여 년이 아무런 성과 없이 흘러가고 말았다.

그야말로 '자신 있는 강자는 후하다'는 옛말대로 가시권에 들어와 있는 통일대업의 완수를 위해 뚜벅뚜벅 걸어가는 의연한 자세를 견지하는 것이 바람직하다는 생각이다.

이제 우리는 물질적으로만 잘사는 것이 아니라 문화적으로나 정신적으로 풍요로움을 가꾸고 그런 사실을 북한에 알려 '통일문화'가 배타적인 우월주의나 지배·피지배의 관계로 치닫지 않음을 보여 주어야 할 때다.

우리는 지난 30여 년 동안 부국강병책을 국가 발전의 기조로 삼아 국민들이 피땀 흘려 노력한 결과 이제 선진대국을 넘볼 정도로 성장했다. 부존 자원도 없는 열악한 환경 속에서 국민들은 그동안 고속 성장을 위해 앞뒤 가리지 않고 경제제일주의로 성장을 향해 질주해 왔다.

그동안 산업화를 추진해 온 과정이 험한 산길에 비유된다면 우리는 강인한 의지와 '하면 된다'는 식의 담대한 배짱으로 나름대로 성공을 거둘 수 있었던 것이다.

그러나 우리 앞에 가로놓인 장애는 이제 과거와는 판이한 형태로 다가오고 있다. 지금까지 온 길이 험산준령이라면 앞으로 다가오는 세계화·정보화의 시대는 바람과 파도가 몰아치는 험한 물길이라고 비유할 수 있다. 이 물길을 건너가려면 배를 만들고 노를 깎아 손발을 맞춰 노를 저어 가야 한다. 그야말로 오월동주처럼 이해가 엇갈리더라도 공동체 구성원 모두가 손을 맞잡고 양보와 역지사지의 심정으로 돌아가 국가적 위기를 슬기롭게 헤쳐 나갈 지혜를 모아야 할 때다.

다시 한 번 강조하지만 북한에 대해서 뿐 아니라 국내 현실 정치에서도 강자는 너그럽고 믿음을 줘야 한다. 너그럽지 못한 강자는 강자 같지만 실은 약자이다. 모처럼 국회가 개원이 된다니 강자는 더욱 후한 마음으로 우리 사회에 훈풍이 감돌도록 겸양과 관용의 미덕을 유감없이 발휘하고, 약자는 약자대로 안분지족의 마음으로 조화롭고 화평한 사회가 되도록 합심 노력해 주길 기대한다.

〈세계일보〉(1996. 7. 4)

정치는 군작전이 아니다

'두고 보자'는 정도의 냉담한 반응은 현 정치 지도 자들의 비민주적인 작태에 대한 국민적 불신에 기인한 것인 동시에, 우리 국민의 정치의식과 감각의 수준에 현 정치인들이 얼마나 못미치고 있는지를 잘 보여 주는 것이기도 하다.

3당 통합을 보면서

이른바 정치적 지각변동이라는 민정·민주·공화 3당의 통합신당이 어떤 모양으로 그 실체를 드러낼지 전국민의 관심사가 되고 있다. 이 갑작스런 변동을 지켜보는 국민들의 심기는 결코 편안하지만은 않은 것 같다. 이런 불편한 심기는 시비와 찬반을 폭넓게 논의하는 과정을 거치면서 모든 국민들이 참여감을 갖게 하는 민의의 수렴과 조정 기간을 철저히 배제시킨 채 노·2김 총재들의 비공개 회담으로 기습적인 '정치작전'을 통해 밀조된 3당 합당이란 느낌을 쉽게 떨쳐버릴 수 없는 데서 오는 것으로 보인다.

신문도 없는 공휴일이었던 지난 1월 21일을 택해 갑작스럽게 '3

당 합당'을 발표하고, 그 이튿날 곧장 3총재 회담을 끝낸 뒤 곧
바로 합당공동선언문이 발표되는 순간을 지켜봐야 했던 국민들은
그저 어리둥절하기만 했다. 공수의 예를 갖춘 자세로 시종했던
김종필 공화 총재와 열중쉬어 자세로 일관했던 김영삼 민주 총재
를 좌우에 거느린 채 노태우 대통령이 합당선언문을 낭독하던
TV 화면은 무척이나 묘한 장면이기도 했다.

우리는 통합 신당의 출현을 통한 정계 개편에 대해 찬반 가부
를 논하려는 것은 아니다. 그렇지만 우리는 지역당으로 전락한
사당구조를 청산하고 정치권이 양당구조로 개편되는 것을 대다수
국민들은 원하고 있었다고 보는 데 동의한다. 또 그래야만 지역
분열과 좌경 혁신세력의 도전을 효과적으로 극복할 수 있으리란
기대와 아울러 급변하는 세계질서 개편 과정을 헤쳐 나가면서 남
북통일이란 지난 대사를 성취할 수 있는 체제 정비가 가능하다고
믿어 온 바였다. 더욱이 6공 출범 이후 지난 2년간 끊임없는 정
쟁으로 말미암은 국력 소모에 시달려 온 대다수 국민들은 정치안
정을 희구하는 대안으로서 보·혁 또는 양당제 등을 생각하게 된
것은 당연한 귀결로 느껴지는 것이다.

그럼에도 불구하고 왜 이번 3당 합당을 통한 정계 대개편에 대
해서는 개편을 바라던 많은 사람들조차 적극적인 지지를 유보한
채 '두고 보자'는 정도의 냉담한 반응이냐를 문제시 않을 수 없
다. 그것은 입으로는 민주주의를 제일 많이 떠들고 있는 현 정치
지도자들의 비민주적인 작태에 대한 국민적 불신에 기인한 것인
동시에, 우리 국민의 정치의식과 감각의 수준에 현 정치인들이
얼마나 못미치고 있는지를 잘 보여 주는 것이기도 하다. '나'도
참여했다는 동참의식의 확대 심화야말로 민주정치의 요체인 것이

다. 이렇게 볼 때 이번 정계 개편 드라마 연출의 주역인 노대통령의 민주정치에 대한 이해와 국정 최고책임자로서의 언행불일치는 앞으로 심각한 문제가 될 소지가 있다고 본다. 우리가 지적하고 싶은 것은 노대통령의 '말'은 믿을 수가 없다는 점이다.

　지난 1월 10일 연두 기자회견 때 이토록 중대사안인 정계 개편에 대한 자기 소신을 왜 당당하게 피력하지 않고, 불과 12일 뒤에는 '거짓말'로 드러날 중대한 국사에 대하여 태연한 식언(食言)으로 전국민을 우롱했는가를 묻지 않을 수 없다. 이 점은 그가 의도적으로 한 것이 아니고 습관적·체질적으로 그랬을 수도 있다. 지나친 짐작인지는 모르겠으나 노대통령은 군작전과 정치를 동일선상에서 생각하고 있는지도 모른다. 그의 오랜 경력이 군에서 쌓였다는 것을 감안하면 이해가 됨직한 사항이다. 그러나 군작전은 상대인 적을 철저히 속이기 위한 위장을 요체로 하는 데 반해, 정치는 상대인 국민을 설득하고 타협하여 동참의식을 갖게 하는 것이 그 요체이다.

　현재 우리 국민이 필요로 하는 지도자는 '정치가'이지 '작전 지휘자'가 아니다. 민자당이 '작전당'이 되지 않고 '정치당'이 되려면 신당 지도자들의 의식과 얼굴들에 하루속히 큰 변화가 있어야 할 것이다. 정치는 사술(邪術)이 아니고 정도이기 때문이다.

〈전교학신문〉 (1990. 2. 7)

2 부

기능언론에서 가치언론으로

21세기를 이끌어 갈 새 세계관의 정립

새로운 세계관의 출현은 존재(물질)와 의식(정신)의 관계가 종속과 지배가 아닌 상호 의존·협조·조화가 전제되는 상대 관계임을 밝혀 주어야 할 것이다.

새로운 세기를 맞이하는 현시점은 확실히 대전환의 시기이다. 종래까지 세계와 국가, 가정과 개인을 지배하던 기존의 가치체계는 그 근저로부터 동요하고 있고, 그 결과 인류는 지금 미증유의 갈등과 혼란에 직면해 있다. 그토록 두껍고 높아만 보이던 '철의 장막'도 '죽의 장막'도 그들 스스로의 필요에 의해 걷혀지고 있으며, 자유의 절망으로 비쳐지던 베를린의 장벽도 동독인의 대탈출을 가로막기엔 아무런 효력을 발휘할 수 없는 상황이 되었다.

바르샤바와 부다페스트에서 불기 시작한 봄바람을 잠재울 동장군은 이제 어디에서도 다시 일어서지 못하게 되었다.

어떤 사람들은 이와 같은 공산주의의 퇴조를 보고 자유민주주의의 승리를 성급하게 선언하기도 한다. 그러나 자유진영도 자본주의 경제체제의 번영과는 반대로 그 내부의 온갖 독소에 의하여 중병에 시달리고 있다.

공산주의와의 체제적 경쟁에서는 승리했는지 몰라도 자유세계는 이미 병들고 지쳐서, 근본적인 개혁과 새로운 수혈이 절실히 요구되고 있다. 무엇보다도 자유세계가 안고 있는 심각한 문제는 황금만능의 물신화(物神化) 경향과 퇴폐와 방종, 성도덕의 타락, 마약, 범죄, 이기주의 등 도덕성의 상실이다. 자유세계의 리더였던 미국의 팍스아메리카나는 물론 공산세계의 일원적 통솔을 완강하게 고집해 온 팍스소비에트도 이제 더 이상 존재할 수 없게 되었다. 이것이 바로 20세기를 마감 짓는 인류사의 대사건이다.

한편 우리는 인류문명의 새로운 가능성이 공산권도 서구도 아닌 아시아 태평양군에서부터 싹트고 있음을 감지하게 된다. 이미 세계는 하나의 낡은 문명이 구시대와 더불어 종말을 고하고 그와 대체되는 새로운 문명이 우리 앞에 다가오고 있는 신시대를 내다보는 시점에 와 있다.

안으로 우리 민족사를 살펴볼 때에도 구시대의 잔재인 분단과 갈등의 역사가 아직도 지속되고 있지만 은은하게 다가오는 통일의 새 희망을 느끼게 된다.

천지에 봄기운이 스며들고 있는데 제아무리 깊고 두꺼운 눈과 얼음인들 녹지 않고 버틸 수는 없는 것이다.

이와 같은 과도기·변혁기를 맞이하여, 지금 우리 사회는 여러 가지 문제가 한꺼번에 폭발·분출하고 있다. 민주화·복지화로 가는 진통과 갈등이 뒤엉켜 있는 가운데, 낡은 시대의 유물인 좌·우 이데올로기 투쟁은 아직도 끝이 나지 않고 있다. 이데올로기가 인간이 매달려야 할 지고의 가치가 아니라는 것을 깨닫는 데에 지구상에서 우리 민족만큼 비싼 대가를 치르고 있는 민족은 아마도 없을 것이다. 우리는 이 비생산적이고 민족 자해 행위에 불과한 남북의 이데올로기 투쟁을 종식시킬 새로운 세계관을 발견하지 않으면 안 될 시대를 맞이했다.

이데올로기 투쟁에 관한 한 언제나 북이 공세를 취해 왔고 남은 수세에 몰리기 일쑤였다. 그 좋은 예가 오늘의 한국의 지식인 사회요 대학가의 현실이다. 변증법적 유물론과 이른바 김일성 주체사상을 추종하는 일군의 지식인들과 학생들이 이 나라의 대학과 학원을 이데올로기 투쟁의 기지로 만들고 있다. 그 결과 대학은 이제 그 구성원 모두가 서로를 불신하고 대화가 통하지 않는 바벨탑이 되고 말았다. 민족과 국가 앞에 끊임없는 활력과 생명력을 불어넣고 우리 모두의 꿈과 보람이 영글어야 할 대학이 병들어 가고 있다. 대학의 기능이 마비 상태가 된 지 한두 해가 아니다. 대학이 이러하니 연쇄적으로 초·중등학교의 교육도 황폐해지고 있다.

전교학신문은 대학이 더 이상 바벨탑으로 화하는 것을 좌시할 수 없다는 양식과 용기를 가진 많은 교수들과 이들을 존경하고 따르는 젊은 기자들이 힘을 합쳐 만들어 내는 신문이다. 대학 사회에 대화와 토론이 자취를 감췄다면 이미 그것은 지성의 무덤일 뿐이며, 논리와 지식의 이름으로 폭력과 증오를 정당화시키는 가장 반문화적인 집단이 아닐 수 없다. 대학이 무너지고, 학원이 황폐화하면 우리의 미래는 무엇이 기다리고 있겠는가.

전교학신문은 한국의 대학 사회에 토론과 대화의 문화를 진작시키고 세계 속에서 보다 넓고 깊고 높게 한국 대학의 위상을 다지기 위해 세계의 지성계와 끊임없는 교류를 병행해 나갈 것이다. 그리하여 우리 사회 전체가 보람찬 대학의 문화를 향유할 수 있도록 지식과 학문의 대중화·일반화에 기여할 것이다.

이와 같은 대화와 토론의 문화를 대학 사회로부터 일반 사회에 정착시키기 위해서는 무엇보다도 먼저 계급투쟁과 폭력혁명, 그리고 당파성을 정당화시켜 온 낡은 세계관인 공산주의의 변증법적 유물론을 극복하는 일과 자유세계의 자본주의적 물질만능의 부패와 몰가치·무사상으로 인한 가치관의 혼란을 수습하지 않으면 안 된다.

'존재가 의식을 결정한다' 는 마르크스류의 유물론적 입장에 서 있는 사람들은 인간 그 자체는 문제삼지 않고 제도와 사회체제의 개혁만을 부르짖다가 결국은 공산권의 몰락을 초래하고 말았다. 또한 세계관의 정립은 포기한 채, 기능주의에 입각한 경제제일주의로 치달아 온 자본주의 자유세계도 그 비도덕성과 혼란으로 말미암아 다시 태어나지 않으면 안 될 위기에 처해 있다.

이와 같은 양 체제의 와해와 변혁에 직면한 인류는 이 두 체제를 지양하고 포용해 낼 수 있는 새로운 세계관의 출현을 절실히 요망하고 있는 것이다. 그와 같은 세계관은 존재(물질)와 의식(정신)의 관계가 종속과 지배가 아닌 상호 의존·협조·조화가 전제되는 상대 관계임을 밝혀 주어야 할 것이다.

그렇게 될 경우 의식은 존재에 대해 주체의 위치에, 존재는 의식에 대해 그 대상의 위치에 정립됨으로써, 지금까지의 해묵은 유심론·유물론의 이데올로기적 갈등과 투쟁을 종식시킬 수 있는 근원적인 세계관을 탄생시키게 될 것이다. 이와 같은 새로운 세계관이야말로 인류세계의 대통일, 대화합, 대발전을 보장할 것이며, 정치·경제·도덕적으로는 공생·공영·공의의 평화세계, 복지세계, 정의세계를 약속하게 될 것이다.

　이것이 전교학신문 창간의 이념적 지향이다. 우리는 이와 같은 세계관에 입각한 이념적 지향을 통해 우리 시대 최대 과업인 민족분단을 극복하고 남과 북의 평화통일을 대비하는 사상의 정립에 유념해 나갈 것이다. 또한 21세기 통일과 번영의 주역이 될 이 나라 2세들의 교육이 올바로 꽃피고 정착될 수 있도록 우리의 학원을 가꾸고 보살피는 일에 전교학신문은 최선의 노력을 경주할 것이다.

　우리는 전교학신문의 지면을 통해 이 나라의 모든 젊은이들에게 세계로 웅비할 수 있는 한민족의 드높은 비전을 제공할 것이며, 이 땅의 모든 교육자와 학부모님들께는 긍지와 보람을 가지고 우리 2세들에게 드높고 드넓은 꿈을 심을 수 있도록 할 것이다. 우리의 선조들이 까마득한 옛날에 한반도와 만주벌판을 한눈에 굽어보며 태백산정에 신시를 펼쳤던 그 웅지를 오늘의 우리 시대에 통일조국으로 재현시킬 이 땅의 젊은이들을 길러 내는 일, 이 일이야말로 바로 전교학신문이 지향하는 ‘옳은 사상·바른 교육’의 내용이 될 것이다.

　일주에 한번씩 오직 ‘진실과 진리’를 위한 전령이 되어 가정과 학원과 사회와 직장에 계시는 독자 여러분의 곁을 찾아갈 것이다. 전교학신문에 많은 성원과 참여를 기대하여 마지않는다.

〈전교학신문〉(1989. 10. 3)

가치와 도의의 새 시대를 위하여

세계 최후의 분단국가로서 우리에게 남아 있는 원죄와도 같은 이 분단의 질곡을 풀어 던지는 날, 바로 그날은 우리가 세계를 향해 평화와 도의의 이름으로 웅비하는 날이 될 것이다.

'옳은 사상·바른 교육'을 지향하는 지성의 공론을 표방한 전교학신문이 창간된 지 어언 2주년이 되었다.

창간 1주년이 되던 작년 10월 3일에는 동·서독이 통일되는 감격과 더불어 동구 공산권의 붕괴와 해체를 지켜볼 수 있었고, 그로부터 또 1년이 지난 오늘에는 마침내 공산주의의 종주국인 소련이 스스로 레닌의 동상을 내동댕이치면서 '공산주의의 폐기처분'을 세계 앞에 공식 선언하기에 이르렀다. 참으로 숨막히는 대변혁의 연속이 아닐 수 없다. 20세기를 마감짓는 이른바 지각변동의 서막이 감동적으로 펼쳐진 역사적인 기간이었던 것이다.

서독의 동독 흡수통일, 소련공산주의의 자멸로 압축되는 지난 2년간의 대격변 속에 전교학신문은 보도신문(newspaper)의 한계를 뛰어넘어 의견신문(viewspaper)으로서 우리가 지향해야 할 가치의 내용이 무엇이어야 할 것인가를 끊임없이 추구해 왔던 것이다.

전교학신문은 그 창간사에서 '21세기를 이끌어 갈 새 세계관의 정립'을 위한 지성지가 될 것을 공언하였다. 우리는 창간 당시 이미 세계공산주의는 머지않아 종언을 고하게 될 것을 간파하고 있었던 것이다. 왜냐하면 공산주의자들이 언필칭 '과학적 세계관'이라고 내세우는 변증법적 유물론이야말로 진리를 가장한 '가증스런 악마의 도그마'에 불과한 것임을 잘 알고 있었기 때문이다. 모든 것이 물질로 되어 있으며, 정신은 물질의 소산이든가 기능에 불과할 뿐이요, 인간도 물질이 진화된 고등동물 이외의 다른 아무것일 수 없다는 이 기막힌 반신·반인간적인 역천(逆天)의 도그마. 이제 이를 신봉한 공산국가들은 하나같이 '배고픈 동물농장'이 될 수밖에 없었음을 작금의 세계사가 생생하게 증언하고 있는 것이다.

지난 한 세기 동안 인류가 겪었던 두 차례의 세계대전과 한반도의 6·25 동란을 비롯한 수많은 전쟁의 참화와 공산혁명의 소용돌이는 인류 역사 이래의 그 모든 이념 대결과 패권 쟁탈에 종지부를 찍고, 평화와 우의가 넘치는 공생·공영·공의의 지구가족 시대를 개벽하기 위한 마무리 산고임을 우리는 믿고 있다. 그러면 21세기 지구가족 시대의 새로운 개벽은 어디서부터 그 실마리가 풀릴 것인가.

우리는 그곳이 바로 한반도임을 굳게 믿는다. 지금까지 강력한 무력과 물질적 부를 자랑해 온 소위 선진 강대국 중 그 어느 민족이나 국가도 21세기의 세계를 주도해 나갈 수 없게 된다는 것이 우리의 신념이다. 당파와 편당을 가르는 이데올로기가 지배하던 시대, 물리적 힘의 우위로 타민족을 짓밟던 패권의 시대는 20세기와 더불어 그 종말을 고하고 있기 때문이다. 동터 오는 21세기에는 남북을 통일한 한민족이 가치와 도의로 세계를 지도하게 된다고 우리는 굳게 믿는다.

우리 한민족이 단군 시조의 개천 건국 이래 간직해 온 '신시개국' 이야말로 21세기 지구가족 시대를 열어 나갈 인류의 꿈이 될 것이다. 지금 지구상에 국가를 경영하고 있는 어느 민족도 평화와 도의의 이름으로 세계 앞에 나설 수 있는 부끄럽지 않은 민족은 없다. 그러나 우리 민족은 평화와 도의에 관한 한 세계 어떤 민족 앞에서도 부끄럼 없이 당당할 수 있다. 우리에게 부끄럼이 있다면 좌와 우로 편을 갈라 어리석게도 강대국의 이데올로기 전쟁에 휘말려 골육상잔의 6·25 동란을 막지 못했던 점이요 남북의 형제가 반세기 동안이나 갈라져 있다는 것이 아닐 수 없다. 세계 최후의 분단국가로서 우리에게 남아 있는 원죄와도 같은 이 분단의 질곡을 풀어 던지는 날, 바로 그날은 우리가 세계를 향해 평화와 도의의 이름으로 웅비하는 날이 될 것이다. 우리 앞에는 이제 이 일을 위해 무엇을 어떻게 할 것인가가 남아 있다.

이 '무엇'과 '어떻게'에 의해 우리 민족이 세계 앞에 나설 것인지, 아니면 역사의 뒤안길로 비켜서야 할 비운의 부끄러운 민족으로 주저앉을 것인지가 결정될 것이다. 흔히 서독이 동독을 경제적 우위로 흡수했다는 점을 지나치게 강조하는 사람도 있고, 북방정책 운운하면서 북한이 스스로 붕괴되거나 해체될 것으로 자신만만하게 낙관하는 사람도 있다. 그러나 우리에게는 어떠한 경우이건 간과해서는 안 될 점이 있다. 그것은 바로 '허물어져 가는 도의와 가치'를 바로 세우지 않으면 안 된다는 점이다.

자유세계가 공산세계에 대해 체제적 경쟁에서는 승리했는지 모르지만 도의와 가치의 문제에서만은 보다 더 심각한 상황에 직면하고 있는 것이다. 로마제국의 멸망이 물질의 피폐에 있지 않고 도의의 퇴폐에 기인했던 사실을 잊어서는 안 된다. 자유세계에 만연하고 있는 도덕문맹증(Moral Illiteracy)이 지금 우리 사회에도 날로 그 심각성을 더해 가는 상황에서 우리 정치인들이 우르르 해외로 몰려다니며 평화와 통일을 외쳐 대 보았자 공허한 메아리로 밖에는 들리지 않는 것이다.

우리가 이루어야 할 남북통일은 정치·경제적 통합만이 아니다. 정치적 힘이나 경제적 우위로 상대를 통합시키는 능력도 물론 중요하지만 보다 근본적이고 완전한 통일은 참된 사랑의 실천에 의한 통일이어야 한다는 것이다. 참된 사랑의 실천이란 나보다 남을 먼저 위하는 삶을 뜻하는 것으로 우리가 말하는 가치와 도의의 핵심이 된다. 오늘날 전세계가 앓고 있는 온갖 불륜과 퇴폐와 범죄는 이 참사랑의 상실에 기인한다. 따라서 우리가 회생시켜야 할 가치는 바로 참사랑의 도리를 실천하는 참사람에게서 발견하게 되는 것이다. 참된 부모의 길, 참된 스승의 길, 참된 주인의 길을 걷는 한국인들이 우리 사회의 주류가 되고 각급 지도자들이 되는 새 시대를 여는 통일을 성취해야 하는 것이다.

전교학신문은 이 일을 위해 태어난 가치 지향의 신문이요, 그 향도일 것을 자임하는 신문이다. 우리가 '옳은 사상·바른 교육'을 지향하는 것도 바로 이 가치와 도의를 위한 것에 다름 아니다.

이와 같은 전교학신문의 지향은 이 나라 지성계와 교육계에 보다 큰 발자취를 남기면서 앞으로 나아갈 것이다. 창간 2주년으로 공산주의의 종언을 확인한 전교학신문은 '가치와 도의의 새 시대'를 열기 위한 정론직필로서 창간 3주년을 향해 재도약할 것을 엄숙히 다짐하는 바이다.

〈전교학신문〉 (1991. 10. 2)

'정론'의 탈 쓰고 포르노 양산하는 '두 얼굴'

퇴폐조장 앞장서는 스포츠지들 이대로 둘 수 없다

우리 사회에 '퇴폐의 마약'을 뿌리는 악업을 서슴없이 자행하는 신문사는 언론의 자유를 만끽하면서 돈까지 버는 재미를 톡톡히 보는데, 정작 국민은 그들이 날마다 뿌려대는 퇴폐 공해나 마시며 시들시들 죽어가고 있다면 이 일을 어떡하면 좋단 말인가.

우리는 매일 아침 조간신문을 펼쳐드는 것으로 하루의 일과를 시작하고, 석간식문을 훑어보면서 하루를 정리한다. 하루라도 신문을 읽지 않는 때가 없는 것이 대다수 우리 국민들이다. 이것은 우리 국민들이 종합 일간신문사가 제공해 주는 정보와 지식을 신뢰하고 그들의 사설과 논평은 그야말로 사회를 밝혀 주는 등불이요, 얽히고 설킨 제반 문제를 가장 광명정대하게 풀어 나갈 수 있는 지혜와 용기를 주는 파사현정(破邪顯正)의 보루로 믿고 있는데 기인한다.

그러기에 우리는 신문을 사회의 목탁이라고 부르는 것이 아닌가. 이는 세상 사람을 가르쳐 인도할 만한 신뢰받는 기관이란 뜻에서 붙여진 이름이다. 언론 종사자들은 목탁을 두드리며 끝없는 자기 수도에 정진하는 구도자와도 같은 자세로 언론인의 정도를 갈 때에 그들이 제공하는 정보와 의견은 뭇사람의 심성을 밝히고 사회를 계도할 수 있게 된다는 의미일 것이다.

더욱이 정치계가 부패하고 공직자들은 타락하고 종교계와 교육계마저도 썩은 냄새가 날 때 국민들이 의존하고 싶은 최후의 희망은 신문사를 중심한 언론기관이 아닐 수 없다. 그러기에 일반 대중들은 무엇이든지 '신문에 났더라' 라는 말을 들으면 그것을 무조건 믿으려고 하는 것이며, 또 억울하고 원통한 일이 이래도 저래도 해결되지 않을 때는 마지막으로 호소하고 싶은 곳이 언론 기관인 것이다. 그러므로 언론의 사회적 책임은 아무리 강조해도 지나침이 없고, 이런 의미에서 국가 권력이나 기타의 세력이 언론의 자유를 침해할 수 없는 것이다.

언론 왜곡되면 사회 뒤틀려

언론이 어떠한 '부당한 외부 압력'에 의해 왜곡되면 그 사회는 그만큼 모든 것이 뒤틀리는 시각 착란이 일어나고 국가 경영과 세계 인식에 중대한 혼란을 빚게 된다. 우리가 유신시절과 5공 때의 언론에 대한 '부당한 외압'이 결과적으로 우리 모두에게 어떤 피해를 가져왔는가를 뒤돌아보면 무슨 췌부언이 또 필요하겠는가. 이와 같은 값비싼 대가를 치른 체험에서 언론의 자유는 '성역'으로 보호받아야 한다는 목소리가 국민적 공감을 얻게 되었고, 실제 이 분야에 관한 한 거의 완전한 자유를 획득했다고 보아도 지나친 말은 아닐 것이다. 물론 부분적으로는 긴장 상태가 아직 없는 것은 아니지만 말이다.

그러나 언론에 대한 부당한 외압이 없어지기 시작하면 그때부터 진정으로 문제가 되는 것은 언론 종사자 '내부로부터의 압력'이다. 즉 언론기업 경영자들의 양식과 양심, 자기 정직성과 기자들의 양식과 양심이 과연 사회의 목탁이 될 만큼 깨끗한 자기 관리를 하고 있는가 하는 문제로 귀착되는 것이다. 신문사 경영진과 기자들이 만약 부패했다면 이보다 더 국가에 위협적인 일은 없게 된다는 사실이다.

요즈음 툭하면 종합일간지 지면에는 사이비 기자와 관련된 기사가 보도되곤 한다. 그런데 다행인 것은 종합일간지 기자로서 사이비로 보도된 이가 없었다는 점이다. 사이비 기자로 들통난 사람들은 거의 전부가 이름도 잘 모르는 주간신문의 기자들이었고, 광고 게재 등과 얽힌 금전관계, 협박공갈 등에 연루돼 있었다. 그런데 이 경우의 사이비는 좀도둑에 불과하다는 생각을 우리는 떨쳐 버릴 수가 없다. 왜냐하면 금전 몇 푼으로 사이비를 논할 문제라면 한국의 유력한 신문사들이 경쟁적으로 섹스 산업에 뛰어들어 음화를 양산해 팔아먹는 장사꾼 노릇을 일삼는 것은 기자 개인이 끼치는 폐해에 비할 바가 아니기 때문이다.

사이비 언론인을 고발하려면 바로 이런 망국적 섹스 산업으로 돈벌이에 혈안이 되어 있는 종합일간지의 사주들이 맨 먼저 고발되어야 할 것이다. 그들은 언론의 자유가 있는 나라에서 버젓이 전국지를 창간한 그 엄숙하고, '애국애족 정신에 넘쳐나며' '공정불편 부당의 춘추필법'에 입각한 신속 보도로 국민의 알권리를 충족·보호하는 기수들임을 내외에 근엄하게 천명한 애국자들이요, 민족의 파수꾼이 될 것을 자임한 사람들이다. 그러기에 그 종합일간지들은 매일같이 그 얼마나 애국적이며, 파사현정의 필봉을 휘두르는 재사와 천하의 논객들을 지면에 모시고, 우리 국민들을 계도하고 각계각층의 비리를 감시하는 데 앞장서고 있는 것인가 말이다.

그런데 뜻밖에 우리의 뒤통수를 치는 신문이 또 하나 그 신문사에서 발행되고 있다는 사실에 경악을 금치 못하는 바이다.

〈일간스포츠〉, 〈스포츠서울〉, 〈스포츠조선〉 등으로 조금씩 그 정도에 차이는 있지만, 그중에서도 한국일보사의 〈일간스포츠〉와 서울신문사의 〈스포츠서울〉은 특히 문제가 된다. 조선일보사의 경우는 그나마 좀 덜한 편이지만 연재소설과 연재만화의 경우는 오십보백보다.

하기야 올림픽을 4등한 대한민국에 스포츠신문이 없을 수야 있겠는가. 그렇다고 스포츠신문이 꼭 성퇴폐를 조장하는 눈뜨고 차마 볼 수 없는 온갖 음화를 언필칭 성인만화라고 그려 파는 신문의 대명사가 되어야 하는 건가. 스포츠인들을 이보다 더 모욕하는 일이 또 있겠는가. 각급 체육인들과 대한체육회에 속해 있는 우리의 자랑스런 대표 선수들은 어떻게 생각하고 있는지 물어볼 일이다.

이 화려하고 번쩍번쩍 눈에 띄는 신문은 전철역 구내에서나 전국 거리마다 수천 수만 군데 있는 신문 가판대에서 절찬리에 팔려 나간다. 고속버스 휴게소마다 없어서 못 팔 정도로 매진되고 있다. 스포츠신문은 성인들만 사보는 신문이 결단코 아니다. 신체발달이 가장 활발한 사춘기의 청소년·소녀들이 스포츠에 열광하게 되는 것으로 보아 스포츠신문이 청소년층에 제일 많이 보급된다는 것은 누구나 다 아는 일일 것이다. 그런데도 그 속에 연재되는 소설이나 만화 등은 하루도 예외 없이 '성인용'이라는 이름하에 온갖 퇴폐적인 성관계를 말로, 글로, 그림으로, 사진으로 실어 내보내고 있는 것이다.

청소년 성문란 심각하다

〈일간스포츠〉와 〈스포츠서울〉은 본지 16면 외에 가끔 특집으로 8면을 더 내는 데도 부족하여 한국일보사의 〈일간스포츠〉는 보너스로 만화 부록 타블로이드 16면을 매일 발행하고 있고, 서울신문사의 〈스포츠서울〉은 이에 뒤질세라 전지로 4면을 부록으로 발행하는데, 그 성격은 만화를 그리고 글을 쓰는 사람들의 상상력이 인간을 얼마나 동물적으로 묘사할 수 있는가를 시험하는 경쟁 무대인 것 같다. 아마도 그런 신문에 기고하는 만화가나 글쓰는 사람들은 그 음란과 퇴폐의 농도에 점점 빠져드는 창작(?) 경쟁에 이겨 내기 위해서 그 심신으로 당할 고통은 말로 할 수 없을 듯이 보인다. 물론 예의 그 근엄하고 애국적인 신문사 사주로부터 두둑한 고료는 건네받겠지만 말이다.

서울신문사의 경우는 '어른들만 보세요' 하고 친절한 안내문까지 인쇄해 놓고 가판대에서는 무진장으로 보급하고 있으니 호기심 어린 미성년자들이 더욱 찾을 것은 말할 것도 없다. 가판대 주인이 스포츠지를 미성년자에게는 안 팔고 있는가 하면 천만의 말씀이다. 다다익선이 장사하는 사람의 기본 욕구임에랴.

그러면 '성인용'은 이래도 되는 것인가. 우리 사회는 지금 퇴폐업종이 날로 번창해 가고 미성년 범죄가 갈수록 급증하고 있다. 성문제와 관련된 청소년 비행은 절도 등과 같은 다른 비행에 비해 그 증가폭이 해마다 크게 늘어나고 있다고 한다.

작년 10월에 행한 한국형사정책연구원 조사 보고에는 고교생 남자의 경우 39.7%가 여성을 추행한 경험이 있으며, 사창가 출입 8.9%, 강간 3.7%, 이성과의 성관계 및 혼숙 31.5%로 드러나 청소년의 성문란이 어느 정도 심각한 지경인가를 잘 말해 주고 있다. 그런데 청소년의 성윤리가 이렇게 흐트러지고 있는 가장 큰 원인은 뭐니뭐니해도 성인 사회가 이들을 그렇게 유인하고 있기 때문이라고 봄이 가장 타당한 견해일 것이다.

퇴폐업소를 누가 경영하고 있는가. 청소년의 도덕관념을 붕괴시키고 있는 것은 바로 '성인용'이란 딱지를 붙여 놓고 온갖 퇴폐를 정당화하고 있는 어른들의 탈선 퇴폐 행위에서 말미암는 것이 아니겠는가. 성인들을 모방하는 것이 미성년자들의 특징이다. 만일 어른 사회가 성모랄에 관한 한 깨끗하다고 하면 청소년의 성범죄는 간단히 해결될 수 있다. 어른들이 음란 비디오를 즐겨 보고 성인용이라는 미명하에 온갖 외설 인쇄물을 다 흩어 놓는 판에 이런 꼴들을 호기심에 가득 찬 눈으로 바라보는 어린 소년·소녀들이 무엇을 주저할 것인가 말이다.

그런데 이 외설 인쇄물들이 그런 짓을 할 만한 일부 영세업자들이 부끄러운 줄을 알면서 사회의 한 귀퉁이에서 숨어 하는 짓이라면 몰라도 전국을 커버하는 중앙의 종합일간지들이 버젓이 내놓고 합법적으로 망국적인 퇴폐성 사업을 하고 있다는 것은 우리 나라의 도덕적 퇴폐가 지금 어느 지경에 와 있는가를 단적으로 드러내는 일이 아닐 수 없다. 더욱이 가증스러운 것은 이런 일간지일수록 청소년 범죄에 대한 우국충정에 불타는 사설과 논평과 보도가 더 자주 나온다는 사실이다.

해마다 창간 기념일을 기리는 행사에는 그 신문사의 사세를 과시하는 큼직큼직한 유력 인사들의 이름 석 자가 수백 수천 명씩 지상에 오르내리고 누구든지 입만 벌리면 민족지요, 독재와 싸운 용기 있는 신문이요, 인권을 옹호하는 정의의 수호자라고 추켜올리는 것을 보는 독자들, 또한 매일같이 지면에 등장하는 이 나라 최고의 논객들의 면면을 대하면서 우리는 종합일간지들의 얼굴을 우리 머릿속에 그려 놓고 있는 것이다.

누구를 위한 언론 자유인가

그런데 바로 그 신문들이 뒤꽁무니로는 180도 다른 얼굴로 우리 사회의 퇴폐를 조장하는 일에 앞장서고 있는 이 모양을 뭐라고 이해해야 하겠는가. 당혹감을 어쩔 수 없다 못해 분노하지 않을 수 없다. 아니 분노보다는 공포감마저 든다. 이렇게 계속 나가다간 우리 아들딸들이 어떻게 될 건가. 정말 소름끼치는 일이다. 마약과의 전쟁을 선언해야 할 만큼 윤리와 도덕의 퇴폐가 심각해지고 있는데, 종합일간지들까지도 겉으로는 우국충정을 내세우면서도 뒤로는 퇴폐를 조장하며 돈벌기에 여념이 없으니 이 일을 어쩌면 좋은가.

더욱이 우리를 공포에 떨게 만드는 것은 형식이야 어떻든 내용적으로는 정부 소유로 알려진 서울신문사의 경우는 〈스포츠서울〉 이외에도 주간지로 〈선데이서울〉까지 발행하면서 언론사의 퇴폐 출판물 향도 노릇을 자임하고 있으니 우리 정부의 도덕성이 과연 어떠한가를 극명하게 드러내고 있다. 이런 정부가 사정이 어떻고 청소년 선도가 어떻고 하는 것을 우리는 어떻게 이해해야 할 것인가.

가끔 우리는 불량식품업자들에 관한 보도가 나올 때 신문에서 그 불량식품을 제조업자 식구들에게 먹이도록 하자는 제안이 나오는 것을 보게 된다. 유해식품보다 더욱 심각하게 해로운 것, 정신과 육체를 함께 병들게 하는 성문란의 내용이 무차별로 전국에 배포되는 것을 아무도 어쩌지 못하고 있는 '한국의 언론 자유'는 누구를 위한 것인가. 신문사 경영주들이 무슨 짓을 해서라도 돈을 벌도록 내버려두는 것이 언론 자유인가. 아니면 글 쓸 줄 알고 만화 그릴 줄 아는 사람들이 온갖 음탕과 퇴폐의 극치에 도달한 내용도 마음대로 쓸 수 있도록 하는 게 표현의 자유라는 것인가.

언론 때문에, 신문 때문에 온 국민이 계속적인 피해를 본다면 한국에는 지금 진정한 '언론의 자유'는 보장되고 있는 건가, 아닌가? 우리 사회에 '퇴폐의 마약'을 뿌리는 악업을 서슴없이 자행하는 신문사는 언론의 자유를 만끽하면서 돈까지 버는 재미를 톡톡히 보는데 정작 언론의 자유를 향유하고 그 수혜자가 되어야 할 국민은 그들이 날마다 뿌려 대는 퇴폐 공해나 마시며 시들시들 죽어가고 있다면 이 일을 어떡하면 좋단 말인가.

지킬 박사와 하이드의 얼굴처럼 한국의 몇몇 대표적인 일간신문사들의 위선과 악업이 여기에 이르렀음을 우리는 주시하고자 한다. 이들 신문사는 그래도 밝은 신문, 밝은 가정, 밝은 사회를 구호로 내세우고 있다. 또한 사랑을 외치고 사랑을 나누는 거룩한 일에 온 국민이 동참해 줄 것을 호소하고 있다. 이런 양두구육과 무문곡필의 위세가 어디까지 갈 것인지. 언론사가 국민 앞에 약속한 그 성스런 소명을 이처럼 마구 짓밟고 배반한 경우를 또 찾아볼 수 있겠는가.

  매일같이 퍼붓는 폭탄과도 같은 패륜·황색의 스포츠지들로부터 우리 기성인은 물론 내일의 꽃봉오리인 우리의 젊은이들을 보호해 줄 힘은 정부에도 없고 경찰에도 군대에도 없다. 그 무엇보다 더 무서운 우리 체제 내부의 적은 이처럼 심각한 도덕적 퇴폐에 우리 사회가 대처 능력을 상실해 가고 있다는 점이 아닐 수 없다.

  그저 신문사 사주들이 자율적으로 자제해 줄 것을 간절히 바라면서 눈치만 보아야 하는 처지, 돈 주고 광고 주고 신문사 힘 키워 주면서 그 밥이 되어 가고 있는 우리 독자들의 운명이 불쌍하기만 하다. 이래서 되겠는가. 이렇게 돼 가면서도 우리가 공산주의 체제보다 우월한 자유세계에 살고 있다고 떠벌리면서 북한을 통일시킬 모든 준비가 착착 되어 간다고 큰소리치며 거들먹거리고 있는 것인가.

  '졸부 대한민국'의 술 취한 행진이 어디까지 갈 것인지 퇴폐 일간스포츠지들의 망국적 작태를 보면서 이래서는 안 된다는 자괴로 이 글을 쓴다.

〈전교학신문〉 (1990. 7. 4)

'조국통일의 정론'이 가는 길

우리는 무신론과 유물론을 반대한다. 아울러 유물사관에 입각한 계급투쟁의 논리로써 '인민대중의 자주성을 위한 투쟁이 바로 역사'라는 소위 주체사관이란 것이 허구의 공산혁명 선동이데올로기일 뿐임을 직시한다.

세계일보 박보희 사장이 이 시점에서 방북한 의도는 무엇인가. 그리고 그것이 세계일보의 편집·보도 방향과 어떤 관계가 있는가.

지금 세계일보의 독자는 물론 많은 사람들이 이에 대해 깊은 우려와 함께 의문을 제기하고 있다는 사실을 우리는 잘 알고 있다. 우리는 그 답을 위해 차제에 세계일보의 창간 목적이 무엇이며 북한과 통일문제에 대한 세계일보의 견해를 독자 여러분께 다시 한 번 명백히 설명할 필요를 느낀다.

세계일보의 창업주인 문선명 회장이 그의 조국인 대한민국 서울에 세계일보를 종합일간지로서 창간한 목적은 그 사지에서 밝히고 있듯이 조국통일의 정론, 민족정기의 발양, 도의세계의 구현에 있다.

세계일보가 말하는 조국통일의 정론은 무엇인가. 그것은 두말할 것도 없이 자유·민주·승공통일의 길이다. 북한 동포들을 공산주의·주체사상으로부터 '해방'시킴으로써 남과 북이 평화적인 통일을 달성하여 민족의 정기를 드높이고 도의가 꽃피는 자랑스런 한민족 국가를 건설하는 데 있다. 이 목적을 위해서라면 어떠한 희생과 일시적 오해를 감내하면서라도 이를 실행해야 한다는 것이 세계일보의 일관된 신념이다. 이미 보도를 통해 잘 알려진 대로 지난 1991년 12월 문회장과 박보희 사장이 북한을 전격 방문하여 김일성을 만난 것도 바로 이를 위한 것이었다.

문회장은 만수대 의사당에서 김일성과 그 휘하들에게 "우물 안 개구리와 같이 주체사상에 매달려 통일을 하겠다는 생각은 버리라"고 당당히 설파했다. 이처럼 평양에까지 찾아가 북한으로 하여금 개방세계로 나오라고 충고하는 것이 북한과 통일문제에 대한 우리 세계일보의 기본 방향임을 우리는 다시 한 번 독자 여러분 앞에 천명한다. 박사장의 이번 방북도 그 목적과 의도가 여기에서 한치도 벗어나지 않음을 밝히는 바이다.

이미 널리 알려진 대로 문선명 회장은 통일교의 창시자로서 국제적인 승공운동의 지도자다. 그는 6·25 당시 북한의 흥남감옥에서 2년 8개월 간의 지옥과도 같은 옥고를 치르던 중 유엔군의 진격으로 출옥하여 남하한 실향민이다. 그는 남하하면서 38선상에서 '내 다시 북쪽 고향 땅을 찾아올 때는 하나님의 원수인 공산주의 사상과 그 체제를 지상에서 영원히 종식시킬 모든 기반을 다 갖추고 오리라'고 하늘에 맹세하고 다짐한 분이다.

문회장은 단순한 반공지도자가 아니라 승공사상의 제창자인 동시에 실천가이다. 문회장은 한때 미국이 좌경진보언론의 천지가 되어 주한미군 철수론이 대두하던 1970년대에 당시 위세를 떨치던 프레이저라는 친북 좌익정치인이 주도하는 미의회 국제관계소위원회의 청문회에 소환된 바 있다. 박보희 씨가 이 청문회에서 "하나님의 뜻을 받들어 승공운동을 주도하는 문회장과 그의 종교를 박해하는 프레이저 당신이야말로 공산주의의 앞잡이요 악마의 도구"라고 외치며 한국 정부를 매도하던 미국의 좌경언론과 미국정부 내의 좌익 인사들과 정면으로 맞서 조국 대한민국을 변호했던 사실은 아직도 기억에 새롭다.

문회장은 그 후 미국을 일깨우고 국제공산주의의 체제종식을 위해서는 언론의 역할이 얼마나 중요한가를 절감하게 되었다. 1982년 〈워싱턴 타임스〉의 창간은 바로 그런 신념의 소산이었다. 문회장은 박보희 씨를 〈워싱턴 타임스〉의 사장으로 세워 좌익이 판치던 미국 언론계에서 보수정통언론의 유일한 대변지가 되게 하여 오늘에 이르렀다. 또 문회장은 박보희 사장과 더불어 당시 소련 대통령 고르바초프를 움직여 1990년 4월 모스크바에서 제11차 세계언론인대회를 개최하였다. 이 대회를 통해서 문회장은 소련의 진정한 개혁은 종교의 자유를 인정하고 공산주의를 포기하는 데에 있음을 역설하였고, 북한의 김일성이 적화통일의 야욕을 버리도록 설득할 것을 강력히 요구하였다.

6·25 전범 김일성이 사망한 지 이제 열흘이 지났다. 김일성 사후 북한의 후계체제가 어떻게 되건 간에 남과 북이 자유와 민주주의를 중심한 평화적 통일을 이룰 수 있는 여명은 밝아 오고 있다. 이제 북한 동포들이 해방의 날을 맞을 때가 멀지 않았다고 우리는 확신한다.

8·15 광복 이래 오늘에 이르기까지, 분단 50년간 우리 민족이

당해 왔고 지금도 당하고 있는 모든 슬픔과 고통의 원인은 바로 김일성을 '수령'으로 하는 북한 공산주의자들의 환상과 야욕에서 비롯됐음은 새삼스런 설명이 필요 없다. 저들에 의해 자행된 동족상잔의 비극과 그 숱한 반민족적 죄과야말로 그 주범이 살아 있을 때 마땅히 역사의 심판을 받고 단죄됐어야 할 일이었다. 그러나 이제 김일성 사망으로 그가 49년간 구축해 온 '김왕조'의 붕괴는 이미 시작된 셈이고 그것이야말로 저들에 대한 역사의 냉엄한 단죄가 아닐 수 없다.

우리는 무신론과 유물론을 반대한다. 아울러 유물사관에 입각한 계급투쟁의 논리로서 '인민대중의 자주성을 위한 투쟁이 바로 역사'라는 소위 주체사관이란 것이 허구의 공산혁명 선동이데올로기일 뿐임을 직시한다. 특히 주체사상의 수령론은 김일성 부자와 그 가계에 북한의 모든 인민을 복종시켜 노예화하려는 절대독재의 논리에 불과함을 지적하지 않을 수 없다. 따라서 북한 동포를 해방시키기 위해서는 이 거짓으로 일관된 주체사상체계야말로 반민족·반통일적 사이비 이념임을 입증하고 폭로하지 않으면 안 된다. 이것이 세계일보가 조국통일의 정론지로서 한결같이 추구하는 지표이다.

우리는 지금 평양에서 벌어지고 있는 시대착오적 장송드라마를 지켜보면서 북한 해방의 그날이 멀지 않음을 예감하는 동시에 이 과업을 위해 세계일보가 담당해야 할 소임의 막중함을 절절히 깨닫게 된다. 이번 일로 독자 여러분께 잠시나마 심려를 끼친 데 대해서 송구스럽게 생각하며 앞으로도 변함없는 성원과 지도편달을 부탁드려 마지않는다.

〈세계일보〉 (1994. 7. 18)

통일시대 주도하는 새 정론지

좌·우익을 화해시켜 통일하려면 자본주의의 병폐와
공산주의의 모순을 동시에 극복·지양할 수 있는 대
안적 사상이 반드시 요청된다. 우리는 이 사상의 위
상을 좌·우익에 대해 두익사상(頭翼思想)이라고 부
르고자 한다.

세계일보가 고고의 성을 울리며 태어난 지 오늘로 두 돌이 되
었다. 그동안 아낌없는 성원과 격려로 본지를 키워 주신 독자 여
러분께 심심한 감사를 드리며, 세계일보사 임직원 일동은 이날을
맞이하여 심기일전 제2창간의 각오를 새롭게 다진다.

본지는 창간 당시 천명한 대로 어떠한 당파나 집단의 이해에
구애받지 않는 전세계의 인류와 남북한 겨레 모두를 위한 정론지
다. 시시비비와 권선징악·파사현정의 직필이 우리의 정신임을
다시 한 번 강조하고자 한다.

우리가 경계하는 것은 곡론아세요, 마지막까지 수호하고자 하
는 것은 정론직필임을 재천명한다.

이상과 같은 우리의 기본 입장을 전제로 하여 여기에 향후 세

계일보가 펼칠 논지의 삼대 지표를 분명히 밝혀 두고자 한다.

첫째, 남북통일을 주도하는 새로운 민족정론지 세계일보가 되고자 한다.

주지하는 바와 같이 반세기를 이끌어 온 동·서 냉전체제는 이제 근본적인 변혁기에 직면하여 새로운 세계질서로 재편되고 있다. 동구 공산권의 대변동, 독일 통일, 한·소 수교 등으로 이어진 냉전체제의 해체는 마침내 한반도의 남북통일이라는 대단원의 막을 남겨 놓고 있다. 현재 벌어지고 있는 걸프전쟁도 냉전 이후 새 질서로의 진입을 위한 진통인 것이다.

지금 한반도의 남과 북은 인류 역사상에 등장했던 일체의 상반된 가치(세계관)와 체제가 총체적으로 압축된 상태로 대치하고 있다. 따라서 이른바 좌·우익 차원의 사상·체제 논쟁만으로는 결코 그 통일의 실마리가 풀리지 않게 되어 있다. 좌·우익을 화해시켜 통일하려면 자본주의의 병폐와 공산주의의 모순을 동시에 극복·지양할 수 있는 대안적 사상이 반드시 요청된다. 우리는 이 사상의 위상을 좌·우익에 대해 두익사상(頭翼思想)이라고 부르고자 한다.

그러므로 본지는 두익의 관점에서 남과 북에 대해 좌·우를 극복·초월하여 통일과 화해의 길로 나설 수 있는 새로운 세계관과 정보를 제공할 것이다. 북쪽에 대해서는 변증법적 유물론과 이른바 김일성 주체사상에 입각한 '남조선 해방노선'이 옳은 길이 아님을 두익의 세계관적 이론 체계로 설득할 것이며, 남쪽에 대해서는 무사상·몰가치에서 오는 혼란과 부패에 대해서는 속수무책인 채로 다소의 경제적 우위만을 가지고 통일로 접근하려는 식의 맹점을 보완하도록 일깨울 것이다.

동·서독과는 달리 한반도에서의 통일 주도세력은 경제력의 우위는 물론 도덕적 정당성과 사상·의식의 우위까지도 겸비해야한다. 따라서 경제적 부국이 되어야 함은 물론 정신적·문화적부국이 되는 것은 더욱 중요하다.

우리 대한민국이 그와 같은 입장에 서야 한다고 우리는 굳게믿고 있다. 이런 관점에서 본지는 중·단기적으로는 전세계의 정보와 지식사회를 두루 살펴 남북통일을 대비하고, 장기적으로는통일 이후 한민족이 세계로 웅비할 새 시대의 도래를 앞당기기위하여 진력할 것이다.

둘째, 세계일보는 우리의 민족 정기를 드높임으로써 신문화 세계를 창건하는 위대한 한민족의 기상을 펴나갈 것이다.

바야흐로 세계는 어떤 민족이든 고립된 민족국가로만 남아 있을 수 없는 시대로 접어들고 있다. 지구상의 여러 민족 간 밀접한 접촉과 다방면의 교류가 빈번해질수록 오히려 개개 민족의 개성과 특성은 더욱 요구될 것이며, 그것이 바로 그 민족의 힘이요, 인류문화에 대한 기여가 될 것이다. 이런 관점에서 세계일보는 우리의 것을 더욱 가꾸고 새롭게 계발하여 인류 사회를 유익하게 하는 일에 앞장설 것이다. 지난달 서세동점의 시대에 근대화를 놓친 우리는 일제의 식민통치에 의해 비뚤어지고, 광복 후미·소 양대국에 의한 정치·문화적 종속으로 인해 민족정기의상처와 민족주체성의 위축이 그 얼마나 극심했던가를 되씹어 보지 않을 수 없다. 이제 우리는 단군조선의 개천 이래 오늘날까지면면히 이어온 민족문화의 뛰어난 유산들을 발전적으로 창달하는데 눈을 돌려야 하겠다.

본지는 우리 선조들이 중원 대륙에서 종횡으로 활약하던 역사의 시원을 상기하면서 웅위(雄偉)한 민족의 기상을 오늘에 떨쳐 일으킬 다방면의 사업과 논지를 펼쳐 나갈 것이다.

그리하여 한반도를 중심으로 미·중·소·일 등 세계 도처로 뻗어나가고 있는 우리 민족이 가슴을 펴고 도의와 문화의 이름으로 세계를 이끌어 나갈 수 있는 동세서점의 새 시대를 열어가도록 할 것이다.

셋째, 세계일보는 사회 정의의 구현과 건전한 도의 회복을 위한 등불이 될 것이다.

오늘날 우리 사회의 도덕성이 어느 정도로 심각하게 파괴되었는가는 새삼 말할 것도 없다. 각종 비리와 부패가 사회의 최상층으로부터 최하층에 이르기까지 침투되지 않은 곳이 없게 되고 말았다. 오죽하면 소금이 썩어 가고 있다는 말이 나왔겠는가. 마침내 '도덕문맹의 시대'가 도래하고 만 것이다. 실제로 이와 같은 현상은 우리만의 문제가 아니라 세기말에 처한 전세계의 공통적인 문제이기도 한다.

세계 도처에 만연하고 있는 퇴폐문화는 이제 우리의 가정을 파탄시키고 우리의 희망인 2세들을 병들게 하고 있다. 이것은 세속적 인본주의에 입각한 서구문화의 잘못된 인간관과 가치상대주의가 빚은 필연적인 귀결이다.

한탄과 비분강개로 그칠 것이 아니라 올바른 인간관과 보편타당한 절대가치의 탐구로써 그 근원적인 해결책을 모색하지 않으면 안 된다.

본지는 이 시대가 직면한 도덕문맹을 깨우치는 일에 과감하게 나설 것이며, 참된 인간관과 가치관을 모색하고 일체의 비리와 불의를 추호도 용납하지 않을 것이다. 우리는 최고의 도덕성과

경제력을 겸비한 민족만이 세계를 주도한다는 사실을 명심하고자
한다.

세계일보는 21세기를 열어 나갈 우리 민족의 눈과 귀와 입이
되어 통일조국을 창건할 새로운 민족 정론지가 될 것이다. 이를
위해 세계일보는 이미 세계 각국의 언론계·학계 등과 긴밀한 교
류를 하고 있으며, 국내의 최고 지성들의 권위 있는 논평과 정책
대안을 과감하게 수용·제시하는 새로운 정론지로서 독자 여러분
과 만나게 될 것을 다짐하는 바이다. 이상과 같은 우리의 지표를
구현하기 위해 우리는 만반의 준비를 갖추어 나가고 있다.

창간 2주년을 맞아 새로 태어나는 세계일보에 독자 여러분의
끊임없는 성원과 편달이 있기를 간절히 바라 마지않는다.

〈세계일보〉(1991. 2. 1)

세계일보가 하는 일

자유사회의 병들고 썩어 가는 참상을 보라. 구석구석마다 부정과 부패와 도덕적 퇴폐가 바닥 모르게 깊어지고 있지 않은가.

세계일보는 오늘로 창간 네 돌을 맞는다. 결코 긴 연륜은 아니되, 1989년 2월 1일 세계일보가 창간된 이래 세계는 그야말로 상전벽해로 급변하고 있다. 20세기의 가장 큰 사건으로 기록될 공산주의의 멸망이 이 기간에 현실화된 사실을 우리는 오늘 세계일보 창간 4주년 사설에 특별히 기록하고자 한다. 세계일보 창간 정신을 다시 한 번 되새기는 의미에서다.

본지의 창업주 문선명 회장은 널리 알려진 대로 동·서 냉전시대에 공산주의 이념과 그 체제에 대해 가장 본질적인 비판을 가해왔을 뿐 아니라 공산주의의 파멸을 예언해 온 분이다. 문회장의 공산주의 멸망에 대한 신념은 그의 심원한 사상체계인 하나님주의·두익사상이란 세계관에서 기인, '공산주의자들을 구원' 하기 위한 인류애의 발현이었을 뿐, 결코 정치·경제적 이해관계에서 비롯된 것이 아니었음은 공지의 사실이다. 그의 이와 같은 결연하고도 단호한 신념 체계와 활약은 전세계 학계와 정계를 비롯, 각계의 지도자들로부터 비상한 관심과 주목을 받아 왔다. 특히 그가 1990년 4월 모스크바에서 제11차 세계언론인대회를 개최하고 크렘린을 방문하여 고르바초프와 대좌, '무신론은 자기 파멸을 초래한다'고 충고하면서 소련의 개방과 개혁의 방향을 제시하고 지구상 최후의 분단국가인 한반도의 통일문제를 논의한 것은 세계일보의 창간 정신을 적극적으로 표현한 것이었다. 그 후 1년 6개월 만에 공산 종주국 소련이 지상에서 사라진 데 이어 동유럽이 공산주의로부터 해방되고 동독이 서독에 흡수통일되었다.

'북한 타도'는 구시대적 발상

이제 끝 간 데를 알 수 없이 우리를 짓누르던 냉전의 벽은 무너졌다. 그러나 한반도에는 아직도 냉전시대의 유물이 그대로 잔존해 있다. 북의 통치이념과 체제는 아직까지 변화를 거부하고 있으며 폐쇄의 빗장은 열리지 않고 있다.

세계일보의 '공산주의를 구원' 하기 위한 행진은 소련과 동유럽의 해방에서 머무는 것이 아니다. 무엇보다 2천만 우리 북한 동포들을 공산주의로부터 자유롭게 하는 일이 그 최후의 과업이 아닐 수 없다.

실지로 문회장은 모스크바를 방문한 지 1년 8개월 만인 1991년 12월 본사 박보희 사장을 대동하여 지상에서 가장 먼 도시인 평양을 전격 방문, 김일성 주석과 대좌하여 남과 북이 함께 번영하는 통일의 길을 찾아야 함을 역설했던 것이다.

특히 그는 북한 지도층에게 '주체사상'이란 좁고 낡은 이념의 그릇은 남북통일의 이념으로서는 부적절함을 강력히 지적하면서, 남과 북이 불신과 증오에서 벗어나 참된 민족애를 진작시켜 공생·공영·공의롭게 통일의 장에서 만날 새로운 이념으로서 자신의 세계관을 그 대안의 하나로 주장했던 사실을 우리는 다시 한번 상기코자 한다.

우리가 오늘 이와 같은 사실을 새삼 강조하는 것은 세계일보의 창간 정신이 '조국통일을 위한 정론'임을 재천명하기 위함이다. 이제부터 북한 형제들의 굶주림을 바로 나의 배고픔으로 느끼고 고난에 처한 북한 동포들을 향해 눈물 흘리며, 당신들의 어려움과 더불어 나는 살고 있다고 목메어 흐느낄 수 있는 남한의 형제들이 되지 않고는 참된 남북의 통일은 어렵다는 것을 일깨우고자 하는 것이 세계일보의 '조국통일의 정론' 정신이다. 북한을 타도하거나 자멸하도록 압력을 행사하여 통일시키는 것은 구시대적 발상임을 지적해 두고자 한다.

국민정신과 기품이 바로 서야

그러기 위해서 우리는 남한 동포들이 북한 형제들을 포용하고 통일대로로 이끌어 나갈 수 있는 정신적 자세를 가다듬어야 하는 것이다.

지금과 같이 해이한 정신 자세로는 민족의 대사인 통일의 과업을 결코 달성하기 어렵다. 새로운 기풍을 진작시키지 않으면 안 될 때인 것이다. 무엇으로 우리가 북의 형제를 포용하고 이끌어 나갈 것인가. 경제적으로 약간의 우위에 있다는 것 이외에 우리가 국가적 차원에서 북 앞에 내세우고 자랑할 만한 것이 무엇이 있단 말인가. 우리가 선택한 자유민주 체제의 강점만으로 통일의 대안이 될 수 있는 것인가. 자유사회의 병들고 썩어 가는 참상을 보라. 구석구석마다 부정과 부패와 도덕적 퇴폐가 바닥 모르게 깊어지고 있지 않은가. 이런 모습을 한 우리 사회가 무작정 남북 통일을 주도하겠다고 나선다면 선열들이 무엇이라 하겠는가.

근자에 '한국병' 이니 '신한국 건설' 이니 하는 말들이 일상화하고 있다. 병을 고치려는 의사들은 우선 병원체를 정확하게 짚어 내야 할 것이다. 그래야만 완치할 수 있는 처방을 내놓을 수 있는 것이다. '신한국 건설' 은 우선 그 청사진부터 제시돼야 할 것이다. 일시적인 수사(修辭)에 그치지 않으려면 위정자들이 귀를 열고 마음을 열어야 한다. 편견이나 당파심에 매여 교만해지다가는 한국병을 더 악화시키는 결과를 초래할지도 모를 일이다.

우리는 세계일보의 3대 사지 중 '민족정기의 발양' 과 '도의세계의 구현' 이 이에 대한 우리의 대안적 처방이라고 본다. 경제를 다시 살리자고 아무리 외쳐도 정기와 도의가 떨어진 채로 두고는 어떤 처방을 다 써도 일시적 효능밖에는 얻지 못한다. 대체 국민의 정신과 기풍이 바로 서지 않은 채 백약을 쓴다고 해서 무슨 효험이 있겠는가.

언론도 자기 쇄신을

이런 뜻에서 본사가 전국민의 호응 속에 안중근 의사의 순국정신과 동양 평화사상을 기리는 대역사를 추진함도 민족의 정기를 드높이는 하나의 전기가 될 줄로 믿는다. 세계일보는 이상과 같은 점에 유의하면서 창간 5주년을 향해 우리 스스로의 자세를 가다듬고 새롭게 하려 한다. 이른바 문민시대를 맞이하는 언론도 자유를 구가하는 만큼 책임언론으로서의 성숙을 다짐해야 할 것이고, 책임언론의 기본 바탕 위에서 우리는 도덕언론의 새 지평을 열어 나가야 한다고 생각한다.

이런 관점에서 세계일보는 언론의 패권화를 경계하고, 상업화를 거부하며, 권·언 유착을 경계하는 동시에 독자에 대한 봉사에는 앞장서되 결코 아부하지는 않을 것이다. 창간 4주년을 맞는 이 아침 세계일보는 냉전 이후 변화된 국내외 상황에 민첩하게 대처하면서 자유언론·책임언론·도덕언론을 향해 끊임없는 자기쇄신의 노력으로 거듭 태어날 것을 다짐한다.

〈세계일보〉(1993. 2. 1)

민족웅비 위한 공론의 큰 무대로

관행이라는 미명 아래 대충대충 넘기고 보자는 악습을 파헤치고 시정하는 작업에 우리는 역사의 전진을 위해 망설임 없이 앞장설 것이다.

물리적으로 본다면 5년은 별로 긴 세월이 아닐 수도 있다. 그러나 그 안에 담겨진 변화의 내용으로 잰다면 1989년 2월 1일까지 거슬러 간 지난 5년은 전후 50년에 버금가는 의미를 끌어안고 있다. 역사는 어차피 전진하게 되어 있다. 하지만 지난 5년 동안 세계가 보여 준 변혁의 속도는 의식의 혼돈을 가져올 정도로 빨랐고 파장의 폭은 넓었다. 무너진 베를린 장벽의 파편은 마르크스·레닌주의의 조종(弔鐘)으로 이어졌다. 이념의 대결이 역사적 유물로 물러선 자리는 어느새 지난날의 적과 우방을 가리지 않는 무차별 실리추구의 싸움판으로 바뀌었다. 전후 시대를 지배하던 역학구조는 뿌리째 흔들렸다. 긴 인류역사로 보면 정말 눈 깜짝할 사이에 지나지 않는 지난 5년 동안 벌어진 이 엄청난 지각변동의 충격파는 한반도에 유달리 거세게 휘몰아쳐 허리가 잘린 민족의 맥을 다시 잇는 작업이 이젠 결코 도달할 수 없는 꿈이 아니라 확실하게 이룰 수 있는 현실적 목표로 바뀌었다.

새로운 인식의 지평 위에서 태어난 세계일보가 전례없이 밀도 있는 변혁의 조류를 몸으로 부딪치며 증언자가 되고 정체성을 진작해 우리 민족의 바른 '자리매김'에 기여하면서 수월(秀越)의 생존전략을 이끌어 내는 데 한몫을 해낼 수 있었음을 오늘 우리는 겸허한 기쁨으로 회고하고자 한다. 그 기쁨의 큰 줄기는 결코 길지 않은 5년 사이에 쌓아 올린 노력의 결실에 함부로 자만하지 않고 시대적 사명에 대한 바른 인식으로 무장한 가운데 흔들림 없는 정론을 펼치겠다는 다짐으로 더욱 강건해지고 굵어지리라고 우리는 믿는다.

그것은 또 모든 부당한 편견을 배제하고 정론지로서의 세계일보를 한결같이 성원해 준 식견 높은 독자들에 대한 보답이자 과거 어느 때보다 탄력이 요구되는 우리 사회에 대한 엄숙한 약속이기도 하다. 이 약속은 지난 5년 동안 조국통일의 길을 트기 위해서 정론을 펼치는 데 한순간의 망설임이 없었고 행동에 앞장섰던 밤낮없는 발걸음으로 실증해 보인 내력을 바탕으로 하고 있다. 그것은 동시에 혼돈의 시대를 가르며 민족정기 발양의 일념으로 안중근 의사 순국의 현장을 찾아 성역화하는 작업으로 구체화되었다. 그런가 하면 사지의 마지막 지표로 꼽힌 도의세계 구현의 이상은 지령 1656호를 맞는 세계일보가 핵심매체가 되어 여러 개의 언어권을 망라하는 자매지들을 통해 전세계에 선양하는 남다른 결실을 거두기도 했다.

국제화의 기치가 이 나라에 펄럭이기 훨씬 전부터 의식의 세계화, 발상의 지구화를 창사 이념으로 삼고 태어난 세계일보는 앞으로 더욱 더 곧은 목소리로 정의를 말하고, 추진력이 충만한 발걸음으로 탁월한 민족의 기량이 세계사를 주도하도록 밑거름을 마련하는 데 한 점 허실이 없도록 정진할 것을 독자 여러분께 약속하고자 한다.

의식의 지구화를 지향하는 세계일보가 앞으로 맞이할 5년은 정론지로서 한길을 앞만 보고 달려온 지난 5년의 단순한 연장만은 아닐 것임을 이 시점에서 다시 한 번 다짐한다. 매체의 생명은 단순히 시류를 좇아 순발력 있게 정보를 전달하는 것으로써만이 아니라 독자들이 선·악·정·사를 분별할 수 있는 가치인식의 지평을 넓혀 주는 데서 더욱 빛난다는 사실을 우리는 굳게 믿는다. 그러기에 우리의 다짐은 앞으로 맞이할 새로운 5년은 장구한 역사를 내다볼 수 있는 원대한 세계관을 다지는 가운데 민족의 저력을 상승적으로 발양시키겠다는 구체적 약속으로 다져지고 실천으로 이어질 것이다.

우리의 안목은 가속도를 더해 가는 세계사의 흐름에 한 치의 뒤처짐도 없도록 갈고닦여질 것이며, 보도의 첨병으로 뛰는 세계일보 일꾼들의 발걸음은 역동하는 지구문명의 맥박을 독자 여러분께 잇기 위해 목적지를 가리지 않고 멈춤없이 내달을 것임을 약속한다. 이 대장정에는 신문의 방향타를 쥐고 있는 간부들은 물론 다져진 내용으로 충만한 기사를 나르는 사원에 이르기까지 한 점 흐트러짐 없이 가담할 것이다.

우리는 '기하급수적'이라는 말이 까마득하게 먼 시대의 유물로 들릴 만큼 섬광처럼 지식의 수요가 폭발하는 격변의 세기에 살고 있다. 이 시대에 독자가 찾는 뉴스는 물론 빠짐없이 순발력 있게 공급되어야 한다. 하지만 우리는 독자가 찾는 뉴스가 이미 효용 가치가 거의 없어진 정보일 수도 있다는 인식을 가지고 촉각을 세워 신문제작에 임할 것이다.

우리는 국제화·세계화가 이 시대의 소명임을 가감없이 인식한다. 그러나 세계화는 선진열강이 이룩한 진보와 성취를 일방적으로 맞아 수용하면 의미가 없다. 이는 예속만을 재촉할 것이다. 한국이 새로운 세기에 주역이 되려면 남북통일과 국제화에 대비한 주도면밀한 청사진을 갖고 국가경쟁력을 총체적으로 강화하는 길 외에 다른 왕도가 없다. 세계일보는 이 목표를 향해 가는 진로에 돌출되는 모든 중요 과제들을 제때에 공론화함으로써 국민의 지혜를 모으는 무대를 마련할 것이다.

우리가 추구하는 세계화는 우리에게 유용한 가치를 선택적으로 기민하게 받아들이되 우리 고유의 문화가치가 막힘없이 전세계에 전파되는 양방통행의 노력으로 이어져야 한다고 믿는다. 이 점에서 세계일보는 남다른 강력한 통로를 갖고 있음을 자부한다. 그러기에 우리의 사명감은 더욱 투철해지고 정론지로서 다짐이 굳어진다.

우리는 새로운 시대적 요구에 부응하는 사회공동체의 결합을 위해 언론인과 언론매체가 감당해야 할 사명의 완수에도 한 점 흐트러짐이 없도록 배전의 노력을 경주할 것이다. 관행이라는 미명 아래 대충대충 넘기고 보자는 악습을 파헤치고 시정하는 작업에 우리는 역사의 전진을 위해 망설임 없이 앞장설 것이다.

〈세계일보〉 (1994. 2. 1)

언론이 신뢰받아야 고신뢰 사회 구현

드골이 프랑스를 해방했을 때 가장 가혹하게 다스린 게 나치에 협력한 언론인, 지식인, 성직자였답니다. 프랑스인의 정신을 오염시켰다는 이유였어요. 물론 그것을 우리 현실에 대입시킬 수는 없어요.

한국 현대언론사는 굴욕과 좌절로 점철돼 있다. 한국 언론사상 가장 암울했던 1980년대를 거쳐오면서 우리의 언론과 언론인들은 그 시대적 소명 앞에 부끄러운 행적을 기록한 부분이 적지 않다.

이제 한국 언론은 냉철한 자기반성을 토대로 새롭게 거듭나야 할 시점을 맞고 있다. 세계일보는 창간 7주년을 맞이하여 손대오 편집인 겸 주필이 한국 언론사의 산 증인인 원로 언론인 위암 장지연 선생 기념사업회 박권상 이사장을 만나 '언론과 언론인의 바른길'에 관해 대담을 가졌다.

〈편집자 註〉

▲손대오 주필(이하 손) : 우리 사회는 군사쿠데타와 독재 · 비

리로 얼룩진 과거를 정리하고, 밝은 미래를 설계해야 하는 전환기에 있습니다. 전두환·노태우 두 전직 대통령의 구속으로 시작된 '역사 바로 세우기'는 정치·경제·사회·언론 등 각 부문의 변화를 요구할 것입니다. 과거 청산과 개혁의 전환점에서 특히 언론의 역할이 중요합니다.

제대로 된 자유민주주의를 발전시키려면 '투명한 사회'를 만들어야 합니다. 밀실 거래를 상징하는 정경유착과 정언유착을 용인하는 체제로는 미래를 창조할 수 없겠지요. 세계화가 선진화의 과정이라면 언론도 자신의 변화를 통해 사회의 변화를 촉진해야 할 것입니다. 오늘의 시대를 진단하면서 우리 언론의 불행했던 1980년대를 한번 정리해 주시지요.

△박권상 이사장 (이하 박) : 1980년대 언론은 한마디로 우리 언론 사상 가장 치욕적이고 가장 부도덕한 기간이었다고 봅니다. 가장 치욕적이란 말은 방송·신문 등 언론매체가 완전히 군사 파시스트 통치세력의 강제된 노예로서 허위와 불의의 나팔수였다는 것이고, 가장 부도덕했다는 말은 그렇듯 독재의 홍보 수단으로 전락하였음에도 불구하고 별로 죄의식이나 수치감 없이 권력과 더불어 잘 지냈다는 말입니다.

여기서 강조할 것은 모든 언론, 모든 언론인이 그랬다는 것은 절대로 아닙니다. 잔인하고 가혹한 탄압 속에서도 주어진 악조건 아래에서 진실을 알리고 정론을 펴기 위해 피눈물나는 투쟁을 벌인 언론, 언론인의 존재를 평가합니다. 대체로 보아 '체제언론'이었다는 것이 부끄럽다는 것입니다.

전두환 쿠데타 세력은 나치의 언론통제 기법을 응용, 언론인 통제, 매체 통제, 내용 통제의 수단을 차례로 동원하여, 반독재·자유주의 성향의 언론인 대거 추방, 언론기관의 통폐합, 특히 일제 때와 같은 1도 1지의 실현, 언론기본법 제정으로 정부가 뉴스의 취사 선택과 논평의 방향 설정을 지시하였습니다.

동시에 언론사·언론인에게 음양으로 혜택을 베풀어 권·언 동반자 관계를 구축하려 했습니다. '채찍과 당근'의 양면작전이었죠. 5공 8년간 그들의 언론통제는 대체로 성공한 셈이죠. 예컨대 악명 높은 언론기본법의 폐지 운동이 해직 언론인들이라든가 민주화 시민단체에서 벌어지고, 대한변협에서 공청회를 열자고 해도 당사자인 언론계가 오히려 불응하는 등 권력에 대해 순치되었던 것입니다.

요즘 5, 6공 청산 문제가 대두되고 있습니다. 12·12, 5·18에 불기소 공소권이 없다고 결정한 검찰이, 그리고 5, 6공 시절 전·노씨의 지시로 민주화 저항세력을 탄압하던 사직 당국이 과거 잘못에 이렇다 할 변명 없이 스스로 결정을 뒤집고, 지금은 전·노씨 단죄에 앞장서고 있는 것은 역사의 해학적인 발전이라 할까요. 전씨를 '떠오르는 태양'이라고 부르고 '덕장·지장·용장'이라고 온갖 아양을 떨며 그의 대통령 만들기에 앞장섰던 사람들이 그러한 욕된 과거에 단 한마디 해명도 없이 5, 6공 규탄의 소리만 높이고 있는 것 역시 역사의 패러독스입니다.

드골이 프랑스를 해방했을 때 가장 가혹하게 다스린 게 나치에 협력한 언론인, 지식인, 성직자였답니다. 프랑스인의 정신을 오염시켰다는 이유였어요. 물론 그것을 우리 현실에 대입시킬 수는 없어요. 상황과 조건이 전혀 다르니까요. 그러나 5, 6공에 적극 참여한 학자, 언론인 출신 고위 공직자들 그리고 그들을 적극 찬양한 언론인, 시인, 교수 등의 지식인들이 민주개혁 시대에 어떻게 처신해야 할는지 잘 모르겠습니다.

▲손 : 오늘의 언론은 어떠한 모습인지 궁금합니다. 자유언론의 시대는 왔지만 권력이나 금력 또는 언론인 자신의 도덕성 문제는 언제든지 언론의 자유를 위협할 수 있다고 봅니다. 군사권력이 언론의 자유를 외부로부터 유린했던 과거와는 다른 양상이 전개될 수 있다는 생각이 듭니다. 자유언론은 중립성보다는 독립성을 더욱 필요로 하겠지요. 도덕성에 기초하지 않은 독립성은 유지하기 어려울 것입니다. 따라서 언론의 자유를 위협하는 언론 내부의 요소들도 있겠지요. 우리 언론의 현실을 어떻게 보아야 하겠습니까.

△박 : 언론의 자유는 민주주의의 기초입니다. 언론은 오보나 명예 훼손, 사생활 침범 등에 대한 도덕적 내지 법적인 책임을 져야 하지만 국가 권력이 그 때문에 언론기관 자체의 생명을 끊어서는 안 됩니다. 언론의 자유는 권력의 남용을 비판·감시·견제하기 위해 필요한 것입니다.

미 대법원 판례는 권력 남용에 대한 방부제로서 언론에 자유뿐 아니라 일정한 특권도 부여하고 있습니다. 일반인이 취재를 위해 정부나 사법부, 국회, 군을 방문하고 묻고 따지고 할 수 있습니까. 언론의 특권은 정부, 국회, 법원이 하는 일을 사실대로 보도하고 감시하기 위한 것이지요.

따라서 언론과 국가 권력은 '대등한 경쟁자'(equal contender)관계라는 겁니다. 정부 기관은 법으로 언론을 견제하고 언론은 보도 논평으로 권력을 견제하며 국민 이익을 지키는 거지요. 그런 관점에서 5공언론은 그런 기능을 포기할 수밖에 없는 '강제된 노예

상태'였어요. 현재의 한국 언론은 권력의 노예 상태에선 벗어났지만 '대등한 경쟁자' 관계에는 이르지 못했고 '협조적인 머슴'(co-operative servant)에 가깝다고 보는 견해도 있습니다.

신문은 많지만 상당수의 신문 소유자들이 언론 본연의 기능을 살린다기보다는 어떤 다른 목적을 위한 수단으로 언론 사업을 하는 것이 아니냐는 의구심도 있지요. 지금 언론은 양적으로는 비대해졌고, 그 결과 엄청난 자본을 가진 사람만이 경영할 수 있는 특권이 됐습니다. 재벌이 소유한 신문에서는 재벌에 대한 진실된 보도와 공정한 비판은 제약될 수밖에 없는 것이 아닙니까.

증면에 따른 광고 압박도 언론의 자유를 제약할 수 있지요. 속보경쟁을 하다 보니까 정확성이 문제가 됩니다. 언론에 대한 비난의 태반은 보도의 부정확성에 관한 것입니다. 언론인의 전문지식 부족도 큰 문제입니다. 언론기관은 과거에는 권위주의 체제의 선전 도구로 이용됐지요. 뉴스원이 적절한 시점에 극적으로 발표문을 내면 각 부처의 출입기자단이 이를 그대로 보도할 수밖에 없어요. 완전히 '일방 통행'이구요. 발표 내용을 검증할 겨를이 없어요. 이른바 '발표 저널리즘'입니다. 모두 똑같은 신문이 되고 말지요.

그런데 일반 독자나 시청자들에게는 이를 검증하고 시시비비할 길이 전혀 없어요. 한마디로 우리 언론은 속보경쟁 때문에 검증·분석·비판 능력이 결여되어 있어요. 이제는 '이슈 저널리즘'으로 나아가야 합니다. 스스로 이슈를 찾아 파헤치는 언론이어야지 출입처의 발표를 좇는 것만으로는 안 되지요. 정확하고 공정한, 아량 있고 균형잡힌 사실 보도와 다양한 논평으로 고급 언론을 지향해야 합니다.

▲손 : 언론이 국민의 신뢰를 회복해야 한다는 말씀인데, 우리 언론은 저마다 사시로 '불편부당'과 '엄정중립'을 내걸고 있습니다만, 그러한 다짐이 공허하게 느껴지는 경우도 많은 것 같습니다.

박이사장께서는 평소 언론의 독립성을 강조해 오셨는데, 언론이 권력·금력으로부터 완전히 독립하려면 언론인 자신의 철학이나 지조 또는 도덕적 자기 관리가 중요하지 않겠습니까. 우리가 서방의 우수한 언론에서 배울 점은 무엇인지요?

△박 : 사물은 그 보는 시각이나 입장에 따라서 진실이 각각 다르게 나타날 수도 있습니다. 남산은 바라보는 위치에 따라 모습이 달라집니다. 서울의 한복판에서 산소 공급을 해주는 남산도 될 수 있고, 중앙정보부가 있던 남산도 될 수 있고, 공원으로서의 남산도 될 수 있는 것이지요. 진실이란 이 모든 것이 종합된 것입니다.

'사실은 신성하되 의견은 자유'라는 말이 있습니다. 어느 모임에 온 사람이 10만 명이면 10만 명이지 밉다고 해서 5만 명이라고 하면 안 됩니다. 그러나 모임에 대한 평가는 자유롭게 할 수 있어야 합니다.

그 다음은 가치 판단의 문제입니다. 언론 매스컴이 모든 사람의 비위를 맞추는 백화점식으로 되어 가고 있어요. 모든 독자의 비위를 거스르지 않으려고 모두가 옳다는 식의 인위적 중립은 부도덕한 것입니다. 설령 다수 독자의 비위에 거슬리더라도 옳다고 판단하면 옳다고 주장해야 합니다.

불행히도 인기영합주의가 정치와 언론을 지배하고 있습니다. 이건 곤란합니다. 일례로 이집트의 나세르가 1956년 쿠데타로 정권을 잡고 수에즈 운하를 국유화해 버렸어요. 그때까지 수에즈

운하를 통해 이익을 얻고 있던 영국, 프랑스, 이스라엘은 운하를 강점했습니다. 그때 영국의 〈가디언〉과 〈옵서버〉지는 영국 정부의 파병을 강하게 비판하는 논전을 폈어요. 당시 영국 국민의 90%는 정부의 조치를 지지하고 있었습니다. 두 신문은 일시적인 인기영합보다는 정론을 폄으로써 끝내 역사와 더불어 승리한 것입니다.

우리 언론은 어느 당, 어느 후보를 지지하지 못하도록 돼 있어요. 그런 법은 미국에서는 위헌입니다. 누구를 지지하거나 반대하는 것은 신문의 자유입니다. 그것이 독립성입니다. 〈뉴욕타임스〉는 사실을 정확히 보도하면서 선거 때면 어느 당, 어느 후보를 지지한다고 분명하게 밝히고 있어요. 그게 위대한 신문입니다. 우리도 이제는 국민이 신뢰할 수 있는 제도로서의 고급 언론 기관이 필요합니다.

미국 · 일본 · 독일 · 영국은 '신뢰도가 높은' 사회입니다. 반면 라틴계 국가들과 아시아 국가들은 아직 '신뢰도가 낮은' 사회이지요. 한국은 후자에 가까울 것입니다.

'역사의 종언'의 저자 프랜시스 후쿠야마는 새로운 책 '신뢰(trust)'에서 문명과 문명의 충돌보다 '고신뢰 사회(high trust socie-ty)'와 '저신뢰 사회(low trust society)'로 구분하고 있습니다. 신뢰도가 낮은 사회는 경제가 일시적으로 발전할 수는 있어도 위기에 처하면 붕괴할 우려가 있다는 것입니다. 언론의 역할이 중요합니다.

언론의 제1과제는 '전체적인 진실(whole truth)'을 밝히는 것입니다. 다만 언론 보도는 타인의 명예를 훼손할 수 있기 때문에 사실의 정확성이 생명입니다. 물론 보도 내용은 공공의 이익에 부합해야지요. 제2과제는 인격과 품위를 지키는 일입니다. 언론은 사회를 비추는 포괄적인 거울이 돼야 합니다. 실제로는 선택적 보도가 될 수밖에 없는데 편파적으로 일부 사실만 전달해서는 곤란하지요. 독자들한테는 보도되지 않은 사실은 사실이든 아니든 사실이 아닙니다.

그런 의미에서 사실 유무를 결정하는 편집권의 제1차 행사자는 일선 기자입니다. 편집 노선은 기본적으로 회사가 결정할 문제이겠으나 편집권은 어느 일방의 권한이 될 수 없습니다. 도덕성이 높은 경영주, 우수한 편집인, 능력 있는 데스크, 양식 있는 기자들이 조화를 이루어야 신뢰할 수 있는 제도로서의 언론기관이 되는 것입니다. 언론이 신뢰를 얻을 때 고신뢰 사회가 될 것으로 봅니다.

▲손 : 동감입니다. 올바르고 신뢰받는 언론인상의 정립이 시급하다는 말씀이시군요. 일제 치하, 자유당 독재, 4·19 군사정권을 거쳐 오면서 언론은 저항이 아니면 굴복을 강요당했습니다. 그래서인지 지금까지 언론인은 지사나 선비가 돼야 한다는 인식이 깔려 있습니다. 이제 우리 사회는 민주화·다원화·개방화 추세로 나아가고 있습니다. 평소 언론인의 바람직한 자세로 신사도를 강조하신 걸로 알고 있습니다만.

△박 : 그렇습니다. 우선 직업주의에 충실해야 합니다. 신사의 제1덕목은 절제와 중용입니다. 언론은 부정확한 속보, 일방적인 얘기, 편파적인 시각을 버리고 균형 있는 보도를 해야 합니다. 둘째는 정직성, 그러니까 진실성입니다. 마지막으로 공정성입니다. 우리의 문화에는 '페어 플레이' 란 개념이 희박해요. 내 체중

이 70kg인데 40kg인 사람하고 권투시합을 할 수 있나요. 정치권도 그래요. 선관위를 통해 정치 자금으로 기탁된 돈이 전액 여당으로 갑니다. 야당은 존재하기 어렵다는 얘기가 되지요.

모든 사람이 흥분해 소리쳐도 차분하고 냉정하게 소리를 낮추고 절제하는 고급 신문이 필요합니다. 또한 진실을 토대로 논평을 하고 반대 의견도 실어 주는 아량이 있었으면 합니다. 반대 의견을 수용함으로써 공정성과 신뢰성을 높일 수 있습니다. 언론은 진실한 보도의 토대 위에서 공명정대한 다양한 견해를 전달할 도덕적 의무가 있어요. 고급지라면 의견면을 늘려야 합니다. 그렇다고 교수·학자들의 기고에만 의존하는 것은 문제입니다.

대학교수가 일정한 수준의 제한된 학생들을 상대로 강의하는 것은 '제한된' 커뮤니케이션인 데 반해 신문 기자는 '매스커뮤니케이션'에 종사하는 것입니다. 그래서 언론인은 평균치 독자가 알아들을 수 있는 평이한 용어를 선택해서 뜻이 있게, 재미있게 전달할 수 있어야 합니다.

선진국에도 지저분한 신문들은 있습니다. 대영제국 시절 스탠리 볼드윈(1867~1947) 보수당 총리는 "언론사주들은 책임 없는 권력을 추구하고 있다. 이는 창녀의 영원한 특권이다"고 공격했지요. 자유당과도 결탁하고 노동당에도 추파를 던진 상업주의를 비난한 말입니다.

▲손 : 우리 언론계의 판도도 1980년대를 전후해 크게 바뀌었습니다. 많은 언론인들이 수난을 당하고 언론통폐합과 언론기본법 등이 언론의 숨통을 조였던 그 시절, 일부 언론사가 정치권력의 향배를 재빨리 눈치채고 정권의 나팔수가 되었던 현실을 돌이켜

보게 됩니다.

△박 : 볼드윈이 언론을 창녀라고 꼬집은 것은 언론인이 권력에 들어간다는 것이 아니고 누구한테나 비위를 맞추는 것, 그러니까 신문이 팔리도록 인기 측에 야합한다는 뜻이지요. 하지만 언론사주들은 "웃기는 얘기다. 우리 신문은 매일 소비자들의, 독자들의 심판을 받고 있는데 너희 정치인들은 4, 5년에 한 번만 심판받지 않느냐" 고 반박하였지요. 독자들이 그런 것을 원하기 때문이란 궁색한 변명입니다. 우리에게도 상업주의에 기생하는 언론이 태반이에요.

▲손 : 박 이사장께서는 지난 1980년 신군부 세력에 의해 강제 해직을 당하신 이후 어려운 시기를 보내셨지만 과거 청산에 있어선 온건개혁론을 지지하시는 것으로 알고 있습니다. 저도 편집인이었던 1991년 6공 당시 노태우 정권 때 청와대가 개입된 수서택지 특혜분양 사건을 세계일보가 특종 보도했을 때 9개월간 타의에 의해 회사를 떠난 적이 있습니다만 권력자가 언론의 정당한 비판이나 감시를 억누르고 부당한 권력을 휘두르면, 그 결과는 파멸밖에 없다는 점을 요즘 더욱 실감하고 있습니다. 현재 진행 중인 5, 6공의 군사반란 행위와 비리를 중심한 과거 청산을 어떻게 평가하십니까.

△박 : "진실이란 아무리 흙으로 덮어도 결국 드러난다" 는 스위스 격언이 있지요. 진실을 밝히는 것이 바로 처벌이고 심판입니다. 우리의 경우 진실은 오랫동안 왜곡되고 땅속에 묻혔습니다. 늦었지만 '12·12' 와 '5·18' 관련자들이 재판을 받는 것은 역사의 필연입니다. 다만 개혁과 과거 청산을 주도하는 정부 여당에 참

여한 일부 인사들의 정체성과 과거 경력이 떳떳하지 못한 것은 지적되어야 하겠습니다.

우리는 과거의 잘못을 깨닫고 이를 반복하지 말아야 합니다. "과거에 눈을 감는 사람은 현재에도 눈을 감는다"고 리하르트 폰 바이츠제커 전 독일 대통령은 말했지요. 4·19 의거가 역사의 평가를 제대로 받기 시작한 것이 불과 얼마 전의 일입니다. 역사엔 기복이 있지만 결국은 올바른 방향으로 발전하고 있지 않느냐는 생각입니다. 낙관하고 살아야지요.

▲손 : 장지연 선생은 오늘의 언론인들에게 훌륭한 사표가 되고 있습니다. 학자이자 언론인이셨던 그분의 독립정신을 새삼 되새기게 됩니다. 위암 기념사업회를 통해 뜻하시는 일은 무엇인지요.

△박 : 장지연 선생은 지난 1백년 동안 우리의 으뜸가는 언론인 중 한 분입니다. 우선 대쪽 같은 선비요, 정의로운 인격자요, 경륜을 갖춘 참용기가 있는 분이었어요. 위암 선생이 쓴 을사조약 체결을 규탄한 1905년 11월 20일자 황성신문의 사설 '시일야방성대곡'을 보면 일본에 대한 비난에 못지않게 우리 정부가 못나고 우리 국민이 약하다는 반성이 강합니다. 이른바 자강사상입니다.

우리에게는 남의 핑계를 대는 경향이 있어요. 우리가 스스로 강해지지 않으면 통일 이후에도 일본과 중국의 대국 틈에서 떳떳하게 독립을 유지하기 어려울 것입니다. 요즘 세계중심국가를 만들자는 말들을 자주 합니다만 우리가 강대국들의 종속변수로 떨어지지 않고 균형을 잡는 조정변수가 되어야 합니다.

우리가 강해지려면 서로 화합하고 단결해야 하는데, 그러려면 고신뢰 사회를 구축해야지요. 우리가 서로 신뢰하고 강한 국가가 되어 주변 4강의 신뢰를 받을 수 있으면 오히려 그들의 이해관계도 조정할 수 있다고 봅니다.

장지연 선생의 자강사상은 남북통일 이후 21세기의 우리 나라가 나아갈 길을 잘 제시하고 있다고 생각합니다. 장지연 선생 같은 멋있는 언론인들이 많이 나왔으면 좋겠다는 기대를 갖고 있습니다.

▲손 : 장시간 동안 감사합니다.

〈세계일보〉(1996. 2. 1)

◎ 박권상 이사장 약력 및 주요 저서

△1929년 전북 부안 출생 △1952년 서울대 문리대 졸업 △1955년 합동통신 기자 △1958년 미국 노스웨스턴대 대학원 수료 △1960년 한국일보 논설위원 △1962년 동아일보 논설위원 △1971년 동(同) 편집국장 △1973년 주영(駐英) 특파원 △1980년 동(同) 편집인 겸 논설 주간 △1981년 우드로윌슨국제학자센터 연구원 △1985년 영국 옥스퍼드대 세인트안토니스칼리지 연구원 △1986년 미국 조지워싱턴대 중소연(中蘇研) 객원 연구원 △1989년 위암(韋庵) 장지연(張志淵) 선생 기념사업회 이사장(現) △1989~1991년 시사저널 발행인 △1993년 국회제도개선위원장 △1994년 동아일보 고문(현)

△저서: 《자유언론의 명제》, 《영국을 생각한다》, 《미국을 생각한다》, 《웃물이 맑은 사회를》, 《영국을 다시본다》, 《감투의 사회학》, 《민주주의란 무엇인가》, 《박권상의 시론》, 《대권이 없는 나라》 등

가치 중심의 언론에 대하여
세계언론인회의 발표문

수많은 독재체제들이 인민의 눈과 귀를 틀어막고 입을 얼마나 철저히 봉해 왔었던가를 생각하면 언론과 표현의 자유야말로 독재권력이란 악마와 싸워 이길 수 있는 '메시아의 해방군' 이라고 불릴만하다.

21세기가 시작되었다. 지난 100년의 20세기는 인류역사상에 가장 큰 암흑의 세기였다고 말할 수 있을 것이다. 그만큼 인류는 지난 20세기에 수많은 시련과 고통을 감내해야 했고 엄청난 희생의 대가를 치렀던 것이다. 열강들의 식민지 쟁탈로 시작된 20세기는 그 초반부터 1차 세계대전(1914~1918)을 겪었고 중반에 와서는 2차 세계대전(1939~1945)이라는 비극에 시달렸으며, 그 후 반세기 가량은 공산주의 혁명을 세계화하려는 세력과 이를 저지하려는 세력 간의 냉전과 무력경쟁시대를 거치며 인류에게 엄청난 고통과 피해를 입혔던 것이다.

지금 되돌아보면 20세기는 어쩌면 우리 인류에게는 하나의 악몽과 같은 시기였다. 어느 누구도 21세기가 20세기처럼 반복되기를 바라는 사람은 없을 것이다.

그러면 21세기는 어떤 좌표를 설정하여야 전인류가 과거처럼 그 엄청난 고통과 피해를 당하지 않고, 공영과 공생의 평화의 세기를 구가할 수 있을 것인가?

21세기의 벽두에 선 전세계의 지성들과 언론인을 포함한 지도층은 이 문제에 관하여 진지한 성찰을 요구받고 있다고 느껴진다. 더욱이 지금은 100년 전 또는 50년 전의 세계와는 달리 너무나도 좁아져 버린 지구공동체의 시민사회가 되어 버린 것이 아닌가. 일일생활권의 세계를 넘어서서 광속으로 연결되는 1시간 이내의 동시 생활권내로 전세계가 영향을 주고받는 시대로 변모하고 있는 것이 오늘의 세계다. 이제 과거 1차 세계대전 때처럼 전황을 알리는 뉴스를 열차로, 선박으로, 심지어 비둘기를 이용해서 보내던 그와 같은 느림보 구시대가 아닌 것이다.

정보화 사회가 도래한 것이다. 과학기술의 혁명적 발전이 오늘과 같은 고도정보화 시대를 오게 했고, 미래는 그 변화의 속도와 폭을 더욱 강화시킬 것이 분명해지고 있다. 이런 미래에 대한 예측 속에서 정보통신 산업의 한가운데 서 있는 언론(journalism – 신문, 잡지, 통신, 방송, TV 등 뉴스 산업을 포괄하는 의미로 사용)도 20세기를 되돌아보고 새로운 세기와 그 이후의 새 천년을 전망해 보는 것은 꼭 필요한 일이라 생각된다.

알권리는 기본권

우리가 잘 알고 있듯이 인간은 의사소통(커뮤니케이션) 행위를 통해 문화를 전수받고 창조해 나간다. 따라서 인간의 의사소통이 가로막히거나 뒤틀리면 반드시 그에 따르는 희생과 진통이 인간 사회에 뒤따르게 된다. 정보의 통로가 막히는 곳에는 인류문화가 정체와 일탈로 이어지게 되는 것이다. 그러므로 지금까지 수천 년 간 이어져 내려온 인류의 역사는 정보의 통로가 사통팔달로 뚫리고 막힘없이 전세계로 연결되도록 하기 위해 노력하고 투쟁하고 희생해 온 과정이라고도 말할 수 있을 것이다.

정보는 자유를 원한다. 이것을 가로막는 권력, 신분, 사회적 지위, 계급, 제도, 빈부격차, 언어장벽, 문화의 상이, 국경의 장벽, 지역과 공간의 거리, 시간의 거리 등등 이 모든 것을 초월하여 전세계가 오늘날과 같은 하나의 지구공동체가 되게 하기까지 기술의 진보와 과학의 발전을 위해 수많은 사람들이 수고하고 희생해 간 것이다. 여기에 더하여 정보의 자유로운 소통을 가로막는 모든 세력들과 맞서서 그 시대 시대마다 피를 뿌리며 사라져 간 수없이 많은 사람들의 희생은 드디어 언론의 자유를 핵심으로 하는 오늘의 민주주의 사회를 이 세상에 오게 한 것이다. 왕권신수설을 부르짖던 절대왕권이나 교황무오설을 주장하던 절대교권도, 온갖 폭력을 다 행사했던 철권 독재도 결국 언론의 자유라는 '진실을 위한 순교자들'에 의해 무너지고 말았다. 20세기까지 이어졌던 '진실을 위한 순교자들'의 행진은 아직도 멈출 수는 없다. 지금도 완전한 언론의 자유를 향유하지 못하는 곳이 많이 있기 때문이다. 우리가 정보의 자유로운 통로를 가로막는 사회체제를 유지하려는 수많은 장애세력들이 건재하는 국가와 사회에 대해서는 계속하여 언론의 자유를 위해 함께 연대해야 할 이유가 여기에 있는 것이다.

모든 인간은 자유롭게 정보에 접근하고 진실을 알고자 하는 욕망을 가지고 있다. 그렇기 때문에 인간의 커뮤니케이션 행위 가운데서 가장 기본이 되고 중요시되며 보호받아야 할 것이 정보적 커뮤니케이션이다. 정보적 커뮤니케이션이란 인간의 물리적, 사회적 환경에 대한 사실적(Factual) 정보의 교환행위를 말하는 것이다. 그것은 개인이나 집단의 생존과 유지를 목적으로 하는 환경감시기능을 포괄하는 개념으로 인간의 사실보도행위로 표현된다. 그런데 사회적 정보에 대한 사회성원들의 접근과 배분 그리고 그것의 소화·평가·판단능력 등은 고르지 않다. 정보유통 과정에서의 이러한 개인적·집단적 격차가 그들의 사회적 우열을 야기시킨다.

따라서 정보적 커뮤니케이션을 통제·왜곡·조작할 수 있다는 무서운 사실이 언론의 자유가 사회적 정의와 공동선을 세우는 데 얼마나 필수적인가를 알게 해 주는 반증이 되는 것이다. 20세기까지의 인류사는 이 정보적 커뮤니케이션의 통제·왜곡·조작으로 엄청난 불평등과 인권침해를 감내해야 했다. 공산주의는 말할 것도 없고, 그외의 수많은 독재체제들이 인민의 눈과 귀를 틀어막고 입을 얼마나 철저히 봉해 왔었던가를 생각하면 언론과 표현의 자유야말로 독재권력이란 악마와 싸워 이길 수 있는 '메시아의 해방군'이라고 불릴만하다. 물론 21세기에 들어선 지금 이 시간에도 지구상에는 아직도 정보적 커뮤니케이션이 제대로 이루어지지 않는 나라가 많이 있다. 그렇지만 이제 인류문명의 대세는 언론의 자유를 완전보장할 수밖에 없는 쪽으로 기울었다. 이제 어느 무엇도 그리고 그 누구도 이 언론의 자유를 가로막고 나설 수는 없게 되었다.

우선 통신수단의 혁명적인 발전이 이것을 가능케 한다. 소위

디지털 문명과 인터넷 현상으로 표현되는 초고속정보화세계가 진전되면 될수록 정보적 커뮤니이케이션에 대한 질적·양적 요구는 더욱 증대될 것이며, 이에 따라 주요 정보원으로서 존재하는 대중매체들의 신속 정확하고 객관적이며 가치중립적인 보도 요구 또한 이전 시대보다 더욱 크고 절실해진 것이다. 다시 말하면 정보유통이란 관점에서 본다면 기술적으로는 투명한 사회가 이루어질 가능성이 한결 커진 셈이다. 언론의 자유, 표현의 자유를 만끽할 수 있는 시대가 활짝 열리게 되었기 때문이다.

그러나 기술적으로 거의 무제한으로 누리게 된 언론과 표현의 자유는 인간사회에 긍정적으로만 기능하지 않고 있다. 또한 인터넷-디지털 혁명이 가지고 온 심각한 부작용을 어떻게 할 것이냐 하는 문제도 숙제로 떠오르고 있다. 언론과 표현의 자유천지를 향해 기술적·사회적 온갖 장애를 극복하면서 인터넷-디지털기술이 주도하는 자유민주주의 사회에 당도하고 보니 바로 그곳에서 언론과 표현의 자유를 위협하는 새로운 복병을 만나게 된 것은 아이러니가 아닐 수 없다. 그러나 이것은 폭력이나 독재권력처럼 언론 외부에서 가해지는 위협이라기보다 언론 내부에 숨어 있는 위협이라고 해야 할 것이다.

언론의 자유에는 책임이 따른다

나는 여기에서 언론의 책임을 거론하지 않을 수 없다. 자유와 책임은 수레의 두 바퀴다. 두 다리, 두 팔, 두 눈, 두 귀가 있는 것처럼 자유와 책임은 동반자가 될 수밖에 없는 것이다. 자유가 없으면 책임도 없다. 책임이 없으면 자유도 없다.

20세기까지는 인류가 언론의 자유를 쟁취하기 위해 온갖 희생을 다 감내했던 기간이다. 이제 이렇게 쟁취한 귀중한 '언론의 자유'를 21세기 이후의 인류에게 길이 복된 문화유산으로 남겨 향유하게 하는 일이 오늘의 언론인들이 짊어진 과업이다. 언론의 자유를 위해 투쟁하던 시절에도 언론의 사회적 책임은, 그 자유 수호에 못지않는 수준으로 논의되어 왔다. 이제 언론의 자유가 확보된 터 위에서 그 책임이 보다 더 중요시되어야 할 것이다.

그러면 이 시점에서 우리가 논의해야 할 언론의 책임은 무엇인가? 그것은 바로 언론에 있어서의 도덕적 가치의 문제와 직결되어 있다. 언론의 책임을 공정한 보도, 정확한 보도 등의 가치배제적인 객관적 사실보도의 정확성에 대한 책임만으로 생각해 온 사람들은 언론의 책임이 사회의 도덕적 가치보호와 그 계도에까지 확대되어야 한다는 나의 주장에 승복하지 않을지도 모른다. 그러나 이제 고도정보화 시대를 주도하는 각종 미디어의 엄청난 영향력을 생각할 때 사회의 도덕적 가치보호에까지 언론의 책임은 확대되어야 당연하다 할 것이다. 이 세속의 세계에서는 언론의 영향력은 마치 신의 전지전능을 대신할 정도로 그 힘이 막강하다. 이런 언론이 사회의 도덕적 가치보호의 책임을 외면하는 것은 스스로 언론이기를 포기하는 것과 같은 것이다.

언론종사자의 가치관이 중요

세계언론인회의 창설자인 문선명 목사는 1997년 11월 워싱턴 D.C.에서 열린 14차 회의에서 다음과 같이 연설했다.

"본인은 21세기 지구촌 시대의 언론미디어는 '기능적 언론'을 넘어 '가치언론'을 지향해야 한다고 생각합니다. 언론미디어는 그 독자나 시청자들에게 사실보도를 하는 것만으로 그 사명을 다한다고 볼 수 없습니다. 그와 더불어 논설과 비평을 통해 독자와 시청자들에게 진실을 일깨워 주고 사회의 정신적·도덕적 가치를 고양하는 역할을 하지 않으면 안 되는 것입니다."

나는 여기서 ''기능적 저널리즘'을 넘어서 '가치저널리즘'을 지향해야 한다'라는 말에 주목하고자 한다.

사실을 객관적이고 신속 정확하게 가치중립적(Value Free)으로 보도하는 것은 언론의 제1차적 기본임무요, 이제는 이 자유를 언론 내부에서 더욱 보호하고 빛을 발하게 해야 한다. 그것이 바로 가치중심 또는 가치지향(Value-Oriented)의 언론으로 논지의 방향을 설정하는 일이다. 언론의 사실보도라는 기능은 이제 막을 수 없는 대세로 확보되어 가지만, 수많은 정보와 뉴스를 사실보도란 명분 아래 가치중립적으로 다 보도할 수도 없고 할 필요도 없는 것 또한 사실이다.

여기에 우리는 정보와 뉴스의 선택보도라는 문제에 직면하게 되며 무엇을 취재하여 보도할 것인가를 놓고 취재기자와 편집자의 가치판단을 주시하지 않을 수 없게 된다. 또한 취재 보도된 사실에 대해서 어떤 논평을 할 것이며, 독자나 시청자들에게 어떤 비판적 안목을 갖도록 할 것인가 하는 보다 근본적인 문제와 만나는 것이다.

사실보도와 논평과 비판, 이 둘이야말로 언론보도의 양대 축이다. 어느 한쪽이 빠지면 언론은 바로 설 수 없다. 가치중립적인 사실보도에서조차도 기자와 편집자의 가치관이 영향을 끼친다는 것을 생각하면 논평과 비판에는 논평자의 가치관이 얼마나 중요하게 작용할 것인가는 두말할 필요도 없다. 여기에서 우리는 언론종사자(소유자, 기자, 논평자 등)의 가치관의 중요성을 새삼 강조하지 않을 수 없는 것이다. 언론종사자가 만약 돈이 되는 것은 무엇이든지 할 수 있다는 가치관에 사로잡혀 있다면 그 미디어는 돈을 벌기 위해 모든 것을 희생시킬 수도 있을 것이다. 실제 자본주의 사회에서 언론사를 경영하는 데는 상업적인 수익을 고려하지 않을 수 없다. 그러나 언론종사자들이 공익(公益)을 희생시켜가면서 상업적 이익을 먼저 생각한다면 언론은 사회의 공기(公器)가 아닌 공해(公害)가 되고 만다. 실제로 언론이 사회의 공기가 아닌 공해가 되는 경우가 얼마나 많은가를 우리는 흔히 경험해 왔다.

만약 기자나 논평자들이 공산주의 계급투쟁혁명론으로 무장된 선전·선동의 전사들이라면 어떻게 되겠는가? 이미 지나간 시절의 얘기이지만 한때는 자유 사회의 많은 언론인들이 공산주의 사조에 물들어서 자유세계를 위태롭게 한 적도 있었다.

어떤 가치를 앞세울 것인가

20세기를 마감하면서 그렇게 지루했던 냉전이 종식되고 공산주의도 사라졌다. 일부 성급한 사람들은 '역사의 종언'을 주장하면서 공산주의를 이긴 민주주의 사회로서 이제 역사는 더 이상의 진보는 없다고까지 했다. 그러나 민주주의 사회는 그 수많은 장점에도 불구하고 우리 인류가 찾아야 할 최후·최선의 이상향이 아님이 점차 드러나고 있다. 자유와 평등과 인권이 법적으로 보장되는 법치주의, 입법·사법·행정부의 견제와 균형을 통해 독

재가 없는 사회, 언론과 표현의 자유가 보장되며, 양심과 신앙·
사상의 자유, 집회·결사·거주·이전의 자유가 보장되는 사
회…….

그러나 민주주의 사회는 너무 심각한 도덕적 퇴폐, 성도덕의
문란, 범죄와 폭력, 마약의 범람, 가정의 파괴 등 과거 어느 시
대보다 심각한 도덕성의 상실로 위협받고 있다. 그런가 하면 국
제적으로는 빈국과 부국 간의 갈등, 환경 파괴, 인종 갈등, 종교
분쟁, 테러가 끊이지 않고 있다.

언론은 새로운 세기의 벽두에 서서 이제 자유를 찾는 투쟁에서
자유를 지키는 투쟁을 시작해야 될 줄 안다. 그것은 바로 앞서
말한 대로 인간사회의 건강성을 지켜 주는 가장 근본되는 도덕성
의 바탕을 지키려는 언론인의 가치관이 전제되어야 이 싸움에서
승리할 수 있다.

언론인은 공산주의의 예에서 본 것과 같이, 파괴적·증오적 세
계관을 가지고 세계를 끊임없는 갈등과 투쟁으로만 해석하려고
하지 말아야 할 것이다. 세계평화는 증오심과 대결심리에서는 결
코 실현될 수 없다. 세계일가(世界一家)의 시대로 이행하고 있는 오
늘의 이 인터넷—디지털 세기에서 인종·종교·국가·빈부 간에
증오를 부추긴다는 것은 반문명 행위가 아닐 수 없다. ‘화해와
평화와 사랑’ 이라는 인류 공통의 가치를 귀중하게 인식하고 그
논리를 계발해야 한다.

또한 언론인은 도덕성의 기초가 되는 가정과 성윤리의 중요성
을 깊이 인지해야 한다. 올바른 남녀관계는 건전한 성도덕, 가정
의 건전화, 가족의 가치, 결혼의 신성성을 지켜 주며 사회의 튼
튼한 도덕적 기초를 쌓게 할 것이다. 오늘날 청소년 범죄와 퇴폐

현상을 어쩔 수 없이 보고만 있는 것은 언론과 기성세대가 결혼과 가정에 대한 올바른 가치를 인지하고 지켜 가지 못한 데서 기인한 것이다. 21세기 이후에 벌어질 많은 사회 문제를 해결하는 그 핵심에는 남녀관계에서 비롯되는 결혼과 가정 문제가 있음을 오늘의 언론은 미리 내다봐야 한다. 아무리 어려운 사회 문제가 불거져도 가정 문제를 해결한 터 위에서는 그 해결이 간단해질 것이고 그 반대이면 모든 문제는 더욱 복잡하게 꼬일 것이다.

끝으로 언론인은 자연보호와 환경감시에도 분명한 가치관을 가질 것을 촉구하지 않을 수 없다. 환경을 파괴하면서 얻어지는 생산이나 복지는 결국 인류에게 재앙을 앞당기는 일이다. 인간과 자연의 공생과 조화가 미래 사회에서는 큰 과제가 아닐 수 없다.

위에서 말한 대로 21세기의 언론이 평화로운 지구공동체 건설, 가정의 가치수호, 자연보호와 환경감시 등의 핵심가치를 그 지향으로 삼는다면 언론의 자유는 질적으로도 더욱 고양되는 새로운 계기를 맞게 될 것이다.

(2000. 2. 11)

북한의 언론

최근에는 노동신문에도 취미·오락에 관한 기사가 눈에 띈다. 비록 대외 선전용 잡지인 Foreign Trade 에 국한돼 있지만 상품 광고에도 신경을 쓰고 있다.

판문점에 나가서 북한 기자들의 활동을 본 남한 기자들은 일종의 기이한 느낌을 갖게 된다고 한다. 이들 판문점에 나온 북한 기자들은 60대 초반에 이른 원로 기자에서부터 30대 초반까지 골고루 섞인 30여 명으로 구성되어 있다. 언론사로는 노동신문, 민주조선, 노동청년, 중앙방송, 평양방송, 중앙통신사 등 경우에 따라서는 10~15개사가 나온다.

이들은 북한 언론사의 남조선부 기자들로서 나이가 많은 기자들 가운데는 25년째 판문점에 나오는 전문기자들도 있다. 대부분은 공식 취재진으로 서울에도 몇 번씩 다녀간 사람들이다.

판문점에서 회담이 있을 때는 직접 평양에서 판문점까지 오는 때도 있지만 대개는 전날 오후에 개성에 도착하였다가 잠을 자고 이튿날 판문점으로 온다.

재미있는 것은 이들 북한 기자들 대부분이 취재를 하지 않는다는 것이다. 취재를 하는 대신 판문점 벤치 여기저기 자리잡고 앉아서 정신없이 바쁘게 움직이는 남한 기자들을 붙잡고 북한 측 통일방안 등을 선전하느라 바쁘다.

취재도 않고 뭘 하느냐고 물으면 턱짓으로 중앙통신사 기자를 가리킨다. 50대 중반인 중앙통신사 기자가 혼자서 현장 스케치 기사도 쓰고, 스트레이트 및 박스 기사도 쓴다. 나머지 언론사 기자들은 중앙통신 기사를 받아 각자 입장에서 약간씩 수정해서 보도한다. 따라서 15개 아니라 그 이상의 언론사들이 취재를 나와도 기사 논조는 똑같을 수밖에 없다.

나이가 많은 중앙통신사 기자에게 '젊은 기자들도 많은데 나이 많은 기자 혼자서 고생을 하느냐?'고 농담을 걸면 '체제가 그렇게 돼 있다'고만 대답한다.

북한 문제 전문가들에 따르면 북한 기자들은 순수한 기자라기보다는 조선노동당의 선전·선동 일꾼들이다. 그들의 최상급 기관은 조선노동당의 선전·선동부이다.

'날아가는 새도 떨어뜨린다'는 북한 최고의 권력기관 조선노동당 중앙위원회에서도 가장 막강한 권력을 휘두르는 부서가 조직지도부와 선전·선동부라고 하니 북한 기자들은 권력도 대단한 사람들인 모양이다.

귀순자들에 의하면 앞서의 두 개 부서는 선전·선동부가 분위기를 조성해 놓으면 조직지도부가 마무리를 짓고, 마무리짓다가 문제가 생기면 선전·선동부가 무마시키는 식의 업무를 수행한다고 한다. 문제 인사를 소환하거나 사상 검토를 하는 것도 선전·선동부의 소관 업무라고 한다.

북한 기자들은 분위기 조성, 사상 검토, 무마시키는 업무 등을 다루는 사람들인 셈이다. 북한의 신문은 모두가 노동당이나 정무원, 사회단체 등이 발행하는 기관지들이다. 1993년 말 발간 현황을 보면 중앙일간지로는 노동당 중앙위원회 기관지인 노동신문, 정무원 기관지인 민주조선, 사회주의노동청년동맹 기관지인 노동청년 등 3개가 있다.

지방지로는 평양시 당기관지인 평양신문을 비롯하여 평남일보, 평북일보, 함남일보, 함북일보, 자강일보, 양강일보, 강원일보, 황남일보, 황북일보, 개성신문 등 시·도 노동당위원회가 발행하는 11개 일간지가 있다. 이 밖에 격일간지 2종, 주간지 2종, 격주간지 2종 등이 있으며, 해외 홍보용인 'The Pyong Yang Times'(주간)와 정무원의 각 부서에서 발행하는 교통신문, 건설신문과 같은 특수지들이 있다.

이들 신문의 보도 내용은 하나같이 노동당 및 정무원의 정책, 사회단체의 방침을 선전하는 것일 뿐 일체 북한 내부의 사건·사고 기사가 없다는 것이 특색이다. 외부 소식 또한 중앙통신사에서 제공한 기사만을 인용 보도한다.

방송사는 TV 방송사 3개, 라디오 방송사 12개가 있는 것으로 파악된다. TV 방송국은 조선중앙 TV, 만수대 TV와 대남방송을 목적으로 한 개성 TV 등이다. 방송은 컬러로 하고 있다.

라디오 방송국은 중앙방송으로는 조선중앙방송과 평양방송이 있으며, 원산·개성·남포 등지에 10개의 지방방송국이 있다. 1989년부터는 음악을 통한 대남 선전용으로 평양 FM 방송을 시작했다. 대남 흑색선전 전용 방송인 '민민전 방송'도 있다.

통신사는 앞서 언급했던 '조선중앙통신사'가 유일한 통신사로서 국내외 정보를 총괄 조정하고 있다. 1946년에 설립한 이 통신사는 현재 정무원 산하기관으로서 노동당 및 정부의 입장을 대내외에 선전하는 것을 임무로 삼고 있다. 외국 통신사들과는 러시아의 이타르타스, 중국의 신화사 등 46개 통신사와 체인을 연결하고 노어 · 영어 · 불어 · 서반아어 등 4개 국어로 보도 자료를 배포하고 있다. 이 통신사는 또한 해마다 《조선중앙연감》을 발행, 해외에도 배포하고 있다.

잡지는 현재 노동당 중앙위원회가 발간하는 사상지인 근로자를 비롯하여 대중 교양지인 천리마, 금수강산, 조선화보, 조선예술, 조선영화, 청년문학, 영문월간지인 Korea Today, Foreign Trade 등이 월간 또는 격월간으로 발간되고 있다.

현재 국내에는 1백여 종 이상의 북한의 신문 및 잡지들이 반입되고 있으며, 이들 가운데 약 70여 종이 영어 혹은 일어판이다.

최근 북한 언론은 조심스러운, 그러나 대단히 파격적인 변화를 모색하고 있는 것으로 보인다. 시기적으로는 대략 1993년 말에서 94년 초부터 시작된 것으로 보이는 이 변화는 취미 · 오락에 관한 기사와 상품 광고가 생겨났다는 점이다.

과거에도 취미 · 오락에 관한 기사가 전혀 없었던 것은 아니지만 이런 기사는 평양신문에만 국한돼 왔다. 최근에는 노동신문에도 취미 · 오락에 관한 기사가 눈에 띈다. 비록 대외 선전용 잡지인 Foreign Trade에 국한돼 있지만 상품 광고에도 신경을 쓰고 있다.

방송에서도 코미디 프로그램과 같은 오락 방송이 증가 추세를 보이고 있는 것 같다. 대중잡지인 천리마 또한 여성들의 옷 입는 법, 화장법, 헤어스타일 등을 다루고 있다.

지난날 북한 신문들은 대부분의 기사를 △북한 주민들의 정치 사상교육 관련 논설 △경제 선동 관련 기사 △남한을 포함한 자본주의 국가들의 정치·경제정책 실패를 비판하는 국제기사로 채워 왔다. TV 방송 또한 만수대 TV를 제외한 방송사들의 프로그램은 딱딱하고 유치하기만 했다. 만수대 TV 또한 가끔씩 방영하는 외국 영화를 제외하고는 재미있는 프로그램이 없었다.

이 같은 변화들은 극심한 경제난과 김정일의 집권이 맞물리면서 뭔가 좋은 일이 일어나고 있는 듯한 분위기를 조성, 주민들의 불평불만을 최소화하기 위한 의도인 것으로 보인다. 또 영화를 좋아한다는 김정일의 자유분방한 성격이 정책에 반영된 것으로 볼 수도 있다.

북한 언론의 특이점을 들라면 그들의 표현대로 '철저히 당과 수령을 위해서 봉사한다'는 이데올로기적 편향성 내지 일방통행성을 들 수 있을 것이다. 현재와 같은 총체적으로 어려운 시국에서 북한이 버텨 낼 수 있는 것은 전적으로 선전·선동부의 공로라고 해도 과언이 아닐 것이다.

그러나 김일성주의를 인민들에게 일방적으로 선전·주입하기 위한 당의 기관지 역할을 하는 것, 당의 사상 투쟁, 문화 투쟁의 도구일 뿐인 북한 언론은 언론이라고 할 수는 없다. 파워 엘리트와 대중 사이에서 △파워 엘리트의 의도를 정확히 대중에게 전달해 주는 역할 △그 의도에 대한 대중의 견해와 이익을 파워 엘리트에게 반영시켜 주는 역할 △이들 모두의 의견을 발전적 방향으로 이끄는 것 등이 언론의 역할이라고 볼 때 북한 언론들은 대중의 의견을 파워 엘리트에게 반영하는 역할은 전혀 하지 않고 있다. 따라서 북한 언론은 권력과 파워 엘리트의 철저한 시녀일 뿐 그들을 감시·견제하는 역할은 전무하다.

최근 '한국기자협회보'를 보면 남북 언론인 교류 문제가 자주 거론된다. 남과 북의 언론인들이 만나면 무엇을 할 수 있을까? 자유언론 정신에 투철한 남한의 언론인들과 독재의 시녀로서 이데올로기 투쟁의 전사이기만 한 북한의 선전·선동꾼들이 만난다면 어떤 일이 벌어질지가 흥미진진해지는 것이다.

당의 유일사상, 주체사상에 완전 세뇌되어 있는 북한 언론인들이겠지만 지금쯤은 더 넓은 세계, 더 높은 가치가 있다는 것을 알고 있으면서도 목숨을 부지하기 위해서 진실에 눈을 감고 입을 다문 채 홀로 괴로워하는 사람들이 분명 많이 있을 것이다.

더 크고 넓은 세상을 보고 들을 기회가 비교적 많은 것이 언론인들임을 생각할 때 북한의 언론인들이 하나 둘 제정신을 차리게 되면 북한의 개방과 북한 주민들의 개안(開眼)도 앞당겨질 것이다.

'임금님 귀는 당나귀 귀'라고 큰소리로 소리칠 수 있는 자유언론이 폐쇄의 땅 북한에도 하루속히 돋아나기를 바란다. 광복 50주년을 맞는 한 해방둥이의 간절한 소원이 이루어질 날도 이제 멀지 않은 것만 같다.

(1995. 8. 5)

전교학신문을 다시 발행하면서

'옳은 사상', '바른 교육'이 제자리를 잡게 될 때 인류는 비로소 '건강한 문화' 창조와 그 향유가 가능하게 될 것입니다.

독자 여러분, 전교학신문이 다시 여러분 곁으로 돌아왔습니다.

1989년 10월 3일 창간호를 발행한 이후 1991년 11월 27일까지의 만 2년간 지령(紙齡) 103호로 휴간한 지 8년 만입니다. 오늘 지령 104호로 재창간 하는 날을 기하여 새로운 편집 방향인 '옳은 사상, 바른 교육, 건강한 문화'에 대해 널리 밝히고자 합니다.

먼저 옳은 사상, 그것은 곧 가치관에 관한 문제입니다. 우리는 11년 전 창간사에서 '21세기를 향도할 새 세계관의 정립'을 천명했습니다. 당시 우리 사회, 특히 대학가를 중심으로 한 지식사회에서는 '존재가 의식을 규정한다'는 마르크시즘이 풍미하면서 '변증법적 유물론'이라는 낡고 전투적인 세계관이 이 나라의 지식 풍토를 혼란케 하고 있었습니다. 또한 그 연장선상에서 북한의 '주체사상'에 경도된 일부 학생들은 주사파(主思派)가 되어 반미자주·민족해방을 부르짖으면서 공산주의가 마치 우리가 지향해야 할 이상인 양 파괴적으로 거칠게 행동했습니다.

전교학신문은 사상과 철학의 문제를 놓고 이들과 정면으로 대화를 시도하기도 하고 때로는 격렬한 이념 논쟁을 펼쳤습니다. 이미 세계사에서 입증되었듯이 공산주의는 그 종주국 소련에서부터 궤멸되어 지구상에서 사라지고 말았습니다. 물론 아직도 한반도 북쪽에서는 북한이 마르크스주의의 변종에 불과한 '주체사상'을 붙들고 사상강국이라는 허장성세(虛張聲勢)를 부리고 있습니다. 그러나 뒤집어 보면 그것은 대한민국의 사상적 빈곤을 반증하는 것이기도 합니다. 즉, 통일문제를 풀어 나가는 가장 중요한 기초는 사상적 대비임을 역설적으로 우리에게 일깨우고 있다고 하겠습니다.

우리는 정신과 물질은 상보(相補)·상생(相生)·상대(相對)의 관계로서 정신은 주체(主體)요 물질은 대상(對象)의 위치에 있다고 보고 있습니다. 즉 오른다리(팔. 눈. 귀…)와 왼다리의 관계와 같은 것입니다. 철학사에 나타난 온갖 상극적인 사상 간의 대립, 특히 좌우 이데올로기의 갈등을 이런 조화·통일론적 관점에서 수렴, 극복하고 21세기 인류 공동체 건설을 위한 공생(共生)·공영(共榮)·공의(共議)를 위한 세계관의 기초를 정립하는 일은 오늘의 지성인들이 반드시 이룩해야 할 역사적인 과업인 것입니다.

우리는 앞으로 이 일을 위해 이 나라와 세계의 지성들에게 폭넓은 공론의 장을 지속적으로 열어 놓겠습니다.

다음은 바른 교육에 관한 문제입니다.

교육 문제도 인간과 세계(환경)에 관한 존재론적 가치 규명이 선행되는 기초 위에서 풀어 나가지 않으면 목표와 방향 설정에 큰 혼란을 겪게 됩니다. 다시 말하면 가치 교육이 전제된 터 위에 기능 교육이 병행되어야 한다는 것입니다. 우리 교육이 직면하고 있는 극심한 혼란과 위기도 인간과 세계에 대한 철학적 가치관의 정립은 덮어 둔 채 기능위주의 교육만을 강요한 데서 연유하는 것입니다.

'인간은 한낱 물질적·동물적인 존재로서 원숭이가 노동을 통해 진화된 고등동물에 불과한 것인가 아니면 신성(神性)을 띤 만물의 주관자(主管者)로서 이 세상에 존재하게 된 영적·정신적 존재인가?' 라는 무신·유물론자들의 '진화론적 인간관'과 유신·유심론자들의 '창조론적 인간관' 간의 해묵은 논쟁에 대해서도 우리는 이제 결론을 내려야 할 시점에 이르렀다고 봅니다. 원숭이가 노동하여 인간으로 진화했다고 보는 무신·유물론자들의 인간관은 그 이론의 대표격인 공산주의가 동물농장식 국가 경영을 강행하다가 자멸해 버림으로써 폐기 처분되었습니다.

세계는 이제 21세기의 개막과 더불어 인간관에 대한 새로운 해답을 요구하고 있습니다. 이는 수천 년 역사를 통해 축적돼 온 지식과 지성이 총체적으로 동원되어 해결하지 않으면 안 될 절박한 과제인 것입니다. 과학 기술적으로는 지금 세계가 한 동네처럼 가까워졌습니다. 그러나 철학적·존재론적 차원에서는 인류가 아직도 서로가 서로에 대해 정체불명의 나그네일 뿐입니다. 그렇기 때문에 이 지구상에는 이전보다 더 많은 비인간적 범죄와 전쟁과 이기적 갈등이 끊임없이 벌어지고 있으며 인류는 계속해서 불안한 삶을 영위하고 있는 것입니다.

정신과 물질을 주체와 대상의 관계로 파악하면 상대·상보·상생의 관계성이 정립되는 것처럼, 창조론적 인간관과 진화론적 인간관도 분명히 보다 높은 존재론적 차원에서 서로 상치됨이 없이 하나로 조화·통일되어 고귀한 새로운 인간관의 탄생을 알리는 길이 있음을 우리는 확신합니다.

인류의 생존을 위해서도 인간관에 대한 존재론적 해답은 반드시 강구돼야 하며, 그렇게 될 때 종교와 도덕을 중심으로 한 가치와 과학기술을 중심으로 한 기능이 조화롭게 통일되는 참된 인간을 길러 낼 수 있게 될 것입니다. 우리는 바로 이 같은 관점에서 '옳은 사상', '바른 교육'을 강조하는 것입니다. '옳은 사상', '바른 교육'이 제자리를 잡게 될 때 인류는 비로소 '건강한 문화' 창조와 그 향유가 가능하게 될 것입니다. '옳은 사상, 바른 교육, 건강한 문화'는 이처럼 떼려야 뗄 수 없는 삼위일체적(三位一體的) 관계라고 볼 수 있습니다.

지금 우리 사회가 앓고 있는 온갖 부정부패와 불건전한 문화, 퇴폐 풍조, 반사회적 범죄와 비리는 일시적 대증요법으로 결코 광정(匡正)할 수 없습니다. 근본을 바로 세우는 데서만이 가능한 것입니다.

전교학신문은 앞으로 '옳은 사상, 바른 교육, 건강한 문화' 정착을 위해 매진하겠습니다. 독자 여러분의 성원과 참여를 기대합니다.

〈전교학신문〉 (2000. 11. 21)

민족과 세계 잇는 정론 · 가교

21세기는 지구가족 시대가 될 것이다. 어느 민족이 다른 민족을 억압하거나 착취할 수 있는 시대가 아니다. 강대(強大)한 자는 물러서고 정대(正大)한 자가 일어서는 시대가 될 것이다.

세계일보가 오늘로써 창간 3주년을 맞는다. 지난해 창간 2주년을 맞으며 세계일보는 '통일시대를 주도하는 새 정론지'가 될 것을 다짐했다. 그때 세계일보는 그 논지의 3대지표를 내외에 천명하였는 바 우리가 사지(社旨)로 표방하고 있는 조국통일의 정론, 민족정기의 발양, 도의세계의 구현이 바로 그것이다.

분단시대를 마감짓고 위대한 통일시대로 진입하고 있는 우리 한민족의 역사적 요구는 남북이 화해하고 평화통일로 갈 수 있게 할 사상 · 이념(가치관)의 지표가 아닐 수 없다. 그것은 북의 통치 이데올로기인 공산주의 · 주체사상의 좌익노선과 남의 막연한 반공우익노선을 극복 지양할 수 있는 두익노선이 그 대안적 지향임을 세계일보는 이미 밝힌 바 있다. 남북의 통일은 군사분계선의 제거나 경제제도, 정치체제적 통합만을 의미하지 않는다. 이와 같이 가시적인 것은 오히려 외적인 것이요 표피적인 것이다. 보다 내적이고 본질적인 것은 사상·의식·세계관·가치관의 통일과 조화가 아닐 수 없다. 이런 관점에서 우리가 지금 통일을 위해 무엇을 준비해야 할 것인가는 분명해진다. 우리의 통일정책은 정치·경제적 통합은 서두르고 있는 데 반해 사상의식면에서는 소홀한 것이 사실이다. 그러나 북쪽은 우리와는 반대로 주체사상으로 전주민의 사상의식을 무장시켜 놓고 있다. 진정한 남북통일은 북한 동포들을 김일성 주체사상으로부터 해방시키지 않고는 불가능한 것이다. 세계일보가 조국통일의 정론지로서 두익사상을 표방하고 있는 까닭은 바로 여기에 있다. 이렇게 볼 때 창간 3주년을 불과 두달 앞둔 지난해 12월 5일, 세계일보 문선명 회장과 박보희 사장이 방북, 김일성 주석과 회담한 것은 이와 같은 세계일보 창간 정신의 구현이요 통일의 물꼬를 튼 장거가 아닐 수 없다.

두익사상 주창자로서 본사 문회장은 평양의 만수대 의사당에서 주체사상에 입각한 통일론을 주장하던 조평통위원들을 앞에 놓고 당당히 주체사상을 비판하고, 두익사상에 입각한 통일론을 설파함으로써 북측 인사들에게 큰 충격을 안겨 준 것은 역사적 사건이 아닐 수 없다. 북측 인사들은 분단 이후 처음으로 사상적인 반격을 받았던 것이다. 그것도 북한 땅 평양 만수대의사당 안에서 말이다. 세계일보는 이야말로 통일로 가는 우리 민족사에 반드시 기록해야 할 일대사건으로 주목, 특종 보도했음을 자랑으로 여긴다. 문회장·김주석 회담이 있은 지 8일 후 지난해 12월 13일의 고위급 회담에서 드디어 남북합의서가 채택되던 날 우리는 세계일보의 문회장 방북 특종 보도를 놓고 왈가왈부하던 그간의 세론에 대해 다시 한 번 '조국통일의 정론'이 가야할 길을 깊이 생각하게 되었다.

또한 우리는 지난 한 해를 돌이켜볼 때 결코 잊을 수 없는 일이 있다. 그것은 지난해 2월 2일자 1면 머릿기사로 정·경·관 유착비리의 표본인 수서비리사건을 세계일보가 특종 보도한 사실이다. 향후 우리는 이 수서비리 특종 보도를 세계일보 사지인 도의세계 구현의 의지를 다지는 초석으로 삼을 것이다. 이 보도는 정치정화에 대한 국민적 갈망에 불을 지핀 '언론의 정도와 용기'로 수많은 독자들로부터 격려를 받았다. 그때까지 공공연한 비밀로 되어 있던 언론계 촌지수수의 비리까지 들춰지게 된 것도 본지의 수서비리 특종 보도가 터지면서부터였다. 수서사건은 정·경·관·언의 복합적 총체적 비리였던 것이다. 이 사건은 우리 사회의 각계 지도층들이 어떻게 공생관계를 유지하면서 부패구조를 끌어가고 있는가를 극명하게 드러낸 것이었다. 세계일보는 이 보도로 말미암아 편집국 안팎에서 밀어닥친 한파에 일시적으로 추위를 느낀 적도 있었지만, 우리는 의연히 이 파도를 타고 넘어 이제 창간 3주년을 자랑스럽고 감사한 마음으로 맞게 되었다.

이 시점에서 우리가 다시 생각하게 되는 것은 언론의 정도와 언론인의 도덕성이다. '언론이 사회의 목탁'이란 말은 언론이야말로 사회를 바로 이끌고 세울 최후의 보루임을 가리키는 말이다. '언론은 공기(公器)'일 뿐 아니라 '언론은 공기(空氣)'인 것이다. 오염된 공기가 사람을 병들게 만들듯이 오염된 언론은 사회를 병들게 하고 인간의 정신을 병들게 한다. 언론이 뒤틀리면 사회 각층이 다 뒤틀리게 되는 것이다. 이와 같이 생각할 때 우리는 언론인의 도덕성과 양식의 수준은 우리 사회의 교육담당자, 성직자들보다 더 높지 않으면 안 된다는 것을 깨닫게 된다. 오늘의 이 사회와 세계가 아무리 뒤틀리고 부도덕한 것이라 할지라도 언론과 언론인이 살아 있다면 회생할 희망은 남아 있는 것이다. 계도와 심판을 담당해야 할 '등불'과 '칼'이 꺼지지 않고 무디지 않다는 뜻이 아니겠는가. 세계일보는 아직 이와 같은 수준에 이르지 못했음을 겸허히 인정하고 송구스럽게 생각한다. 그러나 우리는 끊임없는 노력과 정진으로 이 목표를 향하여 구도자의 자세로 임할 것임을 밝히는 바이다.

아울러 세계일보는 한국인이 지구촌 시대에 살아야 할 세계인으로 자랑스럽게 나아가는 징검다리가 되고자 한다. 이제 지구상의 모든 인류는 하나가 되어 평화세계를 구현할 수 있다는 소망이 점차 현실화하고 있음을 느끼기 시작했다. 무엇보다 냉전시대가 종식되고 동서의 이념과 체제의 장벽이 허물어진 것이 그 계기가 아닐 수 없다. 우리가 원한다면 지구상 어느 곳이든 어느 민족이든 만나고 교류할 수 있는 분위기와 환경이 마련되었다. 과학기술의 발전, 정보통신의 혁명은 전지구인을 한 가족으로 묶어가기 시작했다. 이것이 세계일보가 '민족정기의 발양'을 그 사지로 한 이유이다. 지구상에 있는 모든 인종과 민족은 그 고유의 개성과 능력을 위축됨이 없이 활짝 피어나게 해야 할 때다. 다가오는 21세기는 지구가족 시대가 될 것이다. 어느 민족이 다른 민족을 억압하거나 착취할 수 있는 시대가 아니다. 21세기는 과거와 같이 군사물리적 강자가 약자를 굴복시키는 때가 결코 아니다. 오히려 강대(强大)한 자는 물러서고 정대(正大)한 자가 일어서는 시대가 될 것이다. 우리 한민족은 강대한 자이기 보다 정대한 자가 돼야 한다는 것이 세계일보의 주장이다. 우리 민족이 강대보다 정대해지려면 우리 민족의 본래적 정기(正氣)를 떨쳐 일으켜야 한다. 오랜 기간을 두고 일제를 비롯한 주변 열강들에 의해 왜곡되고 감춰졌던 민족사와 민족 문화의 진면목들을 바로 세우고 밝히고 펼쳐 나가야 한다. 그리하여 일그러진 우리의 얼굴과 매무새를 바로잡아 세계의 무대에서 맘껏 뛰고 달릴 한민족의 신세기가 되도록 세계일보는 그 향도역을 자임코자 하는 것이다. 지구상에 있는 모든 인류와 생명체들이 한 가족이 되어 어울려 사는 평화의 새 세계가 되도록 세계일보는 민족과 세계를 잇는 정론·가교로서 그 소임을 다하고자 한다. 끝으로 세계일보를 지지 성원해 주시고 지도편달을 아끼지 않고 계신 1백만 애독자 여러분께 뜨거운 감사를 드린다.

〈세계일보〉(1992. 2. 1)

'또 하나의 신문' 아닌 '전혀 다른 새 신문'

북은 주체사상이란 철옹성을 지키면서 남한을 '무력이 안 되면 사상으로' 점령하겠다는 야심을 아직은 조금도 버리지 않는 상황에서 남쪽은 사상의 황무지가 되어 온갖 혼란과 퇴폐, 국력의 낭비가 계속되는 현실이다.

전교학신문이 10월 3일자 지령 49호로 창간 1주년을 맞이했습니다. 그동안 성원해 주신 국내외 독자 여러분과 지면을 빛내주신 모든 분들께 심심한 사의를 표합니다.

우리가 창간 당시에 표방했던 '옳은 사상·바른 교육을 위한 지성의 공론지' 로서 얼마나 성실히 그 소임을 다해 왔는가를 회고해 볼 때 여러 면으로 미흡함이 많았음을 자인하지 않을 수 없습니다. 그러나 우리는 정성을 다해 매호마다 옥동자를 탄생시키는 심정으로 전교학신문을 만들었습니다. 이와 같은 우리들의 정성과 노력은 창간 2주년을 향해 가는 앞으로의 지면을 통해 더욱 빛을 발하게 될 것임을 독자 여러분 앞에 약속드립니다.

우리는 무엇보다 전교학신문이 한국의 지성사회와 교육계에 창간 1년 만에 그 누구도 부인할 수 없을 만큼 없어서는 안 되는 공론지가 되었음을 자부합니다. 없으면 차라리 좋을 신문들이 우후죽순처럼 쏟아져 나오는 오늘의 우리 사회는 지금 언론 공해로 중병을 앓고 있습니다. 그런 와중에 창간된 전교학신문은 이제 전국을 커버하는 사상지·교육지로서 제1의 자리를 굳히게 되어 이 신문을 필요로 하는 각계각층의 독자가 날로 늘고 있음을 보고 전교학신문의 선택이 옳았음을 다시 한 번 느끼지 않을 수 없습니다.

전교학신문의 지난 호를 구하기 위해 본사를 찾거나, 누락된 한 호를 맞추기 위해 지사를 찾는 독자들이 날로 늘어나는 사실은 이 신문이 결코 한 번 보고 내버리는 휴지조각이 아니라는 독자들의 양식을 반영한 것이 아니고 무엇이겠습니까. 전교학신문은 결코 대중의 욕구에 영합하거나 대중추수주의(大衆追隨主義)에 떨어져서 상업적인 선세이셔널리즘에 빠지지 않을 것입니다. 우리는 대중에 야합하는 저질 인쇄매체들이 우리 사회를 얼마나 썩고 병들게 하는가를 독자들이 먼저 알고 있음을 믿게 되었습니다.

전교학신문은 지난 1년 동안 대중야합경쟁이 심화되는 언론 풍토 속에서 독야청청의 자세로 홀로서기에 성공했습니다. 그 결과 많은 양식 있는 독자들이 이런 유익하고 새로운 신문도 있을 수 있음을 깨닫게 된 것입니다. 전교학신문은 '또 하나의 그저 그런 신문'이 아니라 '확실하게 다른 새로운 신문'이 될 것을 계속 지향해 나갈 것입니다.

우리는 앞으로도 신문이 독자를 창조한다는 신념으로 개성 있고 분명한 논지의 전교학신문을 만들어 줄 것을 기대하는 독자들의 뜻을 성실히 지켜 나갈 것입니다.

무엇보다 전교학신문은 창간 기사에서 표방한 이념적 지향을 더욱 선명히 추구해 나갈 것입니다. 곧 유물공산주의 사상의 붕괴와 자본주의 자유세계의 도덕성 상실로 압축되는 세기말의 대변혁으로 인한 희망과 위기가 뒤섞인 불확실한 오늘의 세계를 헤쳐나갈 '21세기를 향도할 새로운 세계관'의 정립을 위해 전교학신문은 전세계 지성계의 정보를 폭넓게 수집하는 동시에 예리한 사상적 통찰을 계속 펼쳐 나갈 것입니다. 더욱이 이와 같은 이념과 사상의 문제야말로 남북통일이란 역사적 대과업을 눈앞에 둔 우리 민족에게는 가장 절실한 문제가 아닐 수 없습니다.

전교학신문이 창간된 지난해 10월을 전후하여 일기 시작한 동구대변혁은 금년 10월 3일 동서독 통일이란 현실로 우리 앞에 다가왔습니다. 소위 냉전구조의 종언으로 세계질서가 재편되면서 반세기 가까이 얼어붙었던 한반도에도 이제 그 훈풍이 불어오기 시작하고 있습니다. 세계의 대세는 어쩔 수 없이 남과 북을 만나지 않을 수 없게 하고 있는 것입니다.

우리는 이와 같은 때가 도래할 것을 내다보고 전교학신문을 창간한 것을 다시 한 번 상기합니다. 다시 말하면 남북통일의 시대를 대비하기 위해 태어난 신문이 전교학신문이란 뜻입니다. 남과 북이 무력이 아닌 교류와 대화로 협력하면서 평화적으로 통일하지 않을 수 없는 시대가 올 때는 사상과 이념 곧 가치관이 가장 중요한 핵심 문제가 된다는 사실을 간파하고 전교학신문은 창간되었으며, 지난 1년 동안 이 일을 위해 노력해 왔던 것입니다.

이제 우리가 예견한 대로 그 때가 왔습니다. 그러므로 우린 남과 북이 민족 본연의 그 자리와 진로를 찾아내도록 하는데 이념적 길잡이가 되고 사상적 지표를 제시하기 위해 계속적으로 노력해 나갈 것입니다. 더욱이 북은 주체사상이란 철옹성을 지키면서 남한을 '무력이 안 되면 사상으로' 점령하겠다는 야심을 아직은 조금도 버리지 않는 상황에서 남쪽은 사상의 황무지가 되어 온갖 혼란과 퇴폐, 국력의 낭비가 계속되는 현실 앞에 전교학신문은 그 책임을 더욱 막중하게 느끼지 않을 수 없게 되는 것입니다.

또한 우리는 이와 같은 이념의 빈곤, 사상의 빈곤에서 기인되는 교육의 비정상화와 도덕성의 상실을 놓고 바른 교육과 도덕성 회복을 위한 지속적인 성찰과 논지를 끊임없이 계발해 나가겠습니다. 우리 2세들의 교육을 염려하는 모든 양심적인 우리 시대 최고의 지성들이 펼치는 정론·직필로서 우리 사회의 정치·경제·사회·문화·언론·종교·교육·통일 등 모든 분야에 걸쳐 가치관을 바로 세우는 일에 소금과 빛의 사명을 다해 나가도록 최선을 경주하겠습니다. 창간 2주년을 향해 가는 전교학신문의 발전을 위해 독자 여러분의 끊임없는 성원과 편달을 기대합니다.

〈전교학신문〉(1990. 10. 3)

3 부

통일시대를 위한 새로운 가치

남북이 함께 이기는 통일

평양학생소년예술단 공연을 마치며

역사는 과거를 위해 있는 것이 아니고 미래를 위해 있는 것이 아닌가. 남북통일은 저 곱디고운 남북의 우리 후대들을 위해 이루어야 할 미래 창조의 과업이지 과거의 업보를 못 잊어 그 한을 풀기 위한 어른들의 살풀이가 아닌 것이다.

"그래 아이야, 북에서 온 곱디고운 아이야, 너희 말대로 남녘은 아주 가까운 곳이란다. 너희가 살고 있는 그곳 북녘에서 바로 이웃이란다. 굳이 비행기로 남의 나라 땅을 거쳐서 멀리 돌아오고 갈 그런 곳이 아니라 평양발 서울행-부산행-목포행 기차나 자동차, 비행기를 타고 곧바로 와도 되는 아주 가까운 이웃동네 친척, 친구 집이 바로 남녘 땅이란다."

　지난 며칠 간은 나도 모르게 매일 저녁 예술의 전당으로 발길이 돌려졌다. 북에서 찾아온 귀여운 우리 아이들을 좀더 가까이서 보고 싶어서였을까. 물론 그랬을 것이다. 아니 그것도 그것이지만 매일 바뀌는 관객들의 반응이 궁금했고, 북측 공연단원들의 분위기가 궁금해서였을 것이다.

첫날에 이어 둘째 날, 셋째 날로 이어진 공연은 매회 감탄과 감동으로 무르익고, 무대와 객석이 어우러져 화해와 평화, 통일에 대한 간절한 열망으로 하나가 되었다. '노들강변 백사장……'을 부르는 북의 소녀가 객석으로 내려오고, 남측 관객이 일어나 함께 어깨춤을 덩실덩실 출 때 거기에는 남과 북이 따로 없었다.

특히 대단원의 막이 내려지는 무대 위에 평양학생소년예술단의 전출연진과 서울의 리틀엔젤스 단원들이 함께 손에 손을 맞잡고 '우리의 소원은 통일'을 목청껏 부를 때 예술의 전당을 가득 메운 모든 관객들은 기립 박수로 화답하면서 손에 손을 맞잡고 합창했다. 곳곳에서 탄성이 터져 나오고 흐르는 눈물을 소리없이 삼키느라 애쓰는 목멘 관객들이 한둘이 아니었다. 이제 북에서 온 이 곱디고운 재롱둥이들이 가방을 꾸려 오늘 30일, 새벽같이 평양으로 떠났다. 판문점의 길은 닫혀 있고, 베이징 길로 먼길을 돌아서 갔다. 다섯 번, 여섯 번의 커튼 콜로도 그칠 줄 몰랐던 그 뜨거운 박수갈채는 이제 우리 모두에게 무슨 메시지를 남겼는가.

그것은 바로 우리 모두가 '남북이 함께 이기는 통일'로 가야 한다는 사실이다. 그렇다. 통일은 남북한의 윈-윈게임이어야 한다. 어느 한쪽만 좋고 다른 쪽은 기분 나빠지는 이기고 지는 게임이 돼서는 양쪽 다 마침내 패자가 되고 만다는 것을 남북한 우리 모두에게 일깨워 준 공연이었다.

'남북이 함께 이기는 통일'은 6·25의 상처를 가슴에 묻고 한많은 50년 세월을 살아온 남북한의 분단 제1세대들의 한풀이가 되어서는 제대로 될 리가 없다. 그런 감정과 이데올로기에 매여 있는 한 남북통일이란 한낱 6·25 동란의 참상을 되풀이하는, 제로섬게임보다 더 못한 마이너스게임이 되고 말 것이기 때문이다.

저쪽 망하는 꼴을 봐야 우리가 지금껏 살아온 보람이 있다는 식의 한풀이를 위해 통일전략을 세워야 한다는 이 어리석은 생각에서 남과 북이 하루바삐 깨어나야 할 역사의 전환기에 우리는 서 있다.

생각해 보라. 역사는 과거를 위해 있는 것이 아니고 미래를 위해 있는 것이 아닌가. 남북통일은 저 곱디고운 남북의 우리 후대들을 위해 이루어야할 미래 창조의 과업이지, 과거의 업보를 못 잊어 그 한을 풀기 위한 어른들의 살풀이가 아닌 것이다.

셰익스피어는 우리에게 일러 주고 있다. 로미오와 줄리엣을 죽이고 난 후의 몬타규·카플렛 양가의 화해가 무슨 소용이 있었는가고. 이제 남북의 로미오와 줄리엣들은 양가 부모들의 화해와 축복 속에서 서로 사랑하고 함께 어울려 살 수 있게 해 주어야 하지 않겠는가. 남북의 어린 천사들이 웃음으로, 눈물로 껴안고 헤어지기 싫어 볼을 비비는 저 장면 앞에서 남북의 어른들은 크게 통회하고 깨달아야 한다. 이 어린이들이 만나고 헤어지는 장면은 하나님이 남북 양쪽의 우리 민족에게 보여 주시는 계시적 사건이다. 어른들이 부질없이 만들어 놓은 이데올로기와 전쟁놀음에 우리의 미래인 저 고운 새싹들이 다시는 짓밟혀서는 안 된다는 사실을. '어린이는 어른의 아버지'라고 노래한 시구가 더욱 실감나는 것이다.

이제 꼭 2주 후면 김대중 대통령과 김정일 국방위원장이 분단 이후 처음으로 남북정상회담을 갖게 된다. 두 정상 간의 만남이 '남과 북이 함께 이기는 통일'로 가기 위한 민족적 지혜를 세계 만방에 과시하는 자리가 되도록 남북 동포들은 한가지로 마음을 모으고 성원해야 할 것이다.

어느 한쪽을 쓰러뜨리기 위한 술수와 전략을 갖고 대하는 마이너스게임의 회담이 되지 않고, 남북이 같이 이기는 윈-윈게임, 화해와 축복의 자리가 되도록 우리 모두 정성을 모아야겠다. 보수든 진보든, 좌익이든 우익이든 자기 집단의 이해에만 집착하여 민족적 대사를 그르칠 요구와 언행은 자제되어야 할 것이며, 여당과 야당도 초당적으로 정상회담의 성공을 위해 협력해야 하는 것이 엄숙한 역사의 소명일 것이다.

이번 공연의 후원 언론사로서 차제에 밝혀 둘 게 하나 있다. 이번 평양학생소년예술단의 서울 공연은 본지 창업주인 문선명 회장이 1991년 12월 6일 방북했을 당시 김일성 주석과 만나 남북의 평화와 협력을 위해 추진키로 합의했던 문화교류 사업의 일환으로 성사되었다는 사실이다. 1998년 5월에 서울의 리틀엔젤스가 방북 공연했고, 그 답방으로 이번 서울 공연이 이루어진 것이다.

이번 행사를 성사시키는 데 협력해 준 남북 양측의 당국자들과 주최 및 주관기관으로 수고한 (주)평화자동차, 한국문화재단의 모든 스태프, 기꺼이 협찬해 준 SK텔레콤, 한국통신, POSCO 그리고 특히 열렬히 성원해 주신 관객, 독자 여러분에게 이 지면을 빌어 각별한 감사의 말씀을 드린다.

〈세계일보〉 (2000. 5. 30)

청진항에 도착한 쌀

원수 맺고 살고 있는 형제가 화해하려면 그 과정에
는 어느 한쪽이 더 강력한 사랑과 베풂과 관용의 정
신으로 무장된―결코 총칼만이 아닌―주체(主體)가
서지 않으면 안 된다.

지방선거가 실시되는 이 역사적인 아침에 우리는 참으로 많은
것을 생각하게 하는 반가운 소식을 접했다. 우리 농민이 땀흘려
수확한 쌀 2천 톤을 실은 우리의 배 '시 아펙스' 호가 어제 오후
북한의 청진항에 도착했다는 사실이다.

이런 날 우리는 나라와 겨레의 내일에 대해 한순간 묵념이라도
하면서 조용히 생각해 봄직하지 않은가. 우리 민족을 여기까지
보호하고 인도해 주는 그 무슨 힘이랄까, 보이지 않는 손이랄까,
하여튼 그 무엇이 존재하고 있다는 것을 한번쯤 생각해 봄직하지
않은가. 아마 그 힘은 천지신명일 수도, 우리를 낳아 놓고 저 세
상으로 가신 수많은 한민족의 조상 영령들의 염원일 수도 있겠
만 어쨌든 애국가에 나오는 가사와 같이 '하느님이 보우하사 우

리 나라 만세'인 것을 이 아침 우리 겨레 모두는 겸허히 느껴 봄
직하다.

생각해 보라. 이게 어찌 인간들만의 지혜와 계획으로만 되어진
일일 수 있겠는가. 1950년 6월 25일 일요일 새벽, 탱크와 야포를
앞세운 북쪽의 동포들이 그 무슨 어둠의 세력에 눈과 귀가 가리
워졌던지 다짜고짜로 남쪽의 형제들 가슴을 향해 총을 겨누며
'원수'를 무찌르듯이 쳐내려왔다. 그로부터 3년 동안 동족상잔,
형제살육의 처참한 동란이 계속된 후 포성은 멎고 남과 북은 '원
수'로서 갈라져 돌아앉았다. 형제가 원수로 돌변했고, 우리가 살
자면 저쪽은 죽여야 한다고 남북의 위정자들은 목청 돋우어 소리
질러 오지 않았던가.

그랬는데 이제 북쪽은 배고프니 쌀을 좀 줄 수 없느냐고 손을
내밀게 되었고, 남쪽은 기다렸다는 듯이 그 손을 붙들며 '있는
대로 다 보내 주고, 부족한 것은 외국쌀을 사서라도 보내 주마'
고 화답하였다. 그렇게 해서 성사된 쌀 지원 협상 타결로 남쪽의
쌀을 실은 배가 동해항을 떠난 것은 1995년 6월 25일 일요일 저
녁나절, 6·25 발발 꼭 45주년이 되는 해요 달이요 날이요 요일
이다. 이것은 역사의 아이러니가 결코 아니요, 역사의 순리에 따
른 우리 민족의 착한 품성이요 그 저력임이 분명하다. 순천자(順
天者)는 존하고 역천자(逆天者)는 망한다는 격언과 같이 우리 민족
의 순천명(順天命)할 수 있는 품성과 선한 이 자질이야말로 우리
겨레의 가장 위대한 저력이 아닐 수 없는 것이다.

이번의 쌀 협상 타결 자세와 정신으로 남북관계의 모든 면을
개선시켜 나아갈 때라야 남북의 7천만 우리 겨레 모두가 묵은 원
한과 증오를 이기고 공생·공영의 통일 광장에서 만나게 될 것이

다. 대체 악인은 은혜와 사랑을 원수로 갚고, 선한 사람은 원수를 사랑으로 갚는 법이다. 6·25 남침을 자행했던 북쪽 '빨갱이 놈들'을 생각하면, 용서고 베풂이고 사랑이란 말도 안 된다고 열을 올리며 오직 힘으로 '원수 갚는 일'만이 우리가 해야 할 과업이라고 주장할 사람도 물론 많겠지만, 이것은 알고 보면 감정에 치우친 단견(短見)에 불과할 뿐이다. 45년 전 북쪽이 총칼로 우리를 짓밟고 침략한 것을 그 오랜 세월 참고 또 참은 뒤 우리는 사랑으로 베풀고, 저들이 어렵게 되었으니 저들을 도와준다는 것은 사랑이 증오를 이기게 한 것이다. 최후의 승리자는 사랑으로 이기는 쪽이지, 힘으로 상대를 강제로 굴복시키는 쪽이 아닌 것이다.

원수 맺은 형제가 어떻게 화해를 하게 되는가를 보여 준 예 중에 성서에 나오는 야곱과 요셉의 경우만큼 드라마틱한 경우는 드물다.

에서(兄)가 야곱(弟)을 죽이고 싶도록 미워하게 되자 야곱은 21년간이나 형을 피해 타향에서 온갖 고초를 당하며 모은 많은 재산과 처자를 거느리고 다시 고향으로 돌아가 에서를 아낌없이 사랑하고 재물을 베풂으로써 그의 증오심을 해소시켜 원수 같았던 옛날을 청산하고 둘이 하나가 된다는 이야기가 그렇고, 또 자기를 애급 상인에게 팔아먹은 형들이 7년 흉년이 들어 양식 구하러 애급에 왔을 때 팔려 온 요셉은 그들 앞에 좌정한 총리대신이 되어 있었다. 첫눈에 형들을 알아본 요셉 총리는 끝내 사랑으로 저들을 굴복시켜 화해하게 된다는 내용은 남과 북에 돌아앉은 우리 민족에게는 시사하는 바가 대단히 큰 가르침이 아닐 수 없다.

우리가 말로는 평화통일이라고 하기 쉽지만, 그것은 바로 미움을 사랑으로 소화하고 원수를 축복해 줄 수 있는 고난에 동참하려는 각오 없이는 불가능한 일임을 알아야 하겠다. 어떤 사람은 이번 대북 쌀 지원은 우리 쪽이 너무 저자세가 아닌가, 또는 남한에도 배고픈 사람이 있는데 북한에 줄 쌀이 어디 있느냐고 불만을 토로하고 있지만 어찌 배고파 허덕이는 북한 2천만 동포를 돕는 일이 우리 남쪽이 배불리 다 먹고 남은 쌀로 도와야 정도(正道)가 되겠는가. 우리가 먹을 것을 좀 덜 먹고 함께 나눠 먹는 사랑의 양식이 용서와 화해의 눈물로 되어 마침내 저 비무장지대를 경계로 대치해 있는 온갖 총포와 탱크들을 다 녹여 쟁기와 보습으로 바꾸게 할 통일 용광로의 불길로 지펴지지 않겠는가.

통일은 이렇게 해서 다가오게 해야 한다. 원수 맺고 살고 있는 형제가 화해하려면 그 과정에는 어느 한쪽이 더 강력한 사랑과 베풂과 관용의 정신으로 무장된 — 결코 총칼만이 아닌 — 주체(主體)가 서지 않으면 안 된다. 이렇게 본다면 우리는 성서의 야곱과 요셉처럼 자기를 박대하고 까닭없이 원수시하는 형제를 사랑으로 이겨 낼 수 있는 생활철학과 자세를 남한 4천만 겨레 모두의 것으로 정착시키고 활성화하지 않으면 안 된다.

북쪽 동포들의 배고픈 사정을 생각하면서 오늘 하루 우리 모두 북녘을 바라보며 눈물어린 심정을 품고 투표장으로 나아가자. 후보들은 이와 같은 동포들의 눈물 젖은 심정을 가슴에 안고 옷깃을 여미며 오늘을 보내야 할 것이요, 투표자들 모두는 많은 후보 중에 어느 누가 이 시대의 천지대세인 남북의 평화통일성업을 열어 갈 수 있는 참신한 인물인지를 골라 뽑을 줄 알아야겠다. 청진항에 도착한 '쌀'은 남북한 겨레 모두에게 많은 것을 가르치고 있다.

〈세계일보〉 (1995. 6. 27)

우리는 원수가 아닌 형제

필자는 헤어지는 북한 주체과학원 한수길 교수의 손을 꼭 쥐며 말했다. "우리는 원수가 아니라 형제 간이요, 형제." "나는 손 선생의 이 말을 진정으로 접수하갔소." 그의 대답이 내 가슴에 와 닿았다.

무덥고 긴 8월의 여름은 한반도의 남과 북을 '범민족대회'와 '민족대교류'의 빈 양철 두들기는 소리로 한층 더 시끄럽고 피곤하게 만들어 놓고 이제 끝이 나고 있다. 머지않아 휴전선 철조망이 무너지고 통일의 문턱에라도 들어설 것 같았던 환상에 들떠 실향민은 말할 것도 없고 모든 국민들이 이번에야말로 뭔가 되나보다고 기대한 바가 자못 컸던 것이다.

그러나 그 결과는 '혹시나' 하던 우리의 기대가 '역시나'로 허망하게 끝나는 것을 보면서 그 씁쓸한 뒷맛에 찌푸려진 얼굴이 펴지지 않는다. 9월 4일인가에 남북 총리급 회담이 열릴 예정인지 뭔지 소문을 내고 있다지만 우리가 보기에는 왠지 시큰둥해지는 맘은 어쩔 수 없다.

남북한 집안꼴

이런 공허한 남북관계의 헛바퀴를 굴리며 빈 양철 두들기는 소리에 지친 일부 국민들 중에는 '통일'은 이제 신물이 났다는 표정도 역력해진다. 집안꼴은 엉망으로 만들어 놓고 무슨 통일이냐 하는 생각이 아닌가 한다. 이때 집안꼴이란 남과 북에 다 같이 해당되는 말이다. 남쪽 사정은 이미 우리가 익히 아는 대로다. 뭐 되는 게 있는가. 정치 실종에다 경제 치유불능 상태가 겹치고, 온갖 사회악이 범람하는 가운데 교육마저 아직도 절뚝걸음으로 우리를 괴롭히고 있으며, 북한의 통일전선에 동조하는 적색망둥이들은 아직도 어물전을 망신시키는 일에 몰두하고 있으니 그저 한숨만 절로 나온다. 노태우 대통령이 집권 후반기를 놓고 '민주화와 통일'에 더욱 전념하겠다는 인터뷰가 있었다고 하지만 우리에게는 대통령이 지금부터 해야 할 일은 그런 헛바퀴 굴리는 일보다는 우리 사회에 만연한 풀어진 나사를 다시 조이고 기름을 쳐서 모든 부면(部面)에서 사회가 제 기능을 찾는 일이 아닌가 생각되는 것이다. 그것이 먼저 되어야 통일도 민주주의도 우리 앞에 다가설 것이지만 이대로 가다가는 오히려 민주주의도 실종될 것이고 통일도 놓쳐 버릴 것이다.

북측도 이제 그 속이 뻔히 들여다보이는 소리를 되풀이하지 말아야 할 것은 세상이 다 알게 되었다. 아직도 우리 남쪽에는 1950년 전후처럼 눈감고 아옹하는 소리에도 속아 넘어가는 한심한 사람들이 살고 있는 줄 알고 있다가는 참말로 큰코다칠 줄은 왜 모를까? 아마 알고 있으면서 정말로 교류를 하고 통일로 접근했다가는 북쪽이 견뎌 내지 못할 것임이 자명해지니까 아예 남북관계에는 명분 싸움으로 일관하면서 재나 뿌려 보자는 심사가 아닌가 하는 것이 솔직한 우리의 견해다. 앞에서 말한 대로 북쪽 집안꼴은 남쪽보다 더 심각하니까 말이다. 저들이 말한 대로 북쪽에는 반체제나 반정부 운동하는 사람들이 없다손치더라도 모든 인민들의 눈과 귀를 높은 울타리로 막아 놓은 채 바깥 세상 구경은 생각도 못하고 밤낮으로 김일성 주체사상만을 신앙하게 하니 집단 최면 상태에 빠져 있는 것 아닌가. 문을 열어 바깥바람이 들어가 그들이 그 최면술에서 풀려나면 걷잡을 수 없는 상황이 도래할 것을 그 지도부들은 누구보다 잘 알고 있을 것이다. 인민들의 생활이 궁핍한 것은 말할 것도 없고 김일성 독재를 정당화시키기 위한 이른바 '영생불멸' 주체사상 학습으로만 버텨 나가는 현실을 누구보다 그들이 더 잘 알고 있는 것이다.

이와 같은 북한 내부의 실정은 필자가 오사카에서 만난 북한 학자들과의 토론에서도 충분히 엿볼 수 있었다.

오사카에서 만난 주체사상

제3차 조선학 국제학술토론회에 참가한 북측 학자들 11명은 주체사상을 대변하는 것으로 시종일관하였다. 그들이 북한에서 바깥에 내보일 수 있는 것은 주체사상뿐인 듯했다. 그러면서 그들은 그들의 사상이 만병통치약이라도 되는 듯 자랑스럽게 외치다가도 남쪽 학자들은 물론 같은 공산권에서 온 소련과 중국, 동독 등지의 교수들이 핀잔을 주거나 반응이 시큰둥해지는 것을 알고는 계면쩍어하기도 했다. 그들의 그런 모습을 보고 어떤 참가자는 '주체사상 선교사' 들이라는 이름을 붙여 좌중이 웃음을 터뜨

리기도 했다. 필자가 참석했던 철학·종교부회에서는 동독 훔불
트대학의 헬가 여사가 호네커와 김일성 회담시 통역을 맡을 정도
로 친북 인사였는데도 불구하고 북한 학자들을 난감하게 만든 질
문을 던졌다. 북한이 내세우는 주체철학이란 것은 통치 이데올로
기에 불과하므로 진정한 철학이 아니라는 것인데, 북한 학자가
듣기에는 뼈아픈 내용이었다. 이에 대한 북측의 반응은 물론 신
경질적이었지만 좌중의 모든 참석자들은 헬가 교수의 관점에 동
조하고 있었다.

필자의 경우, 북측 학자들에게 주체철학에 대한 이론적인 질문
과 토론은 물론 그들이 말하는 고려민주연방공화국에 대한 질의
등을 통해서 확인되는 남쪽에 대한 이데올로기적 자신감과 그 철
저함을 감지하면서도 그들이 우물 안 개구리식의 논리와 주장에
만 익숙해 있다는 사실도 동시에 확인할 수 있었다.

마치 주체사상 이외에는 아무런 체계적인 사상이 없는 것처럼
그들의 세계관과 인간관을 내세우다가 필자가 문선명 선생의 통
일사상을 언급하며 수백 명 소련의 대학교수와 대학생들이 통일
사상 연구와 학습을 시작했다는 자료를 건네주자 상당히 긴장하
는 모습을 볼 수 있었다.

북한 학자들과 만나고 나서 필자에게는 이데올로기가 무엇이기
에 이토록 사람들을 오도 가도 못하게 가로막는가 하는 생각을
다시 한 번 곰곰이 생각해 보게 되었다. 그것은 이데올로기를 진
리라고 믿는 사람들 때문에 그렇다. 이데올로기는 사랑을 가장하
여 증오와 적대감을 심는 데 반하여 진리는 참된 사랑을 가르치
는 것이다. 이데올로기는 집단이기주의를 정당화시켜 주는 대의
명분 이외 아무것도 아니다. 그 집단의 지도자와 집단을 위해 목

숨을 바칠 것을 강요해야 하므로 이데올로기에는 당파성과 배타성이 필수적으로 따르고 적을 설정하여 증오와 투쟁을 강조하게 되는 것이다. 이데올로기는 전쟁터에 나서는 병사들에게 필요한 깃발에 불과한 것이다. 전쟁터에서는 무슨 깃발을 달고 싸우는 군인인가에 따라 죽고 죽인다. 북쪽에서는 지금 새빨간 주체 깃발이 2천만 동포들 앞에서 펄럭이고 있다. 그 속에는 '원수'에 대한 적개심이 조금도 사그라들지 않고 있다.

우리는 원수가 아닌 형제

그러나 이 증오에 불타는 이데올로기의 수명이 얼마나 더 남았겠는가. 미움과 증오를 가르치는 이데올로기들이 허망하게 허물어져 가고 있는 것은 유물 변증법의 세계관을 만고불변의 진리로 강요하던 모든 공산권에서부터 확인되기 시작하고 있다. 그 한자락이 한반도의 북측에서 그림자를 잠시 드리우고 있을 뿐이 아니겠는가.

필자는 헤어지는 북한 주체과학원 한수길 교수의 손을 꼭 쥐며 말했다.

"우리는 원수가 아니라 형제간이요, 형제."

"나는 손 선생의 이 말을 진정으로 접수하갔소."

그의 대답이 내 가슴에 와 닿았다.

〈전교학신문〉 (1990. 8. 29)

남북통일이 가시권에 들어왔다

무너지는 베를린 장벽을 보고

헬무트 슈미트 전 서독 총리가 서독 국민의 소득세
를 5% 인상하여 늘어난 세금 전액을 동독 경제 재
건을 위한 지원금에 충당할 것을 제의했다는 외신은
귀기울여 봄직한 얘기다.

'베를린 장벽'이 무너지기 시작했다. 1961년 8월에 동서베를린
경계선에 쌓아 올려졌던 그 장벽이 28년 만에 무너지고 있는 것
이다. 뿐만 아니라 동독의 모든 국경선이 전면 개방되었다고 외
신은 연달아 타전하고 있다.

참으로 놀라운 소식이요, 우리 한국인들에게는 충격적인 사건
이 아닐 수 없다. 우리들에게도 충격이 크지만, 북쪽 지도부가
받는 충격은 거의 치명적이 될 수밖에 없을 것이다. 이 사실을
북쪽 지도부에서는 일반 동포들에게 그대로 알리지 못하고 전전
긍긍하며 안절부절못하고 있는 게 아닌가 한다. 참으로 측은하고
안타깝다.

실제로 그들은 최근 동구의 개혁 바람 등 외부 사조가 평양축

전 이후 북한 사회에 침투하고 있다고 판단했음인지 중앙방송을 통해 연일 주체사상 학습강화를 강조하고 있다 한다. 이 방송은 최근 북한 사회 내부에서 이른바 온갖 잡사상이 크게 확산되고 있는 데 우려를 나타내면서 "그 어떤 바람이 불어와도 정세가 아무리 복잡해도 혁명적 신념과 당의 자주노선을 지켜 나가야 한다"고 주장하고 있다. 또한 이 같은 온갖 잡사상을 극복해 나가기 위해서는 전주민이 주체사상의 요구대로만 사고하고 행동해야 하며, 그러기 위해서는 모두가 주체사상 학습을 더욱 강화해야 한다고 촉구하고 있다는 것이다. 그뿐만 아니라 이들은 김일성 독재 이데올로기인 주체사상을 '우리 민족의 가장 귀중한 재부이며 생명'이라고 떠벌리며, 지금 한국 정부가 주사파를 단호히 척결하겠다는 데에 대해 '진리에 대한 참을 수 없는 도전'이라고 비난하고 있다는 것이다.

정말 북한 동포들이 측은하기 이를 데 없다. 동독 공산당이 스스로 국경을 개방할 수밖에 없는 동독 내부의 힘은 호네커를 쫓아냈다. 라이프치히 시가를 가득 메울 정도로 수만 명의 군중시위가 가능했던 동독 사회였기에 국경의 전면 개방과 베를린 장벽의 제거가 가능했던 것이다.

북한에는 언제쯤 이와 같은 일이 벌어질까. 결코 그 시점이 멀리 있지 않다. 우리는 북한의 문과 3·8선 장벽을 허물어 낼 수 있는 준비를 서독처럼 해내야 한다. 김일성 왕조가 아무리 집안팎 단속을 강화해도 천지대세 앞에는 어쩔 수 없는 것이다. 무너져 내리는 공산권을 바라보면서 김일성은 이미 반쯤 죽어가고 있는 것이다. 주체사상도 다 죽어가고 있는 것이다. 황급히 중국을 찾아가서 이 대세를 바꿔 보려 했겠지만 뜻대로 되지 않았을 것이고, 모스크바에까지 좇아갈 수는 이미 없게 되었고 평양의 김일성 궁전 안에서 동동걸음을 치면서 초조하고 불안한 나날을 보내고 있음이 틀림없는 것이다.

그 모든 불안과 긴장이 북한 동포들에게는 주체사상 학습강화요, 남조선 해방으로 자주통일을 해야 한다고 윽박지르는 결과로 나타날 것이며, 남한 내부의 김일성 졸도들에게는 노사분규와 반미·반정부 투쟁강화를 위한 온갖 선동으로 나타날 것이다. 어쩌면 마지막 모험을 건 전쟁 도발도 불사할지 모른다. 앉아서 망하는 것보다 전쟁으로 죽는 게 낫다고 판단할지도 모르는 것이다. 무엇보다도 지금 우리가 시급히 서두를 일은 갈등과 계급투쟁으로 얼룩져 있는 남한 사회를 화해와 국민적 통합으로 전환시킬 수 있는 국민사상 교육이다. 특히 젊은 세대의 사상의식을 주사파나 마르크스·레닌주의에 내주지 않도록 학계와 교육계·종교계가 분발해야 할 것이다.

동·서독 통일의 날이 성큼 다가오는 계기가 된 베를린 장벽 제거 소식에 접한 우리는 어느 날 갑자기 도래할 남북통일을 대비하기 위해 모든 면에서 남북관계를 재점검하고, 3·8선이 허물어질 날 머지않아 대량으로 남하하게 될 북한 동포들을 맞이할 국민운동을 서둘러야 할 것이다.

이런 의미에서 헬무트 슈미트 전 서독 총리가 서독 국민의 소득세를 5% 인상하여 늘어난 세금 전액을 동독 경제 재건을 위한 지원금에 충당할 것을 제의했다는 외신은 귀기울여 봄직한 얘기다.

우리는 지금 밤낮으로 과거에 매달려 아옹다옹하고, 집안 싸움으로 세상이 어떻게 돌아가고 있는지 모르고 있다. 남북통일이 이제 우리 가시권에 들어오고 있는 것이다. 남북통일을 위해 우

리의 가정, 학교, 기업, 사회가 구체적으로 무엇인가를 해야 할
때가 된 것이다. 이데올로기 선전에만 열을 올리며 상호 적대감
만 강조하는 '구두통일운동' 이 아닌 '생활적 통일운동' 이 일어나
야 할 때인 것이다.

〈전교학신문〉(1989. 11. 15)

민족흥왕·통일의 해가 되게 하소서

아! 우리의 판문점은 브란덴부르크문처럼 활짝 열릴 수는 없을까. 우리의 '돌아오지 않는 다리'는 '비자 없이 오고 가는 다리'가 될 수 없을까를 마음속으로 외치지 않을 수가 없는 심경이다.

브란덴부르크문과 판문점

시민들의 개혁 요구에 몰린 모든 공산당 일당 독재자들이 물러나고 평화적으로 '새 시대'를 향한 정치 개혁에로 변신하기 시작했다는 놀랍고도 반가운 소식은, 남북 분단시대를 거의 반세기 가까이 살아가고 있는 우리들에게는 남다른 관심사가 아닐 수 없다. 얼어붙었던 냉전체제를 녹아 내리게 하는 훈훈한 봄바람임에 틀림없다. 더욱이 1989년 11월 9일 베를린 장벽이 무너지기 시작하면서 우리들은 같은 분단국인 동·서독의 관계 진전을 초미의 관심사로 지켜보지 않을 수 없다.

그 후 40일 만인 12월 19일 양독 총리는 동독의 드레스덴에서 회담을 갖고 '하나의 독일'을 위한 신중하면서도 적절한 조치를

취하는 데 합의하고 상호 간의 경협과 교류를 확대하기로 하였
다. 드디어 12월 22일 동·서독 통일의 문이 될 브란덴부르크문
이 개통되고 모든 서독인은 비자 없이 동독을 자유롭게 방문할
수 있게 되었다. 아! 우리의 판문점은 브란덴부르크문처럼 활짝
열릴 수는 없을까. 우리의 '돌아오지 않는 다리'는 '비자 없이 오
고 가는 다리'가 될 수 없을까를 마음속으로 외치지 않을 수가
없는 심경이다.

그런데 다 같은 동구 소식 중에서 우리의 마음을 한층 더 설레
게 하는 충격적인 소식이 마지막으로 우리의 눈과 귀를 놀라게
만들었다. 시민 봉기 단 5일 만에 결판이 나고 만 루마니아 소식
이다. 공산 독재자 차우세스쿠가 브란덴부르크문이 개통되는 바
로 그날, 시민 봉기를 탄압하기 위해 그 자신이 동원한 관제 데
모대에 의해 연설 도중에 축출되어 국외로 탈출하다가 루마니아
정규군에 체포됐다는 드라마틱한 소식은 우리를 정말 흥분하게
했다. 그런데 우리의 마음을 착잡하게 하는 것은 유독 루마니아
에서만 개혁 춘풍이 아닌 피의 광풍이 휩쓸고 갔다는 사실 때문
이다. 6만여 명에 가까운 시민들이 시위 도중 독재자의 '사병 보
안군'들이 뿜어대는 총탄 앞에 쓰러져 가면서 '자유'를 쟁취하였
다는 것이다.

불행했던 20세기의 청산을 위해

루마니아 사태를 보는 우리들의 심경은 동·서독 관계의 진전
을 대하는 것과는 다른 각도에서 그 무엇인지 모를 흥분과 기대,
착잡함 같은 것을 느끼게 하였다. 바로 루마니아의 차우세스쿠에

게서 북의 김일성의 운명을 생각해 보기 때문일 것이다. 또한 독재자의 총부리 앞에 수없이 피를 뿜고 쓰러져 간 루마니아인들에게서 북한 동포들의 얼굴을 보기 때문일 것이다. 그러나 어찌됐든 간에 북의 독재자 김일성은 루마니아 사태로 말미암아 자기 운명의 종착역을 불을 보듯 훤히 보게 됐을 것이다. 며칠 전까지만 해도 김일성은 '사회주의의 순결성'을 유지하고 있는 루마니아와는 형제국임을 역설했었는데, 불과 며칠 후에 그 '사회주의의 순결성'이 얼마나 허구인가를 증명이나 하듯이 차우셰스쿠는 민중 봉기에 의해 처형되었으니, 김일성의 고립무원감이란 이루 형용할 길이 없다. 만일 이 시점에서 북한 동포들이 루마니아의 용감한 시민들처럼 봉기하는 사태가 벌어질 조짐이 나타난다면 북한의 김일성 왕조가 어떤 모양으로 그 종말을 고할 것인지는 불문가지이다.

나라 안부터 바로 서야

여하간에 80년대를 보내고 90년대를 맞이하는 나라 바깥의 상황은 우리에게 밝은 전망을 보여 주고 있다. 그러나 나라 바깥 사정이 아무리 좋아 봐야 나라 안이 바로 서지 못하면 무엇하겠는가. 많은 사람들이 새해의 국정 전반에 대하여 불안을 느끼고 있다. 90년대의 새로운 10년을 출발하는 올해는 우리 나라의 정치·경제·문화·통일 등 모든 분야에서 일대 분수령이 될 것이다. 금년이 국가와 민족의 흥망성쇠를 좌우하는 한 해가 될 것이다. 21세기로 가는 마지막 10년이 되는 1990년대는 국권상실, 민족분열, 동족상잔, 남북대결로 점철된 20세기를 청산해야 될 우리 민족에게는 참으로 심각하고도 중요한 시기가 아닐 수 없다. 이런 의미에서 '21세기를 향도할 새 세계관의 정립'을 표방하면서 창간된 전교학신문은 새해를 맞는 결의를 독자 여러분께 다시 한 번 새롭게 다짐하는 바이다.

모든 국민은 물론 특히 정계를 비롯한 각계의 지도층이 '공(公)'을 위해 생각하고 말하고 판단하고 행동한다면 분명히 이 나라는 욱일승천할 것이지만, '사(私)'를 위해 궁리하고 말하고 판단하고 행동하면 이 나라는 혼란과 침체의 깊은 수렁에 빠져 '제2의 아르헨티나'가 될 수 있다는 사실을 명심해야겠다. 만일 올해에도 정치인들이 사당사색으로 매사를 자기 당파 위주로 생각하는 '사'에 집착한다면 정치인들 때문에 나라가 위태로워질 것이다. 이제 국민의 힘으로 정치인들의 그 신물나는 당파놀이에 쐐기를 박아야 한다.

또한 새해는 지자제가 시작되는 해이기도 하다. 사당이 지역당으로 전락돼 있는 판에, 그 모양의 재판이 되는 지자제가 된다면 우리 정치는 헤어나기 어려운 늪에 빠지게 될 것이다. 금년은 당파정치를 어떻게 해서라도 막아야겠다. 자기 당의 인기를 위해 국민을 우롱하는 정치 지도자는 추방되어야 한다. 자기 당의 집권을 위해서는 시와 비를 분명히 가리지 않은 채 기회주의적 언행을 일삼는 정치 지도자를 경계해야겠다.

당파성을 넘어 공생·공영·공의로

이데올로기적 당파성에 매몰되어 증오와 투쟁만을 능사로 알고 있는 계급투쟁파들의 목소리가 더 이상 커지면 이 나라가 주저앉게 될 것이다. 이른바 '좌익운동권'으로 명명된 이들의 거센 목소리와 투쟁의 문화는 1980년대의 '5공 청산'과 더불어 청산되어야 한다. 학원과 교육계, 산업·노동계, 민중문화계 등에서 칼 마르크스의 '사회적 존재가 사회적 의식을 결정한다'는 당파성 교리를 맹신하는 이들의 때늦은 '민중 소동'이 1990년에도 계속 수그러들지 않는다면 남·북한이 동·서독처럼 순조로운 평화적인 통일과 번영으로 나가려는 여망은 영원히 무산될지도 모른다. 더욱이 이러한 당파성과 계급의식을 공교육의 현장인 초·중등학원에까지 확산하려는 일부 지식인들의 무모한 행동에 대해서는 모든 학부모와 국민들이 결단코 좌시할 수 없음을 분명히 해야겠다. 전교학신문은 국민 여러분과 함께 온 겨레의 꿈과 소망을 가꾸어 나가야 할 교육계와 사상계 전반에 걸쳐 언제나 애정을 갖고 대안 있는 비판과 질책, 격려와 고무를 가하는 데 조금도 태만함이 없을 것을 약속드린다.

동시에 우리는 가진 사람들의 윤리와 도덕이 자선의 차원이 아닌 공생·공영·공의의 부모형제주의, 생활윤리의 차원으로 정착되어 모든 지역, 모든 계층의 사람들이 한 식구처럼 사랑으로 함께 살아가는 심정적 생활공동체가 되게 하는 데 앞장설 것을 제의한다. 그리하여 우리의 젊은 세대들에게는 퇴폐와 방종과 범죄의 그림자가 얼씬도 할 수 없는 건전한 새로운 사회를 만들어 나가야 하겠다.

자기와 '사'를 위해 남을 이용하는 것은 악이다. 악이 성행하는 사회나 국가는 망한다. 그 반대로 '공'을 위해 내가 봉사한다고 할 때만이 선이 온다. 선이 성한 나라는 흥왕한다.

새해를 민족 흥왕, 통일의 해가 되게 하자. 〈전교학신문〉 (1990. 1. 3)

이제부터는 도덕성 경쟁시대

6·25 50주년, 남북관계를 생각한다.

우리가 북쪽을 총칼로 '멸공통일' 할 수 없다는 것도 '흡수통일' 할 수 있는 것도 아닌 것을 우리 스스로 잘 알고 있는 것과 같이 북쪽도 남조선을 '해방' 하거나 주체사상으로 '혁명' 할 수 있다는 생각이 얼마나 잘못된 환상인지를 잘 알게 된 것이다.

동족상잔의 비극 6·25를 겪은 지 어언 50주년이 되었다. 50년 전 그해와 똑같이 금년 6·25는 일요일이다. 어제까지 불구대천의 원수였던 남북의 두 정상이 평양에서 다정한 형제처럼 뜨겁게 손을 맞잡고 포옹하는 장면은 전세계는 물론 남북한 7000만 겨레에게는 충격과 감동 그 자체였다.

상생(相生) 천명 민족의 승리

분단 나이 55세, 6·25 동란 나이 50세, 이제 지천명(知天命)의 연륜에 다다랐다는 뜻이기도 하다. 분단 나이 5세 때인 1950년 6월 25일 총칼을 동족 형제의 가슴에 마구 쏘고 찔러대면서도 그

것이 혁명이요, 해방이라고 충동질한 간교한 어른들의 속임수인 줄을 몰랐던 철부지 시절을 떠올리며, 우리는 연륜의 소중함과 그동안 우리 민족이 치른 값비싼 희생을 생각하지 않을 수 없다.

지난 50년 동안의 회한과 원한, 증오와 분노를 삭여 가라앉히며 그 모든 응어리를 물리적으로는 풀 수 없다는 사실을 확인한 자리가 이번 남북정상회담이었던 것이다. 또다시 총칼을 들이댔다가는 어떤 몰골이 될 것인지를 남북 7000만 겨레는 너무나 잘 알고 있는 것이다.

우리가 북쪽을 총칼로 '멸공통일' 할 수 없다는 것도 '흡수통일' 할 수 있는 것도 아닌 것을 우리 스스로 잘 알고 있는 것과 같이 북쪽도 남조선을 '해방'하거나 주체사상으로 '혁명' 할 수 있다는 생각이 얼마나 잘못된 환상인지를 잘 알게 된 것이다. 물론 북한은 본질적으로 조금도 변하지 않았고, 다만 전술적으로만 변화하고 있다고 상정하여 그 대비에 만전을 기해야 함은 두말할 필요도 없다. 어쨌든 남북의 두 정상이 민족분단 지천명의 나이에 걸맞게 자기 측 능력의 한계를 인정하고 보다 더 큰 틀에서 남북 상생(相生)의 길로 들어서자고 천명한 것은 우리 민족 모두의 저력과 지혜의 승리다. '천명'을 알 만한 나이인 50대가 좀더 성숙해지면 이순(耳順)의 60대를 곧 맞이하게 될 터이고 그때쯤 우리는 서로의 원수를 잊게 될 것이다.

'공산주의 유령' 자취 감춰

원수가 아니라 본래 같은 부모를 모신 형제였음을 확인하고 총칼을 녹여 보습을 만드는 남북통일은 오고야 말 것이다. 그때 우리는 허깨비 같은 이데올로기에 망령났던 지난날을 부끄러워 어쩔 줄 모를 것이다.

마르크스는 1848년 발표한 그 유명한 《공산당선언》 모두에서 '공산주의는 유령'이라고 설파했다. 유령은 대낮 광명천지는 그 활동무대가 될 수 없다. 한밤중 암흑기라야만 유령이 설칠 수 있는 것이다. 동이 터오면 유령은 자취를 감추게 되어 있다.

지난 20세기는 인류사의 암흑기였다. 러시아 공산혁명, 1·2차 세계대전 발발, 동·서 냉전으로 이어진 암흑기에 한반도는 공산주의 유령 소동의 한가운데 놓여 있었던 것이다. 일제에 의한 국권 상실, 광복과 함께 온 분단, 6·25 동족상잔, 이후 남북 대결 50년 세월……. 이제 그 깜깜했던 20세기는 갔다.

새 역사의 동이 터오는 21세기가 우리 앞에 빛을 몰고 찾아오고 있는 것이다. 밤새 우리를 괴롭혔던 그 유령의 정체는 찾아내고 보니 허망하게도 한 자루 피묻은 몽당비에 불과한 것이었음을 알게 된 것이다. 이데올로기란 낡은 껍질을 벗어던지고 보면 지금까지 거기에는 더 이상 '뿔 달린 빨갱이'도 없고 '흡혈귀 미제 앞잡이'도 없다. 원수였던 바로 그들이 어깨동무를 하고 영원히 의지하며 살아가야 할 부모, 형제자매임을 알게 될 것이다.

정치·종교 등 국론 모아야

그때를 이제 준비해야 한다. 남북의 지도자들은 물론 7000만 겨레는 그렇게 만나게 될 남쪽과 북쪽의 부모, 형제자매 앞에 부끄럽지 않은 우리가 되도록 민족의 마음밭을 일구고 가꿔야 한다.

그 핵심은 도덕 가치의 함양과 그 생활화에 있다. 지금까지의 군사력 경쟁, 체제 경쟁 중심의 '악한 싸움'은 이제 끝나 가고 있다. 이제부터는 도덕성의 우위를 놓고 남과 북이 '선한 싸움'을 해야 하는 시대로 접어들었음을 깨달을 때다. 북한 동포들이 선망하는 우리 사회는 결코 경제적인 부(富)만 아니라 그보다 더 넉넉하고 반듯한 윤리와 도덕의 반석 위에 서 있음을 보여 줄 수 있어야 한다.

온갖 음란 퇴폐와 부정부패가 얼룩져 있는 우리 사회를 근본적으로 바로 세울 수 있는 방안을 찾고 온 국민이 함께 자랑스러워할 수 있는 그 길을 가도록, 정치도 종교도 경제도 교육도 서둘러 국론을 모으고 힘을 결집해야 할 것이다.

<세계일보> (2000. 6. 23)

손바닥으로 하늘 가리우기

문목사가 4월 14일 오전에 노보스티 통신사와 가졌던 1시간 30분에 걸친 TV 녹화 인터뷰 기사가 60분 짜리로 편집되어 4월 20일 소련 전지역에 〈The Unknown Korean〉(알려지지 않은 한국인)이란 제목으로 방영된 것을 국내 매스컴은 도외시하고 있다.

한반도 남과 북의 언론계에는 지금 기이한 현상이 한 가지씩 벌어지고 있음을 알만한 사람은 다 알고 있다. 북한 언론의 '공산권 개방소식 무조건 깔아뭉개기'와 남한 언론의 '문선명 목사 애써 외면하기'가 바로 그것이다.

북한 김일성 정권은 동구 공산권의 변화와 소련의 개방정책 현황이 어떻게 하든지 북한 인민들에게 알려지지 않도록 가로막기에 온갖 수단을 다 동원하고 있다. 동구에 유학 중인 학생들의 머리를 '주체사상'으로 재세뇌하고 있는 것이다. 동구 공산권이 개방정책을 쓰면서 한국과 차례로 외교관계를 수립하니 한국의 실상이 이 지역에 나와 있는 북한 유학생들에게 그대로 알려지게 되고, 그 결과 남한으로 망명하려는 북한 유학생들의 수가 날로 늘어난다니 그들로서는 참으로 기가 찰 노릇이리라. 설상가상으로 3월부터는 서울－모스크바 항공 노선마저 직통으로 열렸으니 최후의 보루로 여겼던 모스크바마저 뚫려 버린 셈이다. 실제로 동구 유학생들을 모스크바에 피난(?)시켜 놓았었는데 이제 더 이상 숨겨 놓을 곳도 없게 됐으니 불가불 평양으로 아예 몰고 갈 수밖에 없지 않겠는가. 가히 역도미노 현상이라 하겠다.

재교육을 시킨답시고 '어버이 수령님' 만을 따르고 세상이 어떻게 변하든 '우리식대로 살아야 된다' 고 목청 높여 부르짖는 연사들의 강의를 들으면서 소환당한 수천 명의 유학생들은 무엇을 생각하게 될 것인가. 그들의 눈과 귀, 입과 생각을 전능한 당이 과연 다 틀어쥘 수 있을 것인가.

이쯤 되면 북한의 언론들은 신문·TV·라디오·통신 등 그 어느 것도 바깥 세계가 지금 어떻게 돌아가고 있는지에 관한 진실을 보도하기 위해 존재하는 것이 아니라 오히려 '인민' 의 눈과 귀와 입을 틀어막고 진실을 은폐하기 위해 있음은 자명해진다.

한국 언론의 색맹도

자유대한 남쪽은 국민의 귀와 눈, 입으로 자처하는 수많은 언론사들이 저마다 언론의 사명과 자유를 강조하면서 진실과 사실을 캐내기 위해 방방곡곡 세계 구석구석을 누비고 있다. 그런데 이들 자유대한의 무수히 많은 똑똑한 언론 보도진들은 단 한 가지 '문선명 목사와 그의 업적' 에 부딪치면 눈뜬 장님이 되거나 꿀먹은 벙어리, 귀머거리가 되는 기이한 현상이 생긴다. 마치 북한의 언론 보도진들이 동구 개방과 소련의 개혁 상황에 직면하면

청맹과니가 되듯이 어쩌면 그렇게 닮았는지 모르겠다.

　문목사에 대해 한국 언론이 까막눈이 되어온 지는 꽤 오랜 세월이 흘렀지만 이번 모스크바 크렘린궁에서의 문·고르바초프 단독대좌에 관한 보도를 보면 그 색맹도가 얼마나 심한가를 극명하게 드러내고 있다.

　때마침 정치인 김영삼, 박철언 씨 일행의 소련 방문에 관한 보도가 연일 터져 나왔던 직후라 국내 언론들의 문·고르바초프 대좌에 관한 폄하 보도는 더욱 한국 지식인들의 눈과 귀를 의심하지 않을 수가 없게 만들었던 것이다. YS가 고르비를 만났는지의 사실 여부와 만났으면 그 내용이 무엇이었는지에 대해 하나도 확인된 객관적 증거가 붙잡히지도 않았는데 모든 언론들이 온통 그 호들갑이었는가를 묻지 않을 수 없는 것이다. 속빈 강정이라는 말이 있듯이, 요즈음 유행하는 말로 '뻥이야!' 라는 말처럼 YS의 고르비 면담 내용에 대해서 한국 언론들이 뻥을 튀기고 또 튀긴 것밖에는 아무 것도 남은 게 없는 꼴이 됐다. 그뿐인가. 민자당의 내분만 깊어졌고 집안 꼴이 말씀이 아니게 돼버린 것은 또 어쩔 것인가. YS가 김포공항에 도착해서 '이제 한반도에는 전쟁이 끝났다' 고 으스댔지만 국민들 중 그의 이 말을 곧이들을 사람이 몇이나 될지는 YS·고르비 면담에 관한 세간에 떠도는 각종 루머를 분석해 볼 때 해답은 뻔한 것이다.

　그러나 지난 4월 11일 크렘린궁 소련 대통령 집무실에서 있었던 2시간에 걸친(정상회의 대표자 환담 1시간 30분, 단독대좌 30분) 문목사와 고르비의 공개 면담에는 우리 국민 모두가 알아야 할 엄청난 내용이 오갔음이 확인되었다. 한·소 관계는 물론 남북 통일문제, 종교 자유의 확대, 공산주의의 미래와 소련 페레스트로이카정책에 관한 전망 등 진지한 대화가 오갔다. 무엇보다 고르비가 문목사에게 소련 개혁을 위한 협조를 부탁했다는 점과 문목사는 공산주의 유물론을 포기하고 신(神) 중심의 새 세계관으로 돌아와야 소련이 자멸의 길에서 회생할 수 있다고 설파했음에도 고르바초프 대통령은 문목사를 국가 원수 이상의 예우로 정중히 대했던 점은 지금까지의 한·소 교류로 봐서 그야말로 경천동지의 사건인 것이다.

문선명 목사의 평양 특사

라이사 여사가 4월 12일 저녁 폴란드 야루젤스키 대통령 부처의 크렘린 환영식 도중에 한국의 리틀엔젤스 공연을 관람키 위해 같은 복장으로 달려와 언론인대회 폐회식까지 시종 즐겁게 참석하고 우리의 어린 딸들을 포용하며 코리아를 연발한 것도 스치고 지나갈 예사로운 장면이 결코 아니었다.

어디 그뿐인가. YS 가 떠난 다음 모스크바에는 그의 모스크바 대학 강연 흑백사진 두 장만이 별로 보는 사람도 없는 모스크바 종합대학 일층 복도 한구석 벽에 붙어 있는 데 그쳤지만, 문목사가 4월 14일 오전에 노보스티 통신사와 가졌던 1시간 30분에 걸친 TV 녹화 인터뷰 기사가 60분짜리로 편집되어 4월 20일 소련 전지역에 〈The Unknown Korean〉(알려지지 않은 한국인)이란 제목으로 방영되었던 것이다. 만일 한국의 다른 어떤 인물이 소련에서 이렇게 보도되었다면 지금쯤 국내 매스컴은 야단법석을 치고 있을 것이 분명하다. 세계는 지금 소련이 어쩌자고 이른바 극우 반공의 대명사인 양 지목해 왔던 문목사를 크렘린 안방까지 모셔

들여 소련의 모든 매체가 그에 관한 보도로 연일 바쁜가에 대한 궁금증으로 가득 차 있다. 모스크바의 외신기자들은 지금 그 의문을 풀기 위해 동분서주하고 있다. 더욱이 머지않아 크렘린과의 협조하에 평양의 김일성에게 문목사의 특사가 파송된다고 한다. 카랏소 전직 코스타리카 대통령과 전직 멕시코 대통령 1인이 가게 되는 것으로 알려졌다. 이쯤 되면 이제 한국의 북방정책과 남북통일은 정부 측 몇 사람들만의 힘으로 개척해야 할 단계는 훨씬 벗어나 있는 것이다. 우리는 노대통령이 문목사에 관한 한 눈먼장님이 돼 버린 국내 언론을 의식하거나 막무가내식의 우물 안 올챙이 같은 일부 교계 사람들의 눈치나 보다가 그야말로 국가원수의 체면을 상실할까 봐 걱정된다.

국민들은 잘 알고 있다. 문목사에 관한 한 국내 언론들이 아무리 냉대를 해도 그것은 곧 손바닥으로 하늘을 가리우는 어리석은 짓에 불과하다는 것을.

이 시점에서 노대통령은 그의 북방정책의 딜레마를 해결하기 위해서도 겸허하게 문목사의 경륜을 귀담아들을 수 있는 용기가 있어야 한다. 뒷문으로 사람을 보내어 듣자고 하지 말고, 그 자신이 직접 문목사와 면담하는 길로 나서야 손바닥으로 하늘 가리우는 한국 언론 때문에 머지않아 정부 체면이 말이 아닌 일을 당할 것을 예방할 수 있게 될 것 같다.

〈전교학신문〉 (1990. 5. 2)

꽃샘바람 몰아쳐도 봄은 온다

한반도에서 각축하는 열강(列强)을 보며

주변 열강의 꽃샘심술 앞에 문을 닫고 남북갈등의 나락으로 다시 떨어진다면 우리 민족은 천추의 한이 될 어리석은 역사를 또 한번 남기게 될 것이다.

2001년 한반도의 3월은 춘래불사춘(春來不似春)의 환절기 바로 그 것이었다. 봄이 왔구나 싶으면 어느새 꽃샘추위에 희뿌연 황사가 천지를 뒤덮고 눈까지 흩뿌리며 온몸을 움츠리게 만들기 예사였다. 날씨가 이렇게 변덕을 부리는 것과 더불어 시절도 하수상하여 미국의 공화당 부시 행정부가 출범하면서 냉전이 다시 시작되는 것 아닌가 하는 의구심이 들게 했다. 공산주의 붕괴 이후 국제적 데탕트의 시대가 왔다고 누구나 느끼던 지난 수년 간을 무색케 하는 으스스한 소식들이 연일 우리의 귓전을 울렸다.

환절기면 찾아오는 질병처럼

우리는 지금 '삼천리 금수강산의 새봄'을 맞기 위해 한반도에 드리운 냉전의 끝자락을 걷어 내려고 안간힘을 쓰고 있다. 분명히 천지에 새봄은 오고 있는데 웬 꽃샘추위에 황사바람인가. 역사의 환절기를 당해 우리 사회는 지금 각종 병리현상에 시달리고 있다. 무엇보다도 북한을 대하는 자세에서부터 이 환절기 병리현상은 이렇게 저렇게 우리를 괴롭힌다.

아직도 봄은 오고 있지 않다고 느끼는 사람들은 김대중 대통령의 햇볕정책은 잘못된 것으로 비난한다. 김정일 국방위원장의 서울 답방도 안 되기를 바란다. 계속해서 북한을 고립시키고 봉쇄하여 스스로 붕괴되게 해야 한다고 믿는다. 이런 사람들은 미국 부시 대통령과 그의 냉전사고에 젖은 스태프가 북한을 못 믿을 집단으로 비난하는 것을 기다렸다는 듯이 대환영하고, 미 공화당이 대북한 포용정책을 포기하고 강경정책을 펼쳐 줄 것을 간절히 기대하고 있는 듯하다.

이렇게 우리 사회는 지금 역사의 환절기를 맞이하여 봄은 왔으되 봄이 아니라고 느끼는 사람들의 이상한 감각들에 의해 심한 중증을 앓고 있다.

아마 북한에도 봄인지 겨울인지를 혼동하는 이와 같은 이상체질의 사람들이 분명히 많이 있을 것이다. 그들은 어쩌면 아직도 "남조선의 미제국주의 식민지 인민들은 배고픈 거지 떼들이 되어 미국의 종살이를 하고 있다"고 철석같이 믿고 있는지도 모른다. 어떤 사람처럼 부시 행정부의 대북강경책을 일러 '우리의 숙명'이라고 외치는 목소리가 '남조선'에 많이 나타날수록 북한에 있는 그들은 더욱 확신에 차게 될 것은 두말할 필요도 없다.

우리의 외교 기본은 '균형감각'

미국 부시 행정부의 대북정책 갑론을박을 쳐다보면서 봄입네, 겨울입네 하고 일희일비하는 사팔뜨기 눈치보기 선수들이 될 것이 아니라 우리 겨레 내부에 숨어 있는 상호불신과 적대감을 씻어내는 일에 앞장서야 하는 것이 지금 이 땅의 지식인들이 해야 할 소명이다. 우리 주변국 미·일·중·러 4강이 각축하는 한반도의 미래를 그중 어느 한쪽으로 치우치고, 나머지 3자, 2자 또는 1자를 완전 왕따시키는 쪽으로 몰고 가는 일방적 친미·친일·친중·친러는 안 된다. 이런 국제적 균형감각이야말로 한반도의 평화와 안보를 지키는 데 필수불가결인 것은 재론의 여지가 없다.

우리의 외교는 기본적으로 이 주변 4강들과의 균형잡기에 다름 아니다. 갑신정변(1884), 청일전쟁(1894), 아관파천(1896), 러일전쟁(1904), 한일합방(1910), 8·15 광복 후의 혼란과 남북분단, 6·25동란이 보여 주듯이 정치·경제·국방·문화 등에 이 4강과의 균형관계가 깨어지면 언제나 한반도에는 역사적 변란이 일어났다.

작년 6월 15일 남북정상회담 4개월 후 10월 15일자 미국 뉴욕타임스는 국제면에 '한반도가 통일되면 아시아는 분열될 것인가?'라는 이상한 제목의 긴 기사를 보도했다. 남한에 주둔하고 있는 미군은 한반도를 가운데에 두고 각축하고 있는 일본, 중국, 러시아의 이해관계에 균형을 잡게 해 주고 이 지역의 평화를 보장하고 있다는 것이었다. 미군이 철수하면 일본과 중국은 대 한반도 영향력 확대를 위한 경쟁으로 치달아 동북아의 평화가 깨지게 될 것이란 분석도 있었다. 따라서 남북이 평화선언을 하고 통일로 가는 것은 미군의 한반도 주둔 명분을 약화시키게 될 것이므로 주변국들은 불안해지게 된다는 것이다. 한마디로 한반도의 통일을 바라는 주변 열강은 없다는 말이다. 이 기사는 미군의 한반도 주둔은 미국의 국익뿐만 아니라 일본과 중국의 이익에도 부합되고 있다는 것을 객관적으로 잘 설명한 내용이다.

우리 입장에서 볼 때 냉혹한 국제관계의 현실을 성찰하고 어떻게 대응해야 할 것인가를 깊이 생각케 하는 긍정적 측면이 있는 기사였다. 그러나 부정적으로 본다면 지금처럼 계속 쪼개 놓고 가지고 놀자는 얘기도 되는 것이다. 러시아의 경우는 최근 푸틴 대통령 방한시 국회 연설을 통해 미군철수를 주장하려 했다 해서 논란이 되었지만 이는 한반도 밥상에 러시아도 한몫 끼어야 되겠다는 의지의 표현이 아니고 무엇인가. 최근에는 미국의 대북 강경정책기조를 보다 못한 EU 15개국 대표도 북한을 방문하고 남북화해를 위해 나서기로 했다는 소식이 날아왔다. 한반도의 평화와 통일문제는 그야말로 세계문제가 되고 있는 것이다. 한반도야말로 21세기 세계평화의 허브(Hub. 중심축)가 되고 있음이 확실하다.

한반도는 21세기 평화의 허브

이 와중에 남북에 살고 있는 7천만 우리 겨레는 어느 장단에 춤을 춰야겠는가. 미·일·러·중 4강이 제각각 불어 대는 피리 소리에 혼이 나갈 필요는 없다. 뭉치면 살고 흩어지면 죽는다는 말이 바로 지금의 우리 민족을 두고 한 말이다. 지난해 6월 남과 북은 많은 난관을 이겨 내고 모처럼 두 정상이 만나서 평화를 위한 교류와 협력에 합의했다. 계속 만나서 한걸음씩 앞으로 앞으

로 나아가야 한다. 사상과 이념의 차이도 마침내 극복하고 동조
동근(同祖同根)의 형제자매로 함께 살기 위해 남북의 대화와 만남
은 계속 이어져야 하는 것이다. 그러기 위해 끊어진 경의선도 다
시 잇고, 하늘길 바닷길도 계속 열어가야 한다.

두 정상이 만났을 때 미군 주둔에 대해서도 김정일 위원장이
반대하지 않는다는 뜻을 밝혔다. 두 정상의 국제세력 판도에 관
한 현실인식의 균형감각이 돋보이는 부분이다. 이와 같은 균형된
현실감각 위에서 우리 민족의 화해와 통일을 위한 분단 극복의
노력은 반드시 성공을 거두어야 한다.

곧 끝나게 될 주변 열강의 꽃샘심술 앞에 문을 닫고 남북갈등
의 나락으로 다시 떨어진다면 우리 민족은 천추의 한이 될 어리
석은 역사를 또 한번 남기게 될 것이다. 남북관계의 각종 현안을
위한 만남과 실천은 쉬지 말고 계속해야 한다. 하늘은 스스로 돕
는 자를 돕는다고 했다. 기회를 놓치지 않는 지혜로운 남과 북이
돼야 한다. 부지런히 화해와 평화의 씨앗을 뿌려 통일의 꽃을 피
워내야 하는 것이다.

꽃샘바람 차다고 꽃 안 피는 봄은 없는 법이다.

〈세계일보〉(2001. 4. 3)

통일, 하자는 건가 말자는 건가

통일정책은 당파 싸움의 명분이나 자기 존재를 과시하기 위한 선전용 나팔이 아니다. 통일정책이나 외교정책은 같은 맥락이기 때문이다. 외교정책이 둘일 수 없는 것과 같이 통일정책이 둘일 수 없다.

독일 통일이 한 달 앞의 현실로 다가왔다. 중국 정부와 대만 정부 사이는 지금 인적·물적 교류가 아무런 어려움 없이 진행되고 있다. 베이징 아시안게임에도 대만 정부는 기꺼이 참석한다고 한다. 중국에서 온 사람은 대만에서의 본토 방문객이 금년 말에는 1백만을 육박하리라고 자랑삼아 말을 한다. 우리에게는 부러운 일이요, 부끄러운 일이 아닐 수 없다.

남과 북은 지금까지 엄청난 국력의 소진과 혼란, 우여곡절 끝에 이제야 겨우 총리급 회담이 성사되고 있다. 그러나 이 회담의 결과도 우리는 낙관할 수 없다. 그저 해 보는 것일지도 모른다. 북쪽이 기뻐서 이 회담에 나온 것이 아니고 떠밀려 억지춘향으로 나왔을 가능성은 그간의 분위기로 보아 짐작이 가고도 남는다.

남쪽은 어떤가. 남쪽도 통일에 대비한 일관된 정책은 국민 모두의 신념으로 받아들여진 터 위에 정부가 추진하는 대북정책이 곧 통일을 향해 가고 있다는 일체감을 불러일으킨다면 얼마나 좋을 것인가. 그런데 그렇지가 않다. 솔직히 말해서 국민은 냉담한 구경꾼의 심정이다.

통일 접근 한목소리로

왜 이런가. 그것은 통일문제를 우리의 생활과 직결시키지 않고 입술로만 선언적 홍보용으로 이용하는 정치인들에게 더 이상 기대할 것이 없다고 느껴지는 대목이 많아서다. 곧 정치에 대한 불신감으로 인해서 생긴 무관심 때문인 것이다. 남북통일에 대한 우리 당의 열망이 어떻고 통일에 대한 우리 당의 정책은 이렇다고 떠드는 정치인치고 국민적 신뢰를 받고 있는 사람이 없는 것이다. 정치인이 주도하는 어떤 정책 제시도 국민이 믿지 못한다는 데 문제가 있다. 최근에 3김 퇴진론이 다시 인구에 오르내리는 것은 그 좋은 예다. 통일을 위해서 우리가 해야 할 첫번째 사항은 두말할 것도 없이 먼저 통일에 관한 한 한목소리, 한 정책을 가져야 한다는 점이다. 이 점에 관한 한 여와 야가 있을 수 없다. 통일정책에 있어서는 국론이 통일돼야 한다. 우리는 각계와 정부와 여야가 우리 나라가 어떻게 통일돼야 할 것인가에 대한 충분한 토의를 하여 통일정책을 수립할 수 있다고 본다. 지금 정부가 내놓은 한민족공동체 통일안도 훌륭한 것이다. 정부가 이렇게 내놓았으니 이것은 여당 것이니까 우리 것도 또 따로 내놓아야 되겠다고 사당사색의 통일안이 나왔던 적이 얼마 전까지의 사정이었다. 여기에 북한의 김일성 눈치 보랴, 남한 내부의 좌익 세력들에게 추파 던지랴 별의별 통일론이 춤을 추었던 게 그간의 사정이었다.

서독이 통일돼 가는데 그 집안이 통일정책을 놓고 여야가 사사건건 물고 늘어지고 티격태격했다는 소식을 우리는 접하지 못했다. 통일정책은 당파 싸움의 명분이나 자기 존재를 과시하기 위한 선전용 나팔이 아니다. 통일정책이나 외교정책은 같은 맥락이기 때문이다. 외교정책이 둘일 수 없는 것과 같이 통일정책이 둘일 수 없다. 둘이 아니라 셋, 넷, 다섯…… 별의별 소리가 다 나고 있으니 북쪽이 볼 때는 통일문제에 관한 한 남한은 콩가루 집안이라고 판단하게 되어 있지 아니한가. 그러므로 북쪽에서는 남쪽을 이리저리 끌고 다니며 우리를 골리고 얕잡아 본다. 북쪽 말에 장단 맞춰 춤까지 추는 돌격대마저 생겨났으니 남북관계에 관한 한 언제나 북쪽이 큰소리치고 있고 우리는 질질 끌려다니는 듯한 인상을 주고 있는 것이다. 가상해서 우리의 통일정책이 일관된 논리와 일치된 국론으로 하나가 돼 있고, 북쪽 내부가 여러 갈래로 쪼개져서 남쪽을 지지하는 패들이 뭉쳐서 집단 행동을 하고 북쪽 체제를 타도하겠다고 나서도 이러지도 저러지도 못하고 오히려 북한 정부가 끌려다닌다고 생각해 보라. 한줌도 안 되는 전민련이 아우성을 치고 설치니까 정부가 그들에게 끌려다니면서 대북 대표성을 인정해 주고 다른 민간단체들을 하루아침에 전민련 뒤꽁무니에 서서 북한 방문 신청을 하게 만드는 식으로 어처구니없는 코메디를 연출한다고 생각해 보란 말이다. 북쪽이 남쪽 정부를 우습게 볼 수밖에 없지 않은가.

서독이 통독을 위한 동방정책을 수행하면서, 국내의 좌익분자들을 먼저 순치해 나간 사실은 우리에게도 큰 교훈이 아닐 수 없다.

북쪽은 지금 어떻게 하든지 개방을 안 하겠다는 입장에서 통일정책을 내세운다. '제도와 체제의 통일은 하지 말고 민족적 통일'만을 해야 한다는 앞뒤가 안 맞는 통일정책이 북한이 1980년대에 최종적으로 내놓은 고려민주연방공화국 통일안이다. 이것은 남과 북을 체제와 제도상으로는 통일하지 말고 현 군사분계선을 국경으로 만들자는 분단정책이지 통일정책이 아니다. 북으로서는 체제와 제도의 통일이 제일 무서운 것이다. 공산주의제도와 김일성 체제가 자유민주 체제와 시장경제제도 속에 포용돼 버릴 것이 너무나 확연해지고 있는 지금으로서는 이렇게 버텨 볼 수밖에 없을 것이다. 그러면서도 그들은 입만 벌리면 남한의 통일정책은 민족분단정책이요 두 개의 한국정책이라고 강변하고 있다. 북은 북의 정치·경제 및 사회제도를 그대로 유지하고 남은 남의 정치·경제 및 사회제도를 그대로 유지하면서 민족적 교류나 하자고 하는 것이 통일이란 소리는 무슨 말인지 모를 이야기다. 민족적 교류를 어떻게 하자는 것인가. 이산가족 상봉이나 통신 왕래마저도 허용하지 못하는 주제에 무슨 민족적 교류를 하자는 말인가. 친북 단체로서 모든 국민이 이맛살을 찌푸리고 있으며 불그스레한 소리만 꽥꽥 지르는 전민련만을 상대로 범민족대회를 하겠다고 고집하고 남한 정부는 빠지라고 하는 그 생떼를 보면서 우리 남한 국민은 무슨 생각을 했는지 북쪽이 똑똑히 알게 해 주어야 한다. '전면 개방·전면 교류'를 전략 전술로 국제사회에 선전술로만 떠들고 있다는 것이 다 드러나고 있는 것이다. 남한 내부의 한줌도 안 되는 친북 좌경세력을 부추기고 이용하여 선전에만 열중하면서 진정한 남북 교류는 생각하지 않고 있다는 사실을 남한의 온 국민이 다 알고 있다는 것을 북은 깨달아야 한다. 남쪽 사람들이 북이 내놓는 제의나 정책을 대대적으로 지지하고 있는 듯이 북쪽의 방송이나 신문은 요란하게 선전하고 있는데 그것은 큰 착각이고 이북 동포들을 기만하기 위한 것이다.

'주체' 환상 버려야

지금까지와 같은 습성으로 계속 거짓말로 나가다가는 머지않아 북한 지도부는 더 이상 견딜 수 없는 진실의 현장에서 그 모든 대가를 한꺼번에 치르게 될 것이 분명하다. 우리가 염려하는 것은 바로 이 점이다. 그와 같은 비극과 민족적 혼란, 예컨대 루마니아의 차우세스쿠 체제의 종말과 같은 상황을 우리는 원치 않는다.

북으로서도 지금이야말로 진실과 개방의 자리로 나와서 통일에의 길로 성큼 다가설 수 있는 다시없는 기회임을 알아야 한다. 하루속히 되지도 않을 '주체사상에 입각한 남조선 해방'이라는 환상에서 벗어나야 한다. 어느 누구도 국제사회에서는 주체사상을 북에서 주장하듯이 영생불멸의 진리로 인정해 주지 않고 있으며, '우물 안 장님 개구리'들에게나 통할 소리란 것을 이제 알아야 한다. 남한 내부에 주체사상에 동조하는 조무래기 '우물 안 귀머거리 개구리'들이 몇몇 있다는 것을 믿고 계속 남북관계에 성실하게 임하지 않고 지금과 같은 식으로 나오다가는 그 끝에 가서 치러야 할 대가가 너무 비싸게 된다는 점을 명심하여야 할 것이다.

대명천지 지구촌 시대에 북한의 '인민'들을 언제까지 그렇게 가둬 놓고 눈과 귀를 가로막고 있을 것인가를 묻지 않을 수 없다.

이번 남북 총리급 회담 당사자들은 명심해야 할 것이다. 지금
까지의 각종 남북회담처럼 소문만 요란하게 내고 통일을 위한 교
류나 협력에는 무관심한 채 자기들 주장이나 녹음기처럼 되풀이
하는 그 따위 쓸모없는 회담 구경에 남북 동포들이 따가운 시선
으로 쳐다보고 있음을.

〈전교학신문〉 (1990. 9. 5)

남북이 함께 사는 통일의 길

연공합작통일론은 경계해야 한다.

> 기초작업이 없이 정부나 정치권에서 요란스럽게 소문을 내고 있는 통일방안은 자칫 사상누각이 되거나, 북한의 사상공세 앞에 남한이 벌거벗은 채로 노출될 수 있는 치명적인 약점이 되어 적화통일의 함정에 빠질 수도 있음을 알아야 한다.

백가쟁명의 통일논의

바야흐로 통일논의가 백가쟁명(百家爭鳴)의 시대를 맞이하고 있다. 통일에 대하여 입 있는 사람이라면 다 한마디씩 할 수 있는 통일논의의 개방시대가 온 것이다.

지금까지 정부 주도로만 일관되어 왔던 통일논의가 이제 모든 계층에서 자유롭게 논의될 수 있는 세상이 되었으니, 변화치고는 예사로운 변화가 아니다.

휴전선 북쪽 김일성의 적화통일전략을 그대로 맹종하는 극좌(極左)로부터 무책임하게 이것도 저것도 아닌 애매모호한 소리만 되뇌이는 분홍빛 중간파의 목소리와 보수우익적인 반공통일노선에 이르기까지 다양한 주장이 쏟아져 나오고 있다.

그런가 하면 통일문제는 마치 통일방안만 잘 짜내면 모든 게 해결될 듯이 말하는 사람도 있다.

그러나 백 사람, 천 사람, 만 사람이 백 마디, 천 마디, 만 마디의 통일론을 전개한다 하더라도 우리가 이끌어 내야 할 최종 결론은 남과 북이 함께 살고 같이 번영할 수 있는 남북 공생공영(共生共榮)의 평화적 통일을 성취해야 한다는 것이다. 무력을 사용하는 전쟁을 통한 통일은, 그 통일의 주체가 남한이든 북한이든 간에 결단코 배척되어야 할 최악의 통일방안이다.

또한 여기에서 짚고 넘어가야 할 것은 북한 김일성집단이 제시하고 있는 '평화통일'의 위장성이다. 이들에게 '평화통일'이란 남한 내부가 연공합작파(聯共合作派)들의 투쟁에 의해 스스로 와해되어 공산화되는 것을 말한다. 일단, 남한이 공산화되면 이른바 계급성을 중심으로 남한 국민 모든 계층을 숙청·재편하게 되는 계급숙청으로서의 '전쟁'이 시작되는 것이다. 이것은 공산 이데올로기의 본질에서 나오는 것이므로 북한이 통일전략으로 내세우는 '평화통일'이라는 문자만 보고 해석하는 문자주의 명분해석의 우를 범해서는 안 되는 것이다.

에서와 야곱이 만나듯이

남북으로 갈라진 우리 민족은 쌍방 간에 지금까지도 원수같이 미워하는 한 맺힌 분단의 고통 속에 시달려 왔다. 6·25동란으로 더욱더 깊어진 골육상잔의 적대감과 증오감, 남과 북의 6·25 체험세대들은 다 같이 서로 얼굴을 마주 대하기도 싫은 증오와 적대감의 포로가 되어 버린 사연을 저 하늘과 산하는 기억하고 있다. 그러나 제아무리 깊은 상처도 세월과 함께 잊혀지고 아물어 가는 것인가? 아니 어쩌면 그 상처는 세월과 더불어 깊어 가는 것인지도 모른다.

그렇지만, 이제 그 상처에 시달리는 6·25 체험세대들도 전체 인구의 15%미만으로 줄어들었다. 이른바 제2세 시대가 도래한 것이다. 적어도 남쪽의 제2세대들에서만은 북쪽에 대한 증오감과 적대감이 크게 희석되었다. 그러나 김일성을 어버이로 부르는 북쪽의 2세들은 공산주의 계급투쟁의식으로 세뇌되어 남한의 지배계층에 대한 증오심과 적대감으로 가득 차 있다. 그 뼈에 사무친 증오심과 적대감은 역시 6·25 도발 제1세대와는 전연 다르다는 것은 말할 필요가 없을 것이다.

통일은 남한의 제2세대들의 열린 마음에 의하여 찾아오게 될 것이다. 갇혀 길러진 개, 묶여 지내는 개가 사납고 사람을 잘 무는 것이다. 문제는 북쪽 사회의 폐쇄성, 전투적 유물론과 유물사관, 폭력혁명을 통한 계급투쟁이라는 세계관과 역사관에 세뇌되어 버린 북한 동포들의 비뚤어진 인간 심성을 어떻게 바로잡아 주는가이다. 북쪽이 남쪽에 대한 증오심·적대감, 원수처럼 싫어하는 마음이 훨씬 더 클 것임을 우리는 잘 알고 있다. 누구를 미워하고 적대시하는 사람은 자기 스스로를 고통 속에 몰아넣는 것과 같다. 남한을 저토록 미워하는 일에 동원되고 있는 북한 동포를 어떻게 저 미움의 철학과 증오의 심성에서 건져낼 것인가? 이것이 통일의 가장 기본적인 문제가 된다.

이 문제를 풀기 위해서는 우리는 다시 한 번 이런 질문을 던져 봐야 한다. 도대체 남쪽 사람들과 북쪽 사람들은 본래 어떤 관계였던가? 어찌해서 오늘과 같은 이런 적대관계로 갈라서고 말았는 가?

본래 남북은 적도 원수도 아닌 한 부모로부터 나온 형제간이다. 본래가 원수였다면 우리는 결코 하나로 만날 수가 없을 것이며, 어느 한쪽이 다른 한쪽을 죽이고 난 다음에야 올 통일일 것이다. 그러나 세계적인 모순구조와 적대적인 이념의 대결 틈바구니에서 강대국들의 갈등에 말려들어 우리끼리 그 대리전쟁을 치르면서 서로 미워하게 되어 버렸다. 그리하여 우리는 본래 형제였다는 사실을 망각한 채 원수인 줄로만 알고 길고 긴 분단세월을 지내 오고야 만 것이다.

원수 같은 형제간이 다시 본래의 의좋은 형제 사이로 원상회복되려면 어떻게 해야 하겠는가? 여기에 모범적인 하나의 해답이 있다. 그것은 바로 성서에 등장하는 에서와 야곱의 경우다.

에서와 야곱은 같은 부모인 이삭(父)과 리브가(母) 사이에서 태어난 쌍둥이 형제였다. 그런데 동생 야곱이 장자권(長子權) 상속문제로 그 형 에서에게 미움을 사게 되어 정든 가족과 고향을 버리고 먼 이방으로 가서 21년간 고난을 겪게 된다. 형 에서는 그 21년 동안 야곱에 대한 원망과 증오심을 그대로 품은 채 그와 화해하려는 뜻을 전혀 갖지 않았다.

그러나 야곱은 21년 동안 고난의 생활을 겪으면서도 일구월심(日久月深)으로 고향에 있는 형 에서와의 화해를 위해 물심양면으로 준비를 게을리하지 않았다. 형 에서는 동생 야곱에 대한 증오심과 적대감이 조금도 누그러지지 않았는데 비하여 동생 야곱은 그런 증오나 적대감은커녕 자기가 받은 모든 고난마저도 형님과의 화해를 위한 참된 사랑의 정신으로 승화시켰던 것이다. 그리

222

하여 수백 명의 군사와 몽둥이를 준비하고 야곱을 기다렸던 형에서에게 야곱은 끈기와 지혜와 사랑으로 형님의 마음의 문을 열어젖히고, 마침내 눈물로써 서로 껴안으며 화해하는 형제지간의 사랑의 관계를 회복할 수 있었던 것이다.

이 세상에 분단과 분열, 증오와 적대관계에서 고통당하는 사람들이 어떻게 화해와 통일로 그 문제를 풀어나가야 되는가를 제시한 놀라운 가르침이다. 바로 통일의 힘은 증오가 아니라 사랑임을 일깨워 주는 귀중한 교훈이 아닐 수 없다.

우리 나라의 남북분단도 우리의 견해로는 성서의 야곱과 에서의 관계와 같다고 생각된다. 통일에 있어서 주도적인 역할을 하려는 쪽, 즉 통일의 주체가 되려는 쪽은 상대방을 자연 굴복시킬 수 있는 사랑의 철학과 실천이라는 실력을 준비해야 한다. 상대를 미워하고 적대시하면서 무력으로 굴복시키려는 쪽은 화해와 통일의 주도적인 역할을 해낼 수 없는 것이다.

그러므로 남북통일은 어느 쪽이 더 큰 참사랑의 철학과 이념을 전국민이 소유하고 있으며, 동시에 그 사랑을 상대에게 무력이나 증오가 아닌 위함과 섬김 그리고 도움으로 실천해 줄 수 있는가에 따라서 좌우될 성질의 것이다.

북한이 이런 면에서 남한보다 우세하면 통일은 북한이 이니셔티브(initiative)를 쥐고 이룩할 것이요 남한이 우세하면 남한이 이니셔티브를 쥐고 성취하게 될 것이다. 즉, 통일은 남북 공생공영의 평화통일로 가는 길에 있어서는 사랑의 이념경쟁과 사랑의 실천경쟁에서 결정이 나게 된다는 말이다.

그런데 지금 남북을 둘러싸고 있는 주변 강대국들의 움직임이나 추세로 보아 한국에서 전쟁을 통한 어느 일방의 승리를 전제로 하는 남북통일은 불가능하다는 것이 명백해지고 있다. 결국은 남과 북이 다 같이 살고 같이 번영하는 남북 공생공영의 평화통일방안이 주변 강대국은 물론이요 우리 민족의 정통성 회복에도 가장 바람직하다. 이러한 측면에서 볼 때 남북은 그야말로 '사랑의 경쟁'을 통한 통일의 길밖에는 다른 길이 없는 것이다.

그렇다면 남북한 중 어느 쪽이 현실적으로 통일을 주도할 수 있는 야곱과 같은 위치에 있는가? 그것은 말할 것도 없이 남한이다. 북한은 지금까지 증오의 철학, 폭력의 사상인 무신론·유물 변증법을 세계관으로 하여 북한 동포를 증오심의 노예가 되도록 세뇌시켜 놓았다. '폭력과 투쟁'이 그들의 생활철학이요 미덕이다. 프롤레타리아가 아닌 사람들을 인간쓰레기로 알고 수백만 수천만이라도 죽여 없앨 수 있는 인간살인 기계화부대로 의식화된 것이 북한 동포들의 기막힌 모습이다. 그 위에다 지독한 폐쇄·독재사회에서 경제적으로 말할 수 없이 궁핍한 입장인 것이다.

그러므로 그들은 전략적으로는 '평화통일'이라고 하면서도 언제나 무력과 폭력을 정당화시키는 논리를 가지고 있다. 21년 동안이나 야곱을 미워하면서 군사들을 모으고 그 손에 몽둥이를 놓지 않고 있었던 에서와 같은 입장인 것이다.

여기에 비하여 남한은 단군 개국 이래의 모든 유·불·선·기독교 등의 종교사상을 민족사상의 기지로 받아들인 경천·애인·애국의 사랑의 철학, 조화의 철학이 국민의 의식 속에 깊이 자리잡고 있다.

그러므로 남한 사람들은 지금의 북한 사람들보다 훨씬 '사랑'에 익숙해진 사람들이다. 남을 미워하기보다는 사랑하는 일에는 북한 사람들보다 훨씬 그 수준이 높다고 봐야 한다. 또한 경제력으로 볼 때 남한은 북한보다 6배에 가까운 월등한 우세에 있다. 즉, 베풀 수 있는 입장에 있는 것이다.

야곱이 21년 동안의 고난 중 마지막 7년 동안에 하나님의 놀라운 축복으로 튼튼한 물질적인 기반을 가졌고, 그 물질을 아깝게 생각하지 않고 형 에서에게 다 베풂으로써 에서의 증오심을 풀어지게 했듯이, 분단 40년 세월 중 최근 10년 사이에 엄청난 격차가 벌어질 정도로 풍요해진 경제력도 남한만 잘 먹고 잘살도록 하는 일에 쓰여져서는 안 된다.

이와 같은 경제적 성과가 북한 동포들에게도 어떤 형태로든지 혜택이 가게 하고, 북한 경제도 남한 때문에 발전할 수 있었다는 모티브(motive)를 만들어 주어야 한다. 그리하여 질식될 정도로 폐쇄되어 있는 저 북한 동포들에게 개방화의 물결과 정신적 자유와 물질적 풍요를 실감할 수 있도록 '사랑의 물결'을 북으로 넘쳐흐르게 해야 한다. 남쪽에서 휴전선을 넘어 들어가게 하는 방법이 어려우면 중국을 통해 만주벌판에서 압록강과 두만강을 건너가는 사랑의 훈풍을 북쪽 사회에 불어넣어야 한다.

그리하여 저 동토의 땅 북한을 녹이고, 쇄국의 땅 북한을 열어젖혀, 우리 동포들을 공산주의라는 증오의 사상으로부터 해방시켜야 한다.

개방시대의 통일논의와 사상투쟁

이제 우리는 국제적으로나 한반도 내부의 남북관계에서나 간에 남과 북이 어차피 개방하고 교류하고 접촉해야 할 시점에 들어왔다.

즉, 국제적인 정치·경제·군사·문화적인 여건으로 보아서는 머지않아 남과 북이 더 이상 대결과 적대를 계속 고집할 수 없는 큰 변화가 예견되는 현실에 처한 것이다. 휴전선의 빗장이 뽑혀질 수도 있는 국제적 여건이 날로 성숙되어 가고 있다는 사실이다.

이런 여러 가지의 상황으로 볼 때 남북 통일문제는 결국 우리 민족 스스로가 해결해야 한다는 사실에 이르게 된다. 그 방법으로서 휴전선의 빗장을 뽑아 버리고 남과 북이 접촉하고 교류하면서 남북총선거를 통한 하나의 통일정부를 수립하는 길이 유일한 평화통일의 길일 것이다.

'남북총선거를 통한 통일정부의 수립'은 가장 공평하기 때문에 어차피 남북 양측이 수락할 수밖에 없는 평화통일의 유일한 방법이다. 물론 남쪽이나 북쪽 모두가 남북총선거에서 승산이 있을 때 적극적으로 나서겠지만, 여하간에 평화적으로 통일정부를 세우는 길은 다른 방법이 없다.

이 점에 있어서 '고려민주연방공화국안'을 평화통일방안으로 제시하고 있는 북한 김일성은 "우리는 이 기본원칙으로부터 출발하여 미군을 남조선에서 내쫓은 다음 민주주의적으로 실시되는 자유로운 남북총선거를 통하여, 각계각층 인민의 대표를 망라하는 통일적인 중앙정부를 세우는 방법으로 조선의 통일문제를 해결할 것을 제기하고 있다"고 1973년 외국기자들의 질문에 대한 답변을 통해 주장해 오고 있다.

남한은 1982년 1월에 '민족화합민주통일방안'을 제의하였는데, 이 제의의 주요 내용은 남북 쌍방 주민의 뜻을 수렴한 대표들로 민족통일협의회를 구성하고, 이 협의회에서 '통일민주공화국'의 실현을 위한 '통일헌법'을 제정하여 남북한 전역에 걸친 자유로운

국민투표에 의해 이 헌법을 확정, 공포하게 한 후, 그 '통일헌법'
이 정하는 바에 따라 남북총선거를 실시하여 통일국회와 통일정
부를 구성하고 통일국가를 완성한다는 것이다.

위에서 보는 바대로 어떤 전제조건이 붙든지 간에 남북한 모두
가 인정하고 있는 평화통일의 방도에서 빼놓지 않은 것은 남북총
선거라는 점이다.

그러면 남북총선거를 통한 남북평화통일의 길로 가는 데 있어
서 가장 중요한 문제로 떠오르는 것은 무엇인가? 그것은 바로
'이념과 사상의 투쟁'이다. 즉, 어느 쪽이 총선거에서 더 많은 표
를 획득하게 되는가가 관건이 된다. 그것은 민심이 자유민주주의
와 공산주의, 또는 자유경제제도와 사회주의 경제제도 중 어느
쪽을 더 많이 택하느냐에 달려 있는 것이다.

이렇게 될 경우 남북쌍방은 전국민을 상대로 '사상과 이념의 전
쟁'을 벌이지 않을 수 없게 된다. 북한 공산주의자들은 마르크스
−레닌주의에 기본을 둔 세계관·역사관·인간관을 전제로 한,
이른바 김일성 주체사상에 입각한 조국통일의 3대 원칙을 강조할
것이다. 남한 국민 중에서 불평과 불만을 상대적으로 많이 느끼
고 있는 계층을 중심으로 민중의 해방을 부르짖으며, 선전·선동
으로 남한 내부의 분열을 조장하여 북쪽에 동조하는 계층을 많이
확보하려 할 것이다. 이는 오늘 현시점의 남한 내부, 즉 좌경운
동권의 투쟁방향 또는 그들의 전술, 이념 성향 등을 보면 짐작이
가고도 남는 바가 있다.

김일성은 벌써 오래 전부터 대남 사상전을 선언해 놓은 것과
다름없다. 유물 변증법에 입각한 세계관, 유물사관에 입각한 역
사관, 인간관, 민족해방 인민민주주의 혁명전략, 그 외에 김일성

의 주체사상 등으로 북한 2천만 주민을 완전히 의식화시켜 놓았다. 그 위에, 이제 남한의 가장 취약계층인 젊은 학생과 노동자 등을 파고들면서 연공합작통일노선(聯共合作統一路線)을 전술로 구사하고 있는데, 그가 제시한 소위 평화통일의 그 전술이 대단히 성공적이라고 그들은 보고 있다.

인구수를 살펴볼 때 북한은 2천만이고 남한은 4천만인데도 김일성이 남북총선거를 통한 통일정부 수립을 제의하고 있다는 것은 무엇을 말하고 있는가? 그것은 대남 사상전에 자신이 있다는 것을 의미한다.

현재 대한민국의 대학가를 중심한 지식사회를 보라. 사상전에서 북쪽이 승리하고 있는 것을 입증이라도 하듯이, 좌경이념 앞에 대학생들이 쉽게 기울어져 버려도 이것을 극복해서 바로잡아 줄 대응논리가 남한의 학계에서 자신 있게 제시되지 못하고 있는 실정이 아닌가? 그러므로 남한 사회의 각계각층 중에 북한의 통일전략에 동조하면서 김일성이 제시한 7·4 남북공동성명의 소위 조국통일의 3대 원칙이라는 자주·평화·민족 대단합 통일의 원칙을 김일성의 주체사상에 입각해서 해석하고 외치고 주장하는 무리가 결코 적은 수가 아님을 알아야 한다. 김일성은 북한의 공산주의자와 남한의 민족주의자가 연합하고 합작하여 조국통일을 앞당길 수 있다고 말하고 있다. 이것이 바로 연공합작통일노선인 것이다.(남한의 운동권이 민족 자주를 외치며 반미를 부르짖고 있는 것을 김일성은 남한의 민족주의자들이라고 부추기고 있다. 필자註)

또한 7·4 남북공동성명에서 합의한 조국통일의 3대원칙을 지키려면 휴전협정을 평화협정으로 바꾸고 남한에서의 미군 철수, 반공법 폐지, 국가 보안법 폐지, 공산당의 합법화, 반공 이데올로기 철폐, 올림픽 공동 개최 등을 끊임없이 요구하면서, 한편으로는 공산주의 이념공세를 계속 강화시켜 왔던 것이다.

그 결과 지금은 "남한 사회의 반공방파제가 무너지고 국내외에서 용공통일의 세찬 물결이 일어나고 있다"(1980. 10. 10 제6차 전당대회에서 대남사업책 김중린이 행한 보고)고 말하는 단계에까지 왔다.

사상과 이념전에 있어서는 북한이 유리한 고지를 점령했다고 자신만만할 수 있도록 내버려둔 채, 남북총선거를 통한 통일정부 수립을 한다면 어느 쪽을 위주한 통일이 되겠는가? 말할 것도 없이 적화통일이 되고야 말 것이다. 이 경우는 전쟁이나 무력도발에 의한 적화통일이 아니고, 사상과 이념전에 패배하여 전쟁 없이 두 손들고 공산통일이 되는 경우이다. 이렇게 되면 제2차적으로 남한 내부에서 민족 재편성 숙청과 계급투쟁이라는 비참한 학살이 시작될 것이다.

사실 이런 사태보다 더 무서운 일은 없다. 결단코 이런 통일이 되어서는 안 된다. 그러기 위해 이제부터 서둘러야 될 것은 공산주의라는 증오와 폭력의 사상을 극복할 수 있는 대안적인 승공통일사상이 시급히 요청될 뿐 아니라, 그 사상으로 남한 국민 모두를 교육시켜야 하는 것이다. 여기서 말하는 승공통일사상이란 남북 공생공영의 사랑의 세계관·역사관·인간관을 말하며 결코 멸공통일사상(滅共統一思想)을 의미하는 것이 아니다. 남북한이 공유할 수 있는 사랑을 불러일으키는 가치관이 가장 필요한 것이다.

이런 사상의 위상을 일러 남북통일 운동의 선구자인 문선명 선생은 두익사상(頭翼思想)이라고 명명하였다. 이것은 좌익 공산주의와 우익 반공주의를 조화·통일시키려면 머리와 같은 중심에서 좌우를 포용·조정·화해시킬 수 있는 사상이 나와야 한다고 설파한 것이다. 좌익과 우익의 갈등과 대결을 종식시키고 화해·통일시킬 수 있는 두익운동(頭翼運動)이 필요하다는 것은 현시점의 통일운동에 매우 시사하는 바가 큰 이념적 지표라고 할 수 있을 것이다.

사상전과 이념전에 있어서 만일 북한 김일성주의에 남한이 지금과 같이 아무런 세계관적인 대비가 없이 임기응변적으로만 대응해 나가다가는 남한은 내부로부터 붕괴의 위기에 봉착하게 될 것이다. 여하한 일이 있더라도 공산주의사상이라는 무기 앞에 남한이 손을 드는 통일이 오게 해서는 안 된다. 그럴 경우 유물론·무신론·진화론적 인간관·변증법적 발전논리 등을 만고불변의 과학적 진리라고 강요하는, 동물농장이나 다름없는 공산독재 국가가 출현하여 우리 민족 전체가 공산당이라는 야수의 노예가 되고 마는 것이다.

소련과 중공의 대변화와 북한 및 공산제국의 낙후된 경제의 빈곤상황과 독재를 보면 공산 이데올로기의 허위성이 이미 입증되고도 남았다고 봐야한다. 그런데도 지금까지 이 허망한 공산주의라는 망령이 이 지구상에 발을 붙일 소지가 있다는 것은 무엇을 의미하는가? 그것은 지금까지 공산주의라는 암균을 먹어 없앨 수 있는 천적(天敵)과도 같은 사상이 나타나지 않았기 때문이다.

그러나 여기 새로운 서광이 비치기 시작하고 있다. 공산주의와 자유민주주의의 양 체제와 이데올로기의 갈등 속에 가장 많은 피를 흘리고 고통을 당한 한반도에서 드디어 공산주의사상을 소화시킬 수 있는 이념이 출현한 것이다. 그 사상이 바로 문선명 선생의 통일사상(統一思想)인 바, 그 내용은 하나님주의 두익사상(頭翼思想)으로 불리기도 한다.

230

남북통일의 열쇠는 참사랑

　문선명 선생은 남북통일의 열쇠는 참사랑에 있다고 설파한다. 참사랑만이 남북을 하나로 통일할 수 있는 해답이란 것이다.

　"대한민국 국민이 하나되기를 바라면 남한과 북한을 하나 만들어야 합니다. 그렇기 때문에 오늘 우리는 전국대학 교수 학생 남북통일운동연합(교학통련)을 결성했습니다. 그러면 우리들은 이북에 가서 북한 동포들과 더불어 같이 살고 싶어하는 마음이 진심에서 우러나고 있습니까? 광복 후 40년이란 세월이 지나기까지 그동안 우리들은 이북을 얼마나 생각해 봤습니까? 비가 오나 눈이 오나 그들과 같이 살고 싶은 그리움에 얼마나 사무쳐 있었느냐는 것입니다."(문선명, 교학통련 창설메세지 1986. 10. 11)

　"여러분 비록 우리는 이남 땅에 같이 살지만 이북에 사는 저들과 진정 같이 살고 싶은 마음, 하나가 되어야겠다는 마음이 있어야 통일의 길이 열립니다. 이북이 이렇게 어려운 것은 김일성이 독재정치로 폐쇄사회를 만들었기 때문인데, 그 사정을 알면 알수록 그 치하에 있는 이북 동포들이 얼마나 비참한지 모릅니다. 공산주의가 원수이지 그들이 원수가 아닙니다. 북한을 바라보면서 목이 메어 불쌍히 사는 내 동포를 위해 눈물 흘리고, 그들의 어려움과 더불어 나는 살고 있다고, 해방의 한 날을 준비해 이북 동포들 앞에 나타날 것이라고 다짐해야 합니다.

　그러한 통일을 위한 실천운동이 여기서 벌어진다면, 이북에 갈 날이 멀지 않습니다."(문선명, 교학통련 창설메세지 1986. 10. 11)

　위의 두 인용문은 남북통일의 사상과 이념이 참사랑을 기반으로 한 남북 공생공영의 정신이 아니면 안 된다는 것을 천명한 것이다.

우리는 지구상에서 가장 전투적인 폭력 이데올로기를 국가권력화 또는 집단동원체제화시켜 놓은 북한 공산주의자들과 맞서 있다. 그들을 소화하여 순치할 수 있는 남북통일이란 단지 정치적 회담이나 교류를 효과 있게 진행시킬 수 있는 차원의 통일정책이나 통일방안에 의하여 달성되는 것은 결코 아니다.

공산주의란 무신론 신앙과 같은 것이어서 공산주의자들은 공산주의 철학과 사상이 제공하는 신념에 불타고 있는 것이다. 이 정신전력·사상전력을 소화시키지 않고는 남북이 교류하고 회담하고 합작할수록 남한은 북쪽의 붉은 사상 앞에 물들어 가게 되어 있는 것이다.

그러므로 정부나 정치권에서 앞다투어 주장하는 통일방안이나 남북교류에 대한 아이디어를 백출해 내는 것도 필요하지만 그 모든 것을 선행해서 남북한 겨레 모두를 포용할 수 있는 사상적·이념적 가치관을 확립하는 것이 가장 기본적인 통일작업임을 알아야 한다.

이 기초작업이 없이 정부나 정치권에서 요란스럽게 소문을 내고 있는 통일방안은 자칫 사상누각이 되거나, 북한의 사상공세 앞에 남한이 벌거벗은 채로 노출될 수 있는 치명적인 약점이 되어 적화통일의 함정에 빠질 수도 있음을 알아야 한다.

미·소·중·일 4대 강국의 국제역학관계 변모로 말미암아 한반도 통일문제는 민족 내부의 문제로 점차 그 성격이 변화될 조짐이 보이는 이 시점에서, 무엇보다도 먼저 시급히 준비하고 서둘러야 할 일은 남한 국민 4천만 모두에게 위에서 밝힌 바와 같은 사랑의 포용성과 북한을 해방시킬 수 있는 신념체계로서의 사상무장이 절실하다는 것이다.

이제 결론은 자명해졌다.

남북통일은 정치·경제·문화적인 면에서 효과적인 통일정책을 수립해 나가는 것과 동시에 학계와 교육계, 종교계를 중심으로 이념전·사상전에 대비해 나가는 일이 보다 더 중요한 시점에 접어들었다는 사실이다.

남한 사회가 오늘처럼 계층 간, 지역 간의 갈등이 심화되고 있는 이 시기에 전대협 등 극렬 좌경세력들이 연공·연북합작통일노선(聯共·聯北合作統一路線)을 취하면서 우리 사회의 내부 분열과 갈등을 격화시켜 나아가는 현실을 볼 때 이 문제가 얼마나 중요한 사항인가를 깊이 인식해야 할 것이다.

〈동아일보 의견광고〉 (1987. 6. 24)

북한에 오판의 빌미를 주지 말라

이제 북한은 시간에 쫓기고 있다. 남쪽의 '문민정부'가 계속해서 안보 빗장을 풀어내어 물러빠진 호박통이 다 되기를 초조히 기다려 왔던 것이다.

근자 8·15를 전후한 한총련의 난동과 동해안 무장공비 침투사건 이래 우리 국민들이 받은 충격과 분노는 좀처럼 가라앉을 기미가 안 보인다. 이번 일로 북한에 대한 배신감과 불신감은 아마 돌이킬 수 없을 만큼 깊어진 것 같다. 상당수 한국 국민들은 그동안 대북 온건노선을 지지하는 입장에 서 있었다. 이른바 햇볕론을 찬성하면서 북한을 경제적으로 지원하기 위한 경제교류와 협력은 계속해야 한다고 생각해 왔다. 쌀도 주고 생필품도 주고 경수로 지원도 해 주면서 남북의 동포들이 만나고 대화하다 보면 서로에 대한 불신과 오해는 풀리게 되고 함께 잘살게 되겠거니 하는 상식선의 심정적 공감대가 많은 한국 국민들 간에 형성되고 있었던 것이다.

그런데 이번 동해안 무장공비 침투사건을 계기로 이와 같은 공감대는 산산조각이 나고 말았다. 더욱이 말도 안 되는 새빨간 거짓말로 훈련 중 좌초된 인민군들…… 운운하면서 백배 천배 '피의 보복'하는 대목에 이르러서는 그 배신감은 말로 표현이 안 될 정도이다. 그런데 더 기가 차는 것은 그동안 우리 사회 구석구석에서 암약준동하던 북한 간첩들과 적색분자들이 이제는 대놓고 북한의 거짓말을 앵무새처럼 공개적으로 떠들기 시작했다는 '현실'이다. 한총련 산하의 서총련이 각 언론사에 팩스로 '보도자료'까지 보내면서 스스로 북한의 하수인임을 공개선언하기에 이르렀다. 어디 그뿐인가. 대학가, 주택가, 국회의사당 할 것 없이 북의 선전 삐라, 팩스, 주체사상과 김정일 찬양 문건 등이 뿌려지고 있고 심지어 군영내에서조차 좌익운동권들이 준동하고 있는 현실이다.

이만하면 북쪽이 보기에 남한은 물러빠진 호박통이어도 한참 된 것이구나 싶을 것이고 아예 호박이 넝쿨째 굴러들어오고 있구나 싶을 것이다.

북으로서는 오로지 기대를 걸 수 있는 단 한 가지 분야가 바로 이 부분이 아닐 수 없을 것이다. 경제적으로 남한과 경쟁할 상대가 되는 것도 아니고 군사적으로도 미국이 버티고 있는 한 뜻대로 될 수 없는 노릇이고, 외교적·국제적 연대로 한국을 고립시킬 수도 없는 딱한 처지이고, 게다가 엎친 데 덮친 격으로 식량 사정은 날로 악화되고 있으니 북으로서 이 사면초가를 타개할 방책은 대남 사상투쟁에서의 승리만이 유일한 길일 수밖에 없을 것이다. 저들이 지난 50년 동안 '남조선 해방의 날'을 위해 수많은 공작원을 남파했고, 별별 수단을 다 동원하여 남한 내에 구축해 놓은 지하조직과 합법·비합법 투쟁을 통해 많은 전과를 성취해 놓았기 때문이다. 그 결과 지금까지 우리 사회 각계각층에는 친북연공세력화할 수 있는 기회주의자들이 많이 숨어 있었다고 봐야 한다.

그런데 천우신조로 공산종주국 구소련과 동구 공산권이 허물어져 버리고 동독이 서독에 흡수통일되어 공산주의 요괴가 출몰하던 암흑천지가 대명천지로 바뀌어 버렸다. 만약 지금까지도 구소련을 중심한 공산진영이 그대로 건재하고 있다면 남한은 내부적으로 이와 같은 기회주의적 친북세력들에 의해 나라가 어지러울게 확실하다. 이들은 지금 상당수가 '현실적'으로는 전향했을 것이지만 '사상적'으로는 미련을 가지고 있을 것이고 남북통일에 혹시 북이 주도권을 쥔다 싶으면 얼마든지 북으로 기울어질 소지가 남아 있는 사람들이다. 이것은 80년대 암울했던 시절 민주화라는 매직 워드(magic word)를 앞세워 온갖 친북세력과 조직들이 선량한 대중을 현혹시켰고, 한총련의 전신 전대협은 그들의 친북반미 활동을 민주화투쟁이란 미명하에 정당화시키면서 얼마나 많은 우리의 젊은이들을 좌경화시켰던가를 생각해 보면 부인할 수 없는 사실이다.

전대협은 그래도 친북동조세력임을 명시적으로 밝히지 않고 한사코 민주화세력이라고만 주장했다. 그런데 이제 그 후신인 한총련은 북한이 저렇게도 처참한 몰골로 비틀거리고 있는데도 불구하고 내놓고 북의 하수인임을 자처하고 있다. 전대협 출신이거나 과거 전대협을 적극 옹호 지원했던, 정계에 진출해 있는 운동권 선배들은 지금 한총련의 행태에 대해 뭐라고 하고 있는지 우리는 주시하고 있다.

이제 북한은 시간에 쫓기고 있다. 남쪽의 '문민정부'가 계속해서 안보 빗장을 풀어내어 물러빠진 호박통이 다 되기를 초조히 기다려 왔던 것이다. 국민들의 대공 경계의식이 물러터지고 서울 한복판에서 '나 북에서 왔시오' 해도 밥 사주고 술 사주면서 주체사상이 어떻고 위대한 지도자동지가 어떻고 해도 되는 사회가 오기를 초조하게 기대하고 있는 것이다. 지난 50년 동안 남쪽 하수인들을 키워 내기에 얼마나 많은 물심양면의 희생을 감내해 왔던가를 생각하면서 말이다.

그러나 이런 사태는 결코 일어나지 않을 것이다. 그렇게 생각한다면 북한은 환상에 사로잡힌 정신병자라도 구제불능인 병자다. 북한의 지도부는 배고픈 북녘 동포들을 통치하기 위해 '남조선 해방의 날'이 눈앞에 가까웠다고 남한 사회의 이와 같이 물러빠진 모습과 한줌 졸개들의 활약상을 과장하여 전파로, 활자로 실어 보내면서 온갖 대중기만에 이용하면서도 그들은 잘 알고 있을 것이다. 이미 천지대세는 기울어지고 말았다는 것을.

문제는 우리 쪽이 북에게 저와 같은 환상을 갖도록 하거나 이용당할 빌미를 제공하지 않는 것이 보다 중요하다. 평화통일이란 민족의 대업을 성취시키는 데 남과 북이 서로 오판하여 무력충돌로 간다면 이런 미련곰탱이들이 어디 있겠는가. 우리 민족의 번영과 통일을 시샘하는 주변 국가들만 좋은 일 시키고 말 어리석음은 남북이 다 같이 피해야 한다. 그러기 위해서는 우리의 국가안보·사상안보를 지금부터 물샐틈없이 다져 나가야 한다. 무엇보다 국민들의 물러빠진 대공안보의식을 강화시키는 데 정치권은 법적·제도적 뒷받침을 시급히 해 주어 하드웨어를 준비해야겠고, 학계와 종교계는 북한의 이른바 우물 안 개구리식 '영생불멸의 주체사상' 공세에 대비할 대항논리를 소프트웨어로 계발하고 교육시켜야 할 책무가 있음을 깨달아야겠다. 정부와 대학교수들은 우리의 대학생들을 저 지경으로 놔둔 채 통일과 민족의 미래를 말할 수 있는 입장에 있는 것인지 스스로 자문해 보아야 할 것이다. 대남 사상공세를 차단할 수 있는 법적·제도적 방책과 대북 사상공세를 위한 이념계발을 서두르는 것은 한반도에 전쟁이라는 불행을 막기 위해 시급한 과제이다.

〈세계일보〉(1996. 10. 15)

다가올 남북총선을 대비해야 한다
공산당의 소멸과 김일성의 선택

공산당의 소멸이라는 세기말의 대변혁은 북쪽의 독재자 김에게는 말로 표현할 수 없는 큰 부담이요 절망에 가까운 압력이 아닐 수 없다.

1847년 12월부터 1848년 1월에 걸쳐 칼 마르크스와 프리데릿히 엥겔스가 집필하여 1848년 2월에 영국 런던에서 처음으로 발표했다는 '공산당 선언'의 첫마디는 이렇게 시작된다.

"하나의 유령이 구라파를 어슬렁거린다. 공산주의라는 유령이…… 공산주의자들에게는 전세계에 대하여 공공연하게 자기의 견해와 자기의 목적과 자기의 지향을 표명하여 공산주의의 유령이라는 이야기에다 당 자체의 선언을 대치시킬 때가 이미 닥쳐왔다"

유령소동으로 끝난 공산주의

그렇다. 지금 전세계가 주목하고 있는 동구의 대변혁은 공산주의가 원래 하나의 유령에 불과하다는 것을 입증하는 세기의 드라마가 대단원에 이르고 있음을 보여 주는 것이다. 유령은 언제 출몰하는가. 한밤중에 잠시 나타나서 사람들을 괴롭히다가 새벽녘 먼동이 트기 전에 사라지고 마는 것이 본래 유령의 운명이다.

그렇다면 공산당 선언이 발표된 1848년으로부터 1989년 말까지의 141년간은 인류역사의 한밤중에 해당하는 기간임이 분명하다. 1차·2차의 세계대전과 1억 5천만 명이나 학살시키고 등장한 소련과 중국 등의 공산혁명, 한국전쟁 이후의 냉전시대, 미·소의 군비경쟁과 세력확장, 끊임없는 계급혁명과 이데올로기 투쟁으로 얼룩진 20세기, 이 시기는 분명히 유령소동이 일어날 만한 암흑시대였던 것이다. 그러나 이제 이와 같은 암흑시대에 먼동이 트이고 있는 조짐이 유령천지였던 공산권으로부터 드러나기 시작하고 있다. 공산주의라는 유령이 구라파를 어슬렁거릴 수 있었던 시대가 이제 빠른 속도로 종언을 고하고 있다.

예의 그 '공산당 선언' 마지막 귀절은 다음과 같이 기록하고 있다.

"공산주의자들은 자신들의 목적이 현존하는 일체 사회제도를 폭력적으로 전복함으로써만 달성될 수 있다는 것을 공공연하게 선언한다. 지배계급들로 하여금 공산주의 혁명 앞에 전율케 하라. 공산주의 혁명에서 프롤레타리아가 잃을 것은 철쇄뿐이고 그들이 얻을 것은 전세계이다. 전세계 노동자들은 단결하라!"

전세계의 노동자들이 단결하여 폭력적인 계급투쟁으로 혁명을 일으키고 지배계급을 처단한 다음 일체의 사유재산제도를 철폐하여 노동자를 해방하고, 그 노동자당(공산당)이 무한독재를 행해야 지상의 낙원이 도래한다고 떠벌린 마르크스의 장광설이 20세기의 인류 사회를 유령소동으로 들끓게 했던 것이다.

그러나 이 허망한 절규, 수신자도 메아리도 없는 이 선언문은 이제 휴지조각이 되어 역사의 쓰레기통으로 버려질 운명에 처해 있다. 공산권의 대변혁이 일어나고 있는 것이다.

시간에 쫓기는 김일성

그런데 이와 같은 대변혁의 와중에서 우리가 특별히 관심을 가지지 않을 수 없는 사태는 동서독의 경우다. 우리와 같은 분단국가로서 자유서독과 공산동독의 관계는 마치 남북한의 경우와 너무나 흡사하다. 그런데 양독관계가 동독 측의 개혁과 개방조치에 의하여 혁명적인 변화를 하고 있다. 공산당독재를 끝내고자 하는 동독인들의 민주화 욕구는 그 누구도 거슬릴 수 없게 되었고, 사회주의 체제의 소멸을 바라는 대다수 국민들의 여론을 공산당 지도자들은 어떻게 수용하여 체제개혁을 단행할 수 있을 것인지가 최대의 관심사인 것이다.

이 모든 사태의 변화는 같은 분단국가인 한반도에는 어떤 영향을 미치게 될 것인가. 해방과 분단과 6·25사변, 휴전을 거쳐 오늘에 이르기까지의 남북경쟁과 대결상태에서 우리는 전세계의 대세와 마찬가지로 북한 공산주의자들을 모든 면에서 앞지르게 되었다. 체제경쟁에서는 남한이 북한을 이긴 것이다. 정치·경제·사회·문화·외교 등 모든 면에서 남쪽은 북쪽에 비해 우위를 확보한 셈이다. 남북관계의 개선을 통한 남북통일의 실현이 어떤 모양으로 이루어질 것인가에 우리 모두의 관심이 쏠리고 있는 것도 이와 같은 우리 국민들의 자신감에서 우러난 것이라고 볼 수 있다.

문제는 북쪽 김일성의 선택이다. 공산당의 소멸이라는 세기말의 대변혁은 북쪽의 독재자 김에게는 말로 표현할 수 없는 큰 부담이요, 절망에 가까운 압력이 아닐 수 없다. 소련과 중국이 개혁과 개방으로 김을 고립시켜 어려워져 가는 판에 설상가상으로 동유럽이 다 흔들리고, 믿었던 동독마저 힘없이 무너지는 것을 보는 김일성으로서는 대지진을 당한 듯 요즈음 정신 못 차릴 정도로 어지러울 것이다. 거기다가 국내적으로는 경제파탄에다 외래사조의 침투로 김의 유일사상이 '잡사상' 들에 의하여 더럽혀지고 있어서 '주체혈통' 의 순수성을 지키자고 밤낮으로 이북 동포들을 들볶아 댄다니 '화불단행(禍不單行)' 이란 바로 이 시점의 김일성을 두고 이른 말이 아닌가 한다. 이 지경에 처한 김으로서 선택할 수 있는 것은 다음의 몇 가지로 상정해 볼 수 있을 것이다.

첫째는 북한의 폐쇄정책을 더욱 강화하는 길이요, 둘째는 더이상의 쇄국정책이 불가능하다는 것을 감지하고 동독과 같이 개방조치를 서둘러 나가는 길이다. 셋째는 동독 개방조치가 서독에 의한 일방 합방이나 항복으로 귀결된다고 보일 경우는 차라리 무력도발에 의한 남침전쟁으로 소위 '비평화적' 통일전도의 모험주의로 나갈 것이요, 넷째로는 지금까지 그들이 대남전략으로 수행해 왔던 남한 내부 교란작전과 사상투쟁으로 길러 놓은 주사파를 위시한 친북연공세력들의 합법 · 비합법, 지상 · 지하, 제도권 · 재야 등의 통일전선이 총동원되어 남한의 '민중' 들이 북쪽을 지지하는 수와 열기가 우세하다고 믿어 단시일 안에 남북총선거를 통한 남북통일을 제의해 올 가능성 등을 생각해 볼 수 있다.

남북총선 멀지 않다

김일성은 1980년 제6차 조선노동당대회에서 '고려민주연방공화국 창립방안'이란 통일방안을 제시하여 북쪽의 체제를 유지해 가면서 남한 내부의 붕괴를 유도하여 마침내 김일성 주체사상으로 한반도 전체를 적화시키는 것을 목표로 하고 있음을 볼 때, 위 네 가지 선택 중 김으로서 할 수 있는 가장 현실적이고 명분이 서는 것은 네 번째의 경우다. 즉 남한 내부에 있는 각계각층의 좌경세력들이 단시일 안에 남한 사회의 체제전복을 해낼 수 있을 만큼 세력이 확장되기를 학수고대할 것이고 이를 위해서 대남공작과 선전·선동을 더욱 가속화할 것이 분명한 것이다.

시간에 쫓기는 김으로서는 내년(1990년)을 놓치면 영원히 끝장인 것을 잘 알 것이다. 왜냐하면 한국 국민들이 이제는 '민주화를 가장한 공산혁명분자'들의 정체를 너무나 똑똑히 보기 시작했으며, 학원과 노동산업계의 극좌분자들이 민주주의를 내걸고 이 나라의 역사를 거꾸로 돌리려는 그야말로 '반동'이란 것을 깨닫기 시작했기 때문이다. 따라서 김으로서는 다급하면 남북총선거를 들고나올 가능성이 크다. 더욱이 한반도의 통일은 동서독 경우와는 달리 주변 열강들의 방해가 없이 오히려 남북총선거를 통한 통일을 지지하는 방향으로 움직일 것이다.

이런 때에 우리 국내의 정치 지도자들은 무엇을 생각하고 있는가. 아직도 자기 당의 이해관계와 권력을 향한 입지 강화만을 위해 잔재주를 부리며 올챙이 꼬리재기나 하는 모습들을 보는 우리 국민은 창피하고 서글프다. 북쪽은 여차하면 노동당 단일후보를 내세워 4분 5열한 남한을 공략할 모든 준비를 다 세워 놓고 나오는 판에 남쪽은 아직도 우리 당과 내가 아니면 안 된다는 고질병에 걸린 정상배들 때문에 지리멸렬 쪼개지고 갈라져 있다. 김일성은 남한이 남북총선에서 단일팀으로 나올 북쪽 전술에 말려들 가능성이 충분히 있다는 사실을 역이용할 것이다. 이제 그 어느 때보다도 국민적 통합과 사상·가치관의 일치를 다져 나가야 할 시점에 이르렀다는 것을 대변혁기에 직면한 우리 모두는 명심해야 한다.

〈전교학신문〉 (1989. 11. 12)

'붉은 악령'과 난장판 정치

서독이 동독을 통일시킨 배후에는 서독 정치인들의 수준 높은 안목과 협력을 빼놓을 수 없다. 통일을 위해서는 당적과 여야가 따로 없었다. '통일국론' 은 그야말로 통일이었다.

그동안 항간에는 세계 3대 불치병이 있는데 그 첫째가 미국의 언론이요, 둘째는 소련의 경제요, 셋째는 한국의 정치란 이야기가 있었다. 요즘처럼 이 말이 우리 한국인들에게 실감나는 때도 없을성 싶다. 이제는 정치 쪽이 국민을 염려해 주는 게 아니라 국민이 정치 쪽을 염려해야 하는 거꾸로 된 세상이 됐다. 무엇 때문에 정치가 있고 정치인들이 있는가 하고 물으면 필요악이니까 있다는 대답이 절로 나올 지경인 것이다. 정치가 나라에서 해 줘야 할 몫의 중대성을 생각한다면 한국의 정치가 불치병에 걸려 있는 것은 심히 불행하고 위태로운 일이 아닐 수 없다.

민자당 내분이 갈 데로 간 상태고 평민·민주당은 사표를 내던진 채 불난 집에 부채질만 해대고 국사나 정사는 깊고 험한 계곡

에 곤두박질을 치면서 떠내려가도 누구 하나 걱정하면서 챙기는
자가 없다. 정치는 죽은 지 오래고 행정만 있는 나라가 됐다. 민
자당이 저렇게 난리를 치고 있는 바로 이 시점에 소위 '사노맹'
사건이 터졌다. 작년 11월, 공산진영이 사회주의 혁명을 포기하
기 시작한 바로 그때 대한민국을 둘러엎을 '붉은 악령'임을 자임
하고 나선 이들의 조직원은 20대 대학생을 주축으로 전국에 1천
6백여 명에 이른다고 한다. 작년 11월 이후 1년 동안 공산권은
변해도 너무 빨리 변하고 있다. 사회주의 혁명이니 공산당 일당
독재니 노동자 해방 운운은 이제 죽은 말이요, 무의미한 용어가
돼 버린 것이다. 그럼에도 불구하고 한국의 일부 대학생들은 그
무슨 원한에 사로잡혀 있는지 거꾸로 그때부터 '붉은 악령'을 자
임하고 노동자 천국을 위한 투쟁에 떨쳐나섰다니, 그 지독한 자
폐성에 어안이 벙벙해진다. 그러면서 그들은 북한과 소련의 혁명
동지들에게 '남한사회주의 노동자동맹'이 실체로 등장했음을 '보
고 드린다'고 했다.

　촉망받는 우리의 아들딸이요 젊은 인재들이 어쩌다가 이렇게
되어 가는지, 그런데 우리를 더욱 당혹케 하는 것은 이 사태를
정치 쪽에서는 아무도 한마디 걱정하는 자가 없다는 점에 있다.
국정을 책임지고 있는 대통령의 참모나 그 어느 관계 장관, 관료
도 여야의 그 허우대 좋고 목청 높은 애국지사들도, 한마디 걱정
하든지 죄송하다고 하는 자가 없다. 모조리 '대권전쟁'에만 혈안
이 되어 나라의 젊은 두뇌가 썩어들어가는 일에는 나는 모른다,
나는 책임 없다는 식이다. 더욱이 지금 노태우 정권은 입만 열면
북방정책이요 남북통일이 아닌가. 3당 통합도 구국적 차원의 결
단이요 조국통일을 위한 성스런 대오라고 선언하지 않았던가. 그

렇다면 '사노맹' 조직과 같은 충격적 단체가 기생하고 확산돼 가는 풍토를 그대로 내버려 둔 채 무엇을 하고 있었다는 말인가. 저 젊은이들이 아직도 '붉은 악령'의 유혹에 저토록 쉽게 말려들고 있는 데 대해서는 아무런 대책도 준비하지 않고, 나라 예산이나 세금은 어디다 다 퍼쓰고 있는가 말이다. 생각해 보라, 지금 우리가 우리 2세의 '똑똑한 녀석들'에게 어떻게 비치고 있을 것인가를. 얼마나 우리가 제 할 일을 못했으면, 세상이 다 '우향 앞으로 갓!' 하는 이 마당에 우리 자식들은 굳이 좌향 앞으로 기를 쓰고 가려는지를. 그들을 설득시킬 이론을 창출하고, 우리가 지향하는 '그 세계'를 실현시킬 현실적 기반과 개혁의 가능성을 왜 못 보여 주고 있는가를 우리는 지금 맹성해야 한다. 저 젊은이들이 세계 대세를 거꾸로 살아가기로 작정한 것은 우리 정치인들의 시대 역행하는 작태와 결코 무관하지 않다. 정치 책임이다. 교육 책임이다. 우리가 상대해야 하는 북한 공산주의자들은 우리의 이 약점을 백번 노리고 있고 활용하고 있다. 사상적으로 아무런 대비책이 없는 이대로, 난장판이 된 정치가 오늘의 이 상태대로 가면 북한과의 교류와 회담을 통한 개방이란 남한의 국론분열만 가속시킬 뿐이며, 통일을 위한 사태발전이란 그림의 떡일 수밖에 없다.

또 한심한 일은 대학가에 벌어지고 있는 '북한 영화상영' 사태를 놓고 당국과 학생 간에 벌이는 물리적 공방전이다. 학생들이 북한 영화를 한두 편이 아니라 수백 편을 다 봐도 괜찮을 만큼 우리 학생들의 사상적인 건강상태나 세계관적인 안목을 높이는 교육과 통일준비는 왜 못하고 이렇게 망신스럽고 궁한 최루탄과 화염병 공방전만 되풀이하고 있느냐는 지적을 아니할 수 없는 것이다. 공산주의 혁명을 고취하는 이데올로기와 김일성 주체사상에 입각한 별의별 저서나 선전·선동물을 접해도 아무런 동요나 유혹을 받지 않을 '천적이론'은 없다는 말인가. 있는데도 정치인들이 자기 입장 때문에 모른 체 깔아뭉개면서 국론분열을 틈타 기회주의적 입신출세나 엿보고 이익만 챙기려고 하는 것은 아닌지.

우리는 서독이 동독을 통일시킨 배후에는 서독 정치인들의 수준 높은 안목과 협력을 빼놓을 수 없다. 통일을 위해서는 당적과 여야가 따로 없었다. '통일국론'은 그야말로 통일이었다. 콜수상은 기민당 소속이요, 통일외교의 주역인 겐셔 외무장관은 자민당 소속인 것만 봐도 다른 것은 더 물을 필요가 없다. 당이 다른 사람을 통일원 장관으로 세워도 아무런 문제없이 오히려 더 효율적으로 통일 작업을 수행할 수 있는 정치 수준이 아니고서는 남북통일을 입에 담지 말아야 된다는 뜻이기도 하다.

그런데 우리는 한쪽이 한민족공동체통일안을 내놓으면 다른 쪽은 공화국연방제를 내놓는다. 그 사이를 비집고 자민투니 민민투니 주사파니 사노맹이니 별 게 다 끼어든다. 북쪽은 이런 국론분열을 이용하면서 정부는 정부대로 상대하고 여야 정치인, 사회단체, 학생운동권을 따로 따로 데리고 놀자는 식의 통일전선을 구사하고 있는 것이다. 이렇게 볼 때 한국 정치인들은 지금 여든 야든 남북통일을 운운할 기본이 돼 있지 않다는 결론이다. 심하게 말하면 현 정치 수준으로는 적어도 정치권에서는 통일을 논의할 자격조차 없다는 이야기다. 노대통령은 이런 안목을 가지고 지금 엉망진창이 된 정치권 수습에 나서야 한다. 부끄러운 한국 정치의 주역들인 노태우, 김대중, 김영삼, 김종필, 박태준, 이기택 씨는 이 나라의 정치가 지금 어느 수준인가를 아직도 잘 모르고 있다. 집단사표 내고 당무를 안 보고 낙향한 김에 아예 정치 사표까지 내는 것도 고려해 보는 게 어떻겠냐는 국민의 여론도 귀담아 듣는 것이 후일을 위해 정말 더 다행일지도 모른다.

이렇게 정치 쪽이 절망적인데 반해 한 가지 우리의 눈과 귀를 번쩍 띄게 하는 반가운 소식도 없는 것은 아니다.

소련의 주요 대학에서는 지금 공산주의 이념을 대체할 새로운 이념을 찾던 중 한국인 문선명 선생의 통일원리 사상을 접하고 이 사상은 공산주의 혁명 70년사에서 잃어버렸던 그 모든 것을 다시 찾고도 남을 새 세계의 청사진이라는 결론에 이르고 있다는 소식이다. 이것은 한국 사상의 세계적 승리요 그 저력의 과시가 아닐 수 없다. 공산종주국 소련 대학가에 한국의 통일원리 사상이 요원의 불처럼 번져 나가고 있다는 사실은 화염병과 최루탄과 '붉은 악령'이 난무하는 한국 교육계 현실에 무엇을 의미하고 있는가를 이 나라 각계는 심각히 생각해야 할 시점이다. 특히 통일을 대비한 사상교육을 입으로만 떠들며 쓸모없는 데에만 국가예산 축내는 일에 이골이 난 소신 없는 관계당국과 난장판이나 벌이고 이불 속 활개나 치는 정치 쪽에서 말이다.

〈전교학신문〉(1990. 11. 7)

대학생을 저 꼴로 놔둔 교육정책의 파탄

기습 취재 나선 북한기자들의 '혁명기지 점검'을 보고

> 무력통일이 아닌 개방과 교류에 의한 평화적인 남북
> 통일은 결국 사상·의식의 경쟁이 된다. 세계관·가
> 치관의 대결이 되는 것이다.

지난 12일에 일어난 이른바 '북한 기자들의 기습 취재'를 놓고 세론이 들끓고 있다. 우리가 예측한 대로 '일'은 드디어 벌어진 것이다.

이 사태를 지켜보는 여론의 향방은 북한은 신뢰할 수 없다는 데로 모아지고 있다. 또한 우리 대학생들이 한심하고 철이 없는 정도가 지나쳐도 한참 지나치다는 것이다.

북한 기자들은 임수경 학생 집을 방문하여 임양 가족의 환대 속에 '통일주 건배'로 단합대회를 하고 평창동 어느 파출소 소장이 잡아 준 택시를 타고 임양 모교인 외국어대학을 보무도 당당하게 입성할 때 수백 명의 '남조선 해방전사'들이 열렬한 환영으로 맞이했다는 것이다. 그리고 임양에게 김형직 사범대학의 졸업장이 수여되었고 "위대하신 김일성 지도자동지와 친애하는 김정일 지도자동지께서 조국통일상까지 하사했다"는 대목에 이르러서는 환호와 박수갈채가 터져 나왔다는 것이다.

어디 그뿐인가. 우리 대학생들이 내뱉은 말마다 북한 기자들이 고무되어 맞장구를 치면서 녹음하기에 바빴다니 그 내용이 어떠했으리란 것은 불문가지다.

또 동국대에서는 김일성 배지가 북측 기자의 가슴으로부터 우리 학생의 가슴으로 옮겨 달리게까지 이르렀고, 그 배지를 달라고 좇아다니며 졸라대는 학생들까지 생겨났다니 더 이상 말할 게 뭐 있는가.

북과 맞장구치는 혁명기지들

물론 우리 대학생들이 몽땅 그야말로 '수령님 뽀이' 들이 다 된 것은 아니다. 그러나 대부분 대학의 총학생회가 소위 북의 주체사상에 입각한 민족해방통일론을 추종하는 NL주사파들이 장악하고 있다는 이 사실은 결코 예사로운 일이 아니다.

이번에 북한 기자들이 방문했던 외대와 동국대 총학생회의 경우를 보면 같은 입장에 있는 대부분의 대학 총학생회가 남북관계에 대해 어떤 태도를 취할 것인가가 분명하게 드러난 것이다.

이미 알려진 대로 북은 지금 국제 정세의 대변동으로 소위 국제적 연대세력을 다 잃어버리게 되었다. 그러므로 소위 3대 혁명역량만을 믿고 마지막 안간힘을 다 쓰고 있다. 베를린에서 그 3대 혁명역량의 대표자들이 회합했던 것을 우리는 잘 안다. 북의 사회주의 혁명역량, 해외 동포 중 친북세력들, 그리고 대한민국 안에 있는 친북 주사파세력들이 바로 북측이 말하는 조국통일을 위한 3대 혁명역량이란 것이다. 이 3대 혁명역량 이외에는 어떠한 세력도 통일문제에 관한 한 역도요 반동이며 외세에 해당하기 때문에 인정할 수 없다는 것이다.

그러므로 저들은 남북회담이나 교류에 있어서도 남한 정부당국이나 보수세력들은 상대하지 않는 게 통일전략의 원칙이지만, 전술적으로만 상대하는 척 쇼를 벌이면서, 실질적으로 손을 맞잡고 통일혁명사업을 같이하는 동지들은 남한 내부의 각종 반체제 친북 주사파세력들임이 드러난 것이다. 고위급 회담이나 그외 각종 공식적인 남북교류와 접촉은 이 통일전선을 성사시키기 위한 상층 통일전술이요, 하층으로는 각종 반정부·반체제세력들과 내통하고 그 세력을 확산시켜 대한민국을 둘러엎을 틈만 노리고 있는 것이다.

북측 기자들은 이번에 임양 가족, 외대, 동국대 총학생회를 기습 취재하러 간 게 아니다. 북한의 기자를 우리가 말하는 남한의 취재기자들로 생각하니까 기습 취재 운운하게 되지만 그들은 주체혁명사업가요 선동일꾼이지 자유세계의 기자로 보는 것은 천부당만부당이다. 김일성 선교사들인 것이다. 처음부터 그들은 남북회담을 취재하러 오는 게 아니고 남한 내부의 혁명동지들을 격려하고 그 세력을 확산시키기 위해서 오는 것이다.

그들이 서울에서 찾아 나선 사람들은 누구인가? 예외 없이 친북 주사파들인 것이다. 이제 더 이상 기다릴 수 없는 불리한 국제 정세와 북한 내부의 사정에 몰려, 저들이 최후의 보루로 여기고 기대를 걸 수밖에 없는 혁명역량이 바로 대한민국 안에 있는 주사파들인 것이다.

그러므로 저들은 그동안 혁명기지로 열심히 씨뿌리고 가꿔왔던

남한 내부의 반체제 운동권 세력들을 점검하고 고무하고 선동함
으로써 남한의 대응자세와 그 힘을 측정해 보고 있는 것이다.

북한과의 교류 대비한 사상준비 전무

어차피 남북교류를 주장하고 개방을 유도하고 있는 우리로서는
이번 북측 기자들의 행동에 대해서 그 무슨 남북안내협약을 어겼
느니 어떠니 하는 수준에서 비판할 문제가 아니다. 오히려 이 문
제를 정면으로 돌파할 채비를 서둘러야 한다. 개방과 교류는 이
번과 같은 사태를 예상하지 않고는 성사되지 않는 것이다.

여기에 가장 필요한 일은 무엇인가. 무력통일이 아닌 개방과
교류에 의한 평화적인 남북통일은 결국 사상·의식의 경쟁이 된
다. 세계관·가치관의 대결이 되는 것이다.

북은 지금 온 세상이 다 바뀌어도 영생불명의 주체사상만은 변
치 않는다고 맹신하고 있다. 그런데, 바로 이 주체사상이 남조선
대학생들의 지도이념이 되어 있고 조국통일의 이정표가 되고 있
다는 데 저들이 지금 득의만면하고 우리를 얕잡아 보며 큰소리를
치는 소이가 있는 것이다. 호박에 칼침 놓는 기분으로 지금 저들
은 서울 장안을 휘저으며 혁명사업을 했고 평양으로 보내는 전문
에는 혁명기지를 다녀왔다고 보고한 것이다.

우리가 나무랄 것은 저들의 오만불손과 무례함이 아니라, 사상
면에서 세계관적인 이념정립도 역사관도 제대로 준비해 놓지 못
하고, 우리 자식들을 사상과 가치관에 있어서 북의 주체사상을
소화시켜 낼 수 있도록 교육시키지 못한 우리 자신을 놓고 가슴
을 쳐야 한다.

지식인 · 교육당국 책임

이 땅의 학계와 종교계는 지금까지 무엇을 하고 있었으며, 남북통일을 통치의 비전으로 삼고 있는 노태우 정권은 또 무엇을 하고 있는가. 북방외교도 좋고 남북회담도 좋지만 집안에 있는 아들딸이 부모와는 등을 돌리고 우리 집을 송두리째 앗아가려는 강도들의 꾀임에 빠져 집 안방까지 저들을 불러들여 희희닥거리고 있는 기막힌 사실을 어찌할 것인가.

수년 간 교육세 걷어들이면서 입만 열면 학원정상화요, 교육개혁, 통일을 대비한 이념교육, 교과과정 개편 등등 듣기 좋은 말은 도맡아 하고 있는 교육당국은 이번 사태를 놓고 책임을 통감해야 하고 대국민 사과성명을 내야 한다. 북의 혁명사업가들이 대학가를 종횡으로 누비고 다녀도 대학으로부터는 단 한마디의 반박도 나오지 않은 한국 대학의 현주소는 6공 교육정책의 파탄을 의미하는 것이다. 우리 대학생들을 저렇게 만든 책임을 북한을 비난하고 학생들만 나무라면서 이 땅의 지식인들과 정부당국은 팔짱끼고 지켜보기만 할 것인가.

〈전교학신문〉 (1990. 12. 19)

마르크스·레닌주의의 종언과 남북교류 대비

동구와 소련공산주의의 해체 과정은 북한으로 하여금 계속적인 폐쇄와 쇄국으로 안주할 수 없다는 것을 보여 준 견디기 힘든 충격이 아닐 수 없다.

지난 7월 26일 소련 공산당 중앙위가 고르바초프의 '새 강령'을 압도적 다수로 채택함으로써 지상에서 공산주의라는 유령은 마침내 사라질 운명에 놓였다. 하기야 중국·북한·쿠바 등지에서는 여전히 공산주의 유령이 살아 움직이고 있기는 하지만 공산 종주국인 소련에서 마르크스·레닌주의의 종언을 공식화시킨 것을 보면, 대세는 이미 기울어진 것이다.

공산유령 사라지다

1917년 레닌에 의해 주도된 공산혁명이 74년 만에 바로 그 레닌이 만든 소련 공산당원들에 의해 폐기 처분을 당하게 되었으니 역사의 심판이 이렇게도 무서운가를 다시 한 번 실감하지 않을 수 없다. 우리가 공산주의를 단지 정치·경제적 관점에서 체제와 제도만으로 간주하는 것은 오늘의 세계문제를 해결함에 있어서 올바른 이해가 아니다. 즉 공산당 일당독재, 사유재산 철폐의 관점에서 공산주의를 파악하면, 다당제가 도입되고 시장경제제도가 채택되는 것으로 공산주의가 종식되었다고 말할 수 있을 것이다. 그러나 우리가 주의를 기울이고 살펴봐야 할 것은 공산주의자들이 주창한 무신론적 세계관과 유물론적 인간관이다.

인간과 세계에 대한 무신론적·유물론적 견해에 대해 공산주의를 포기한 소련은 어떤 대체이론을 제시할 것인가가 우리의 관심사인 것이다. 그들이 그렇게도 확신을 가지고 만고불변의 진리로 규정했던 변증법적 유물론에 입각한 사상·의식과 가치관을 어떻게 할 것인가가 문제인 것이다. 이번에 채택한 '새 강령'에서는 정치·경제·당에 관해서는 분명히 공산당 일당독재의 포기와, 국유화와 사유화를 조화시키려는 혼합경제제도, 민주적 의회제도의 도입 등을 밝히고 있지만, 그들의 철학에 해당하는 변증법적 유물론에 대한 언급은 없다. 이 부분은 어느 누구도 자신 있게 대체이념을 제시하기 어렵기 때문에 종교의 자유를 인정하는 것 등으로 간접적인 변화를 시도한 것으로 봐야 할 것이다.

이 문제는 사실상 공산권에서만 문제되는 것이 아니고 자유세계에서도 심각한 문제가 되고 있는 것이다. 오늘날 세계적으로 만연되고 있는 퇴폐 문제는 공산진영에서보다 자유진영이 더욱 심각한 국면에 처해 있다. 자유진영은 경제적으로는 부와 자유를 더 누리고 있지만 윤리와 도덕의 퇴폐는 이미 미국과 서구의 몰락을 예견할 정도로 황폐 일로에 있음을 부인할 수 없는 것이다. 다시 말해 자유세계도 인간관과 가치관의 붕괴와 혼란은 갈수록 심화되고 있는 것이다. 소련을 중심한 동구 공산권이 공산주의를 포기했다고 해서 자본주의를 따라오거나 자유세계를 모델로 하여 끌려오려고는 하지 않는다. 즉 경제제도와 정치제도로는 자본주의와 자유민주주의를 도입할 수 있겠지만, 근본적인 가치관, 윤리의식은 자본주의·자유세계의 그것을 그대로 수용하게 돼서는 안 될 것이다. 공산주의가 그토록 신성시했던 혁명·계급투쟁이 허망하게도 무위로 돌아가고, 평등한 경제적 부의 생활이 신기루가 되어 버린 이 판국에, 저들은 자본주의, 자유세계의 추종만이 그들의 살길인 양 일순 착각할는지는 몰라도 곧 자본주의 세계의 병폐와 독소도 잘 알게 되고 말 것이다.

자본주의가 대체이념은 아니다

요컨대 공산주의 철학에 입각한 진화론적 인간관과 무신론·유물론적인 세계관에 의한 개인·가정·사회윤리가 이제 혼돈과 방황의 상태에 처하게 된 것이다. 그 위에 자유세계의 물질만능, 향락주의가 퍼져 들어가면 퇴폐의 독버섯이 여기저기서 자라나게 될 것이다.

자유세계가 안고 있는 큰 고민을 공산세계도 조만간 함께 앓게 될 것이다. 우리는 이 문제를 정면으로 제기하지 않을 수 없다. 자본주의 세계의 가치관 부재와 철학의 빈곤을 언급하지 않을 수 없는 것이다. 자유세계는 종교적 자유가 보장되어 있고 학문연구의 자유도 보장되어 있다. 그러나 종교는 오늘날 자유세계의 소금 구실을 상실한 채 오히려 배금주의와 퇴폐의 극복에 아무런 힘을 발휘하지 못하고 있다. 많은 종교가 자유세계를 지탱해 가

는 한 기둥을 차지하고 있기는 하지만, 점점 더 어지러워 가고
퇴폐해 가는 인륜도덕을 세우는 데 아무런 설득력을 갖지 못하고
있다. 또한 교육계를 위시한 사회 각계에서 부단한 노력을 해 나
가고 있기는 하지만 도덕성 회복이 그리 밝은 전망으로 내다보이
지 않는다. 청소년들의 범죄와 퇴폐, 기성세대의 비리와 불륜을
해결할 수 있는 자정력을 자유세계가 자체적으로 갖지 못한 상태
에서 공산진영의 붕괴를 바라보며 자만에 빠져 있거나 거드름을
피는 입장에 서서는 안 될 것이다.

사상·도덕적 대비 서둘러야

이런 정황 아래에서 한반도의 남과 북은 바야흐로 세기의 대결
을 펼칠 것으로 보인다. 북은 북대로 공산주의에 대한 신념이 아
직은 흔들리지 않고 있다. 엄밀히 말해서 북의 공산주의는 마르
크스·레닌주의가 아니고 김일성주의인 것이다. 그들은 일당독
재, 국유화제도를 철통같이 집행하면서 김일성 주체사상으로 뭉
쳐진 종교집단이 되어 있다. 한마디로 배고픈 광신집단이다. 그
리므로 동구와 소련 공산주의의 해체 과정은 북한으로 하여금 계
속적인 폐쇄와 쇄국으로 안주할 수 없다는 것을 보여 준 견디기
힘든 충격이 아닐 수 없다.

이제 오는 9월 UN에 남북한이 동시 가입을 하게 되면 한반도
에서의 전쟁을 통한 무력통일의 길은 사실상 불가능해질 것이다.
지금 북쪽은 정보의 결핍과 식량의 궁핍으로 북한의 인민들이 견
디기 어려운 극한 상황으로 빠져들고 있다. 문제는 저들이 지금
까지와는 태도를 바꾸어 염치 불구하고 '미국의 식민지로서 깡통

차고 다니는 가난한 남조선’으로부터 쌀을 수입하거나 생활필수품을 얻어 갈 때 북쪽에서 벌어질 사태를 생각해 보면 북한 지도층의 고민은 실로 말로 형용할 수 없을 지경이 될 것이다.

만일 그때까지 북한 지도부가 아무런 교류나 개방 조치를 하지 않고 있다가는 북한 동포들의 불만은 일시에 태풍으로 변하여 제2의 루마니아가 될 가능성이 분명하다. 그러기에 저들도 지금부터 고르바초프의 페레스트로이카식 개방·개혁 곧 위로부터의 개혁으로 나서지 않을 수 없게 된다고 봐야 한다. 더욱이 미·소가 전략무기 감축협정에 조인을 하고 세계평화를 위해 동반시대를 열어 가는 이때에 한반도의 남북한만이 계속 적대적 관계로 남아 있을 수는 없는 것이다. 이와 같은 대세 속에서 한반도의 남과 북은 만나고, 교류를 하지 않을 수 없다. 우리 측이 통행·통신·통상 곧 삼통(三通)을 제의한 것에 대해 북측이 처음보다 긍정적으로 태도가 바뀌고 있는 것도 그 조짐이다.

그러나 우리가 북한 동포들과 만나고 교류하면서 그들에게 보여 줄 수 있는 것이 무엇일 것인가? 남한이 경제적으로 북한보다 더 윤택하고 잘살고 있다는 것만으로는 부족하다. 물질만능 풍조에, 지금처럼 땅에 떨어진 도덕적인 퇴폐와 문란한 성도덕, 비리, 부정부패, 혼이 나간 사치 낭비, 정신적·도덕적 황폐화를 그대로 내버려둔 채 경제적인 우위 하나만으로 우쭐하다가는 머지않아 북한 동포들 앞에 오히려 덜미를 잡힐 가능성이 큰 것이다. 흥청망청 정신 나간 부잣집 자식이 정신 바짝 차리고 뒤따라오는 가난한 집 자식을 당할 수 없게 되는 것과 같은 이치다.

남북 교류에 대비하여 사상적·도덕적 준비를 서둘러야 할 시점이다.

〈전교학신문〉 (1991. 8. 7)

통일대비, 우리가 할 일

우리는 지금까지 북에 비하여 군사력이나 물리적 힘의 우위를 확보하려는 일에 관심과 노력을 투입한 것 이상으로 도덕성의 우위를 놓고 경쟁하게 된다는 사실을 명심해야 할 때다.

임신년 새해가 밝았다. 새해 첫날 우리는 민족과 인류에게 신의 축복을 기구하는 심정으로 동녘에 솟아오르는 태양을 맞는다.

오늘 무엇보다 우리의 가슴을 설레게 하는 것은 한반도가 지난날의 온갖 갈등과 대립의 낡은 껍질을 과감히 벗어던질 수 있는 모든 여건이 성숙되고 있다는 사실이다. 생각해 보라, 남과 북이 이처럼 손 뻗으면 잡힐 것 같고, 소리치면 곧장 대답이 들려올 것만 같은 이 친화감이 어디서 연유하고 있는가를. 어느 시인이 광복의 날을 노래하여 '한강물 다시 흐르고 백두산 높았다'고 했지만, 분단 반세기 동안 이 시구는 무의미한 것이었다. 이제야 우리가 그토록 갈망해 마지않던 제2의 광복—남북통일이 우리의 가시권에 들어온 것이 아닌가. 물론 이와 같은 흥분과 성급함이 오늘의 현실적 장애와 과정을 한꺼번에 뛰어넘을 수는 없다. 그러나 통일에 대한 정열과 열망이 그 어느 때보다도 용솟음치는 새해 1992년임은 아무도 부정하지 못할 것이다.

통일에 대한 열정이 뜨거워질수록 우리는 통일을 대비하여 나라 안팎의 현실적 여건과 상황을 냉철히 구체적으로 점검하고 그 준비 작업에 만전을 기하지 않으면 안 된다. 무릇 인간의 일상사도 준비 없이 제대로 되는 결과란 없는 법이거늘 하물며 민족 대사인 남과 북의 통일이 준비 없이 제대로 될 일인가를 우리는 엄숙히 생각해야 한다. 지난날 우리가 일제로부터 광복을 맞이했을 때 민족주체 역량의 미비로 말미암아 외세에 의한 분단과 동족상잔의 비극을 자초했던 뼈아픈 전철을 두 번 다시 반복할 수는 없다.

이렇게 볼 때, 지금 이 시점의 나라 안팎의 상황은 우리가 통일을 대비하여 할 일이 얼마나 많고 중대한 것인가를 새삼 깨닫게 해 주고 있는 것이다. 다시 말해서 남북통일을 우리 민족의 주체적 역량으로 이룩할 만반의 준비 태세를 지금부터 착실히 다져 나가지 않으면 안 되겠다는 것이다.

지금까지 남북대결의 논리에 매달려 필요 없는 국력의 소모가 얼마나 심했었는가는 새삼 거론할 필요도 없다. 한반도에도 이제 대결과 투쟁의 시대는 끝나 가고 있다. 화해와 교류의 새 시대가 도래하고 있다. 대화와 협력의 시대가 드디어 찾아오게 된 것이다. 우리는 이와 같은 새 시대에 걸맞는 의식의 옷을 갈아입을 채비를 서둘러야겠고, 통일에 대비하여 우리 모두가 짊어져야 할 책임의 양을 분담할 각오가 돼야 한다.

냉전시대에나 통했던 군사문화의 권위주의와 독재, 걸핏하면

개헌을 해서라도 특정인이나 집권층이 집권 연장을 도모하는 정치 풍토는 영원히 종말을 고해야 한다.

또한 모든 부정과 비리의 원죄와도 같은 선거 비리를 저지르는 정치인과 유권자야말로 이 나라를 망치고 통일을 저해하는 반통일 세력들로 규정짓지 않을 수 없다. 왜냐하면 우리가 세우려는 통일조국은 어떠한 독재도 정치 부패도 없는 그야말로 청정한 민주정부와 신성한 주권국가여야 하기 때문이다. 누가 우리의 신성한 주권을 더럽히고 약화시키는가? 부패한 정권이요, 타락한 정치인들이요, 선거부정에 동참하는 유권자들이 아닐 수 없다. 이런 뜻에서 우리는 금년에 치러질 14대 국회의원총선과 지방자치단체장선거, 대통령선거가 이 나라에 통일과 번영의 길이냐, 망국과 몰락의 길이냐를 가름하는 분기점이 될 것임을 분명히 알아야 한다.

누구나 통탄해 마지않는 도덕성의 퇴락도 그 뿌리를 찾는다면 정치 부패요 선거 부정이 아닐 수 없다. '윗물이 맑아야 아랫물이 맑다'는 속담은 우리의 정치 풍토가 국민생활 전체에 어떤 영향을 끼치고 있는가를 극명하게 드러낸 말이라 할 것이다.

통일은 우리 내부가 우선 정치부터 바로 서고 난 다음의 일이다. 통일을 외치는 여·야 정치 후보자들이 도덕성에 있어서 과거와 조금도 달라진 것이 없는 사람들이라면 이 나라의 미래는 아예 싹부터 노랗다. 4대선거가, 무슨 짓을 해서라도 당선되고 보자던가 돈은 얼마든지 뿌려서라도 권력을 손에 쥐고 보자는 정상배들의 잔치판이 된다면 이 나라에는 아예 희망이 사라지게 될 것이다. 선거망국, 정치망국의 한을 남기는 1992년이 돼서는 안 된다는 말이다.

정치가 바로 서야 교육이 바로 선다. 교육이 바로 서야 경제가 바로 선다. 경제가 바로 서야 비로소 남북통일을 우리 민족의 주체적 역량으로 이뤄 낼 힘이 나오는 것이다.

이런 의미에서 우리는 '정치의 해'라고 불리는 새해를 통일조국의 주춧돌을 놓는 자세로 맞이하지 않으면 안 된다.

바른 정치는 집안에 부모가 바로 선다는 의미요, 바른 교육은 바른 부모에 의해 자녀들이 바로 길러지고 있다는 희망이요, 활력 있는 경제는 그 집안의 살림살이가 규모 있게 번창하고 있다는 뜻이 아니겠는가. 부모가 부도덕하고 부정하다면 자식이 제대로 자랄 리가 없고, 정치(부모)와 교육(자식)이 온전치 못하고서야 경제가 제대로 펴 나갈 리 있겠는가. 더구나 우리는 북한에 대해 정치·교육·경제 등 각 방면에서 모범적인 해답을 제시하면서 화해하고 마침내는 평화적인 통일을 주도해야 할 문턱을 넘고 있는 것이다.

이제부터 우리는 지금까지 북에 비하여 군사력이나 물리적 힘의 우위를 확보하려는 일에 관심과 노력을 투입한 것 이상으로 도덕성의 우위를 놓고 경쟁하게 된다는 사실을 명심해야 할 때다. 사회주의의 종말은 곧 자본주의의 승리를 의미하는 것이 아니다. 부패한 자본주의는 일찍 종말을 고한 사회주의보다 인류를 더 고통스럽게 만들 소지를 안고 있기 때문이다. 어떠한 이데올로기나 체제도 도덕성을 전제로 하지 않을 때는 야수화한다는 것을 우리의 현실이 웅변으로 말하고 있지 않은가. 이제 정치·경제·사회·문화·군사 등 모든 분야에 있어서 물량적 우위를 가지고 통일로 접근하려던 낡은 시대는 끝났다.

새 시대는 우리에게 모든 면에서 도덕적 우위, 가치적 우위를 확보하는 길이 아니면 통일로 갈 수 없다는 것을 가르쳐 주고 있다. 정치와 교육과 경제의 도덕성을 바로잡는 길이야말로 통일대비의 제일보임을 새해를 맞는 원단에 우리 모두가 명심하자.

〈세계일보〉(1992. 1. 1)

4 부

자랑스런 문화대국의 길로

국가개혁 목표 분명히 하자

우리는 국제경쟁력 강화를 단순히 경제적 측면만을 고려하고 있는 듯한 사회적 분위기를 우려하지 않을 수 없다. 우리가 건설하고자 하는 대한민국의 미래상이 마치 경제대국이어야만 하는 듯한 환상을 불러일으키기 때문이다.

1994년 갑술 새해를 맞이하는 우리 한국인들은 그 무엇보다도 먼저 분명한 국가 진로의 목표에 대한 인식을 공유하지 않으면 안 되는 상황에 처해 있다.

한국은 지금 어디로 가고 있는가? 왜 우리는 지금 그곳으로 가려 하는가? 이와 같은 질문이 분명히 제기돼야 하고 이 문제에 국민 모두가 합의하는 명확한 해답을 찾아내지 않으면 안 된다.

왜냐하면 21세기를 눈앞에 둔 대변혁기의 세계역사는 그야말로 한치 앞도 내다보기 어려운 혼란의 와중에 직면하고 있기 때문이다. 우리 민족은 20세기 전반은 국권을 상실한 채 군국주의 일제 식민통치로 시달렸고, 그 후반은 양대 이데올로기의 대립 속에서 분단과 동족상잔의 너무나 혹독한 고통을 치러야만 했다. 이제 이토록 어둡고 고통스러웠던 20세기 1백년 동안은 지나놓고 보니 하늘이 우리 민족으로 하여금 인류역사상 가장 참혹했던 시련들을 정면으로 돌파해 나오게 하여 세계에서 가장 강인한 민족이 되게 한 기간이었다고 감히 자부해도 될 것이다.

 '하늘은 스스로 돕는 자를 돕는다'고 했듯이 우리는 세계사의 혹독한 홍역을 치러 내면서 어느 민족보다도 강인하고 성숙하게 되었다고 봐도 좋을 것이다. 그 암울했던 시절 우리는 조국광복, 반공국시라는 분명한 국민적 합의를 우리의 진로로 삼아 험난한 파도를 헤쳐 나올 수 있었던 것이다. 이제 한 세기 동안 우리를 괴롭히던 일제도 공산주의도 물러가고 지금은 변화된 새 세계가 우리 앞에 그 모습을 드러내려는 대변혁기요 과도기다. 그것이 어떤 내용과 형태로 우리에게 다가오든 우리가 분명한 국가의 진로를 설정하고 모두가 힘을 합쳐 나아간다면 21세기에 열리는 새 세계는 우리 한국인들에게는 분명 자랑스런 무대가 될 것이다.

 지금 우리 앞에 드러나기 시작한 새 세계는 영토적 개념의 국경선이 약화된 글로벌 코뮤니티(Global Community · 지구공동체)로서의 모습이다. 그러나 민주 · 공산이라는 양극체제와 양대 이념의 대결이 끝난 오늘의 세계는 오히려 민족주의 · 종파주의 · 인종분규 등의 새로운 도전에 직면하여 양극대결의 시대보다 더 긴장과 갈등이 야기되고 있는 것도 엄연한 현실이다. 그러나 그럴수록 지구는 하나의 공동체로서 공생 · 공영 · 공의의 평화 · 복지 · 도의 세계가 되지 않으면 우리 모두가 공멸할 수밖에 없다는 신사고가 확산되고 있음도 사실이다. '너 죽고 나 살자'는 식의 사고방식은 20세기까지의 구사고요, '너도나도 함께 잘살자'는 사고가 21세기식 신사고다. 이것이 지구공동체 시대에 통용될 새 가치관인 것이다.

이런 관점에서 요즈음 제2의 개국이라고까지 불리며 뜨겁게 논의되고 있는 '세계화 · 국제화 · 개방화'에 대해서는 보다 적극적이고 능동적인 자세가 필요하지 않을 수 없다. 그러나 UR협상타결로 인한 '쌀개방 난리'를 겪을 때 정부당국자들의 우왕좌왕하던 모습을 보면서 대다수 국민들은 심한 불안을 느끼지 않을 수 없었다. 그것은 현 정부 지도층이 발등의 불만 끄고 보자는 식의 단편적 · 근시안적 안목을 가지고 하루살이 국가 경영을 하고 있는 게 아닌가 하는 의구심에서 기인된 것이었다.

이런 때에 김영삼 대통령이 민심을 바로 읽고 문민 제2기 개각과 더불어 세계적인 개방시대에 대처하기 위한 국정운영의 방침으로 '개혁을 통한 국제경쟁력 제고'를 강조하기 시작한 것은 그나마 다행한 일이다.

그러나 우리는 국제경쟁력 강화를 단순히 경제적 측면만을 고려하고 있는 듯한 사회적 분위기를 우려하지 않을 수 없다. 우리가 건설하고자 하는 대한민국의 미래상이 마치 경제대국이어야만 하는 듯한 환상을 불러일으키기 때문이다. 3공 · 5공 · 6공 때와 마찬가지로 경제제일주의, 수출제일주의 등 외화를 벌어들이는 일만이 최고의 가치인 것으로, 그리하여 전국민이 돈버는 일 이외의 것은 얼마든지 소홀히 해도 된다는 식의 인식이 확대 심화된다면 이것은 더욱 큰 문제를 잉태하게 될 것이다. 옛말에 이르기를 '의식이 족해야 예절을 안다'라고 한 것은 지당한 말이기는 하다. 그러나 오늘날 물질적 풍요를 누리고 있는 대부분의 선진국들은 바로 그 물질적 풍요 때문에 당하는 정신적 빈곤과 황폐로 인한 문화 · 가치적 파탄에 보다 심각한 고민을 하고 있다는 사실을 지적하지 않을 수 없다. 이것은 마치 '졸부 아비에 오렌지족 자식'임을 미리 간파하지 않으면 안 되는 것이다.

우리 한국인들이 경제적으로 국제화·세계화에 성공한다고 해도 이웃 어느 나라처럼 '경제적 동물'이란 소리를 듣는 식이 돼서는 안 되는 것이다. 여기에 우리는 지구공동체 시대 곧 국제화 시대를 맞이하여 우리의 지표가 될 철학은 무엇이며 지향해야 할 가치는 무엇이어야 할 것인가를 심매원려하지 않으면 안 되는 까닭이 있다. 우리가 세워야 할 내일의 대한민국은 문화대국이어야 함을 세계일보는 세계화·개방화·국제화의 원년이 될 1994년 원단에 명백히 해 두고자 한다.

문화란 인간의 삶을 총체적으로 지칭하여 이르는 말이다. 인간은 물질적·경제적 존재인 동시에 사회·정치적 존재요, 영적·가치적 존재인 것이다. 따라서 인류는 용기 문화, 규범 문화, 관념 문화를 창조해 가면서 살아간다. 우리가 지구공동체화한 국제 사회에서 자랑스럽고 당당한 한국인으로 살아가려면 우리는 위에 말한 세 분야에서 균형잡힌 문화 민족으로서 나서야 하는 것이다. 곧 경제(용기), 법과 제도(규범), 도덕과 종교·철학(관념)의 세 분야에서 범지구적이 되지 않으면 안 된다. 국조 단군의 홍익인간 정신, 곧 널리 인류를 이익 되게 할 수 있는 한국인이 되어야 한다.

이것이 바로 김영삼 정부가 내세운 '개혁을 통한 국제경쟁력 제고'의 방향이 되어야 할 것이다. 혹자는 김대통령이 추진하는 개혁이란 곧 '비리사정'에 불과한 것이라고 냉소하고 있지만 개혁은 바로 혁신인 것이요 일신우일신(日新又日新)의 일상적 삶이어야 하는 것이다. 따라서 국제경쟁력 제고란 법과 제도 곧 사회와 정

치의 혁신이 반드시 전제돼야 하는 것이요, 동시에 도덕과 종교
와 철학, 가치관 곧 의식이 새롭게 되지 않고 구태의연해서는 참
다운 국제화를 위한 개혁은 성공할 수 없는 것이다. 양질의 농수
공산품, 가장 인간적이고 효율적인 법과 제도, 널리 인류를 행복
하게 할 수 있는 도덕과 인류 보편의 종교·가치관을 찾아 그것
을 지구촌 전인류에게 바치는, 우리 한민족의 선물로 내놓을 수
있게 하는 원대한 국가개혁 목표를 차제에 분명히 설정해야 한
다. 그것이 바로 우리가 말하고자 하는 문화대국의 건설방향이요
통일한국의 미래상인 것이다.

 '개혁을 통한 국제경쟁력 제고'라는 모처럼 합의된 현 정부의
국정운영 방침이 더 이상 우왕좌왕 시간낭비나 하고 비생산적인
논란만 불러일으키지 않기 위해서라도 문화입국을 향한 국가개혁
목표는 구체적으로 분명하게 설정해야 한다.

(1994. 1. 1)

민간의 힘이 나라의 힘

고급문화인 '세계화된 한국산 종교' 가 있다면 이것이야말로 우리 나라의 영원한 국부(國富)와 긍지의 원천이 될 문화 자원(文化 資源)인 것이다. '통일교'라는 한국 본산 종교단체의 세계적 성공 사례는 우리의 중요한 문화 자원이 아닐 수 없는 것이다.

광복 50주년을 기념하는 각종 문화 행사가 풍성했던 8월도 다 기울었다. 광화문을 가로막고 선 옛 조선총독부 건물의 첨탑도 제거되었다. 정부가 적극적으로 뒷받침했던 여러 가지 문화 행사도 펼쳐졌다. 한바탕의 신명나는 춤판이었고, 민족적 한(恨)을 승화시키며 겨레의 내일을 기약하는 희원(希願)을 담은 내용들이라 볼 수 있었다. 그러나 뒤이어 찾아온 폭우와 태풍이 휩쓸고 간 뒷자리는 4천억 비자금설 파문과 함께 8·15 문화 행사들의 여운을 아쉽게 만들어 버린 감이 없지 않다. 일제의 잔재를 청산하고 민족정기를 회복해야 한다는 본래의 취지가 이번 광복 50주년 기념 문화 행사로 미래지향적이고 창조적인 방향으로 우리 문화계에 자리잡기를 기대해 본다.

그러나 문화란 게 그렇게 간단하게 한두 번의 기념 행사로 생명력을 가지는 것은 아니라는 것도 알아야 한다. 본래 문화란 민족 또는 인류의 생활 전반인 정치·경제·사회·교육·예술·학문·종교 등에 걸쳐서 생명력을 가진 핵심내용들이 응축된 것을 이름이 아니던가. 생명력이 없는 것은 아무리 국가가 뒷받침하고 진작시키려 해도 잠깐의 일회용 전시 행사밖에는 될 수 없는 것이요 시간과 공간을 넘어서 전수되고 전파되지 못하는 것이다.

그런데 민족사나 세계사를 보면 종교가 문화 창조에 남긴 공헌은 거의 절대적이라고 말할 수 있다. 신앙과 종교적 요소가 깃들지 아니한 문화유산이란 거의 없다 해도 지나친 말이 아니다. 그러기에 종교는 문화의 내용이요, 문화는 종교의 형태라고 하지 않는가. 후세에까지 줄기찬 생명력을 갖추고 있는 것은 역시 종교적 가치인 것이다.

이런 의미에서 광복 50주년을 맞는 1995년 8월의 대한민국 서울에서 민간의 한 종교 지도자에 의해 36만 쌍의 국제합동결혼식이 거행된 것은 정부 주도의 각종 국책 문화 행사와는 그 차원을 달리하는 것이 아닐 수 없다. 제2회 세계문화체육대전의 일환으로 163개국의 선남선녀가 참여한 36만 쌍 국제합동결혼식이 거행되었고, 이와 더불어 세계 각국의 전·현직 국가 수반들의 모임인 정상회의, 세계언론인회의, 여성지도자회의, 세계과학자·석학회의, 종교지도자회의 등 각 나라의 지성과 경륜을 두루 갖춘 인물들이 한자리에 모여 인류의 평화와 가정의 도덕성 회복을 놓고 진지한 토론과 합의를 도출해내는 모임을 가진 것이다. 광복 후 올림픽을 개최한 일 이외에는 이와 같은 범지구적인 종합적 문화 행사가 한국에서 있었던 적은 없다. 그것도 하나의 종교단체에 의해서 개최된 것이다.

이 행사를 위해 외국에서 수많은 보도진이 찾아와 북새통을 이루며 취재 경쟁에 열을 올렸다. 위성중계된 36만 쌍 국제합동결혼식 행사는 전세계 163개국 553개 도시에서 동시에 집행되었다. 그야말로 전지구촌이 시차(時差)를 극복하면서 같은 시각에 대한민국의 서울을 주목하며 '세계 인류는 한가족' 이라는 평화세계의 이상을 향해 힘찬 걸음을 내디딘 것이다.

대만(臺灣)의 경우는 서울의 결혼식 행사를 위성중계로 받아 대만 전역에 생중계하면서, 대만 현지에서 8천 쌍이 동시에 이 국제합동결혼식에 참여했다. 국가 최고 지도자의 적극적인 협조 아래 현직 각료인 황석성 장관이 이 축복 결혼식 준비 위원장이 되어 대만의 허물어져 가는 가족 윤리를 바로 세우려면 한국인 문선명 선생의 '참가정' 의 가르침을 따르는 길임을 확신하게 되었다는 것이다. 한국인이라면 누구나 두 눈을 바로 뜨고 이 '사건' 을 주시해야 할 일이다.

한국 문화의 세계화를 강조하면서도 무엇을 어떻게 하여야 할 것인가에 대해서는 그 구체적인 해답이 없는 현실이다. 이런 때에 한국인에 의해 창도된 한 종교가 전세계에 이와 같은 영향력과 감화력을 발휘하고 있는 명백한 사실을 우리는 확인하고 있는 것이다. 아놀드 토인비는 일찍이 한국의 전통적 가족 문화가 위기에 처할 인류문명에 큰 가르침을 줄 것이라고 통찰했다. 우리의 전통문화를 세계화시킬 수 있는 안목과 철학을 제시한 이런 큰 인물이 우리 시대에 출현하였다는 것은 큰 축복이 아닐 수 없다.

우리는 지금 국가와 국민의 역량을 총동원하여 세계화 시대에 대비해야 할 때다. 자동차 몇 대 더 팔고 반도체 수출 좀더 늘리는 무역 전쟁만이 국제경쟁인 줄 아는 근시안적 안목을 탈피해야 한다. 그보다 더 근본된 것이 종합적인 문화 경쟁력이다. 무역 전쟁에는 국제 경기의 변화에 따라 항상 기복이 있게 마련이고, 환경오염과 더불어 많은 부작용이 언제나 따라붙는다. 그러나 고급문화인 '세계화된 한국산 종교'가 있다면 이것이야말로 우리나라의 영원한 국부(國富)와 긍지의 원천이 될 문화 자원(文化 資源)인 것이다. 선진국일수록 자연 자원보다 문화 자원이 많은 것이 아닌가. 이탈리아의 로마를 가 본 사람은 알 것이다. 가톨릭의 총본산이 있는 바티칸시는 전세계에서 찾아오는 가톨릭 신도들과 관광객들로 하여금 로마와 이탈리아의 문화와 역사에 대해 어떻게 평가하게 하는지를 말이다. 국경이 낮아지고, 전지구촌이 교역이나 과학기술, 사회·문화적으로 더욱 가까워질 금후의 세계에서는 문화 자원이 많은 나라일수록 국력에서 우위에 설 수밖에 없다.

이런 면에서 한국을 종주국(宗主國)으로 섬기려는 세계 각국의 사람들이 많이 생겨난다면 이는 크게 반가워해야 할 경사가 아닐 수 없는 것이다. 광복 50주년에 때맞춰 종주국 수도인 서울을 향하여 경의와 감사의 기도를 드리며 국경과 인종, 종교적 차이의 벽을 넘어 백년가약을 맺고 인류 한가족의 도덕세계 창건에 동참한 각국 모든 사람들에게 한국인들은 마땅히 축복의 박수를 보냄직하지 않는가. 그 가운데는 수만 쌍의 일본인 신랑 신부가 있었고 그들의 대표자들이 참회와 사죄의 눈물을 글썽이며, 남산(南山)의 안중근 의사 기념관을 찾고, 태평양전쟁 유족회를 방문하여 그들 선조들의 한반도 침략과 만행을 통회하고 사죄하였다.

일본인들만이 아니다. 오대양 육대주의 오색 인종들이 종주국

한국을 '참부모의 나라'로 높이며 한국의 언어와 역사와 문화를 배우기에 열심인 것이다. 우리 정부가 외교력을 총동원해도 성사하기 어려운 일을 '통일교'라는 한 민간 종교단체의 감화력에서 가능하다는 사실은 진정한 나라의 힘은 민간에서 나온다는 것을 느끼게 한다.

앞으로는 민간 기업들이 국제무대에 나아가 경쟁 우위를 확보하는 것 이상으로 문화 관련 민간들이 세계무대에서 우위에 서지 않으면 안 되는 시대가 열리고 있다. 그런 의미에서 '통일교'라는 한국 본산 종교단체의 세계적 성공 사례는 우리의 중요한 문화 자원이 아닐 수 없는 것이다. 그런데도 이런 소중한 민족 문화 자원을 아끼고 북돋우기보다는 훼손하고 깎아내리려는 종교적 편견에 사로잡힌 일부 소인배들이 세계화니, 일제 잔재 청산이니, 민족정기니 하고 떠들어대는 것은 우스꽝스런 일이다.

이런 민간을 북돋우고 성원하는 안목과 통치 철학을 갖추는 것도 정부가 담당해야 할 중요한 몫의 일부분임을 지적하지 않을 수 없다.

〈세계일보〉(1995. 8. 30)

세계화와 민족공동체

광복 50년 우리의 좌표

우리의 세계화는 아직은 분단을 해소하는 과정에 있는 우리 민족공동체의 장래에 궁극적으로 기여하는 민족통일운동과 도덕·문화운동을 겸해야 한다.

1995년 새해의 여명은 밝았다. 끝내 민족이 하나되지 못한 채, 분단과 이산의 상흔을 그대로 안은 채, 광복 50년을 맞는 새해 연두를 우리는 모두 자기 성찰의 진지한 계기로 삼아야 하겠다.

지난 한 세기는 유독 우리 민족에게만은 가혹한 시련과 도전의 연속이었다. 일제 식민통치·광복, 6·25 동란·분단 끊임없는 남북 갈등과 대결 구도 아래서 남과 북의 뒤틀린 정치와 사회는 한 민족의 창조적 에너지를 비생산적으로 소진시켜 왔다. 그 결과 냉전이 종식된 이 시점에 이르고서도 남과 북은 사사건건 앙앙불락하며, 지구상 유일한 분단민족으로 남아 있는 오늘의 부끄러운 현실을 냉철히 직시하지 않으면 안 된다.

그렇지만 이제 세계는 한반도의 남과 북을 가려 보는 데 다른 설명을 필요로 하지 않게 된 지 오래다. 북녘의 부끄럽고 민망스

런 역사의 허물을 덮고도 넘치는 긍지의 조국, 비상하는 현대국
가를 일궈 낸 자신감이 남쪽에겐 있다. 남쪽의 이 자신감은 이
땅의 북녘 반쪽 형제들의 삶에도 밝은 빛, 솟구치는 힘이 되어
줄 수 있다는 점에서 우리의 자세는 더욱 의연해야 할 때다.

올해는 전후 세계의 안정된 질서를 보장한 유엔 탄생 50주년도
된다. 그 깃발 아래서 전재(戰災)와 적빈을 딛고 일어섰던 우리는
이제는 세계평화유지활동(PKO)에 참여, 서부 사하라에까지 인술
의 손길을 뻗칠 만큼 성숙한 국제사회의 일원으로서 큰 몫을 하
고 있다.

우리 민족은 역경이 가혹할수록 그것을 극복하는 탄력이 강하
고 다이내미즘(역동성)이 충만한 저력을 발휘해 왔다. 불과 한 세
대 사이에 1인당 GNP를 8천5백 달러 수준으로 끌어올렸고, 세
계 10위권의 교역량에 이르도록 한 저력은 아무리 자랑한다 해도
결코 오만이 아니다.

그런 비약의 탄력을 갖고 우리는 바야흐로 세계화의 도도한 물
결을 타고 있다. 세계화는 분명 단순한 구호가 아니라 이 시대의
소명이다. 냉전의 구각(舊殼)을 마저 벗어던지는 시점은 국경을 초
월하는 새로운 세계무역기구(WTO) 체제의 출범과 때를 같이 하고
있다. 그것은 냉전의 극점이랄 수 있는 한반도에서 반세기를 보
내는 사이에 자신도 모르게 굳어져 있던 대립과 폐쇄의 족쇄를
풀어 버리고 열린 마음과 다부진 다짐을 갖고 세계로 나가자는
출사표이다. 그것은 또 대세의 흐름이라는 이유만으로 우리에게
강요되던 국제질서를 일방적으로 수용하던 시대에서 큰 굽이를
틀어 세계를 우리 안으로 끌어들여 민족의 활동 영역을 세계무대
로 확장하려는 보다 적극적인 우리의 문화적 도전인 것이다.

이 대목에서 우리 민족의 정체성을 완벽하게 가다듬고 민족공동체의 바른 진로를 잡기 위한 지혜를 모으는 일은 절실한 과제로 떠오르게 된다. 그러한 인식은 국세(國勢)신장의 수단으로서의 국제화를 주로 경제발전의 측면에서 성취하고 나서, 그 다음 순서로 세계화를 우리가 도달해야 할 목표로 설정함에 따라 더욱 깊은 의미를 지니게 된다.

세계화는 21세기의 한국인과 한국 문화를 어떠한 모습으로 세계에 떠올리며, 또 후대에 물려줄 것인가를 가늠하는 청사진이다. 거기에 모아질 민족 역량을 더욱 강건하게 하는 데 이 새벽에 우리의 다짐은 더욱 새로워져야 한다.

세계화는 세계공동체의 삶에 우리를 총체적으로 접목시키는 과정이다. 그 과정은 우리가 보존해 온 문화와 가치가 한 점 손상 없이 세계공동체에 공세적 영향을 주어 변화를 일으키겠다는 주체적 결의를 가지고 접근해야 마땅하다. 국제사회와의 징검다리로서 외국 문물에 대한 이해와 적응, 외국어 습득 등이 강조되는 건 당연하지만 그에 앞서 우리 자신의 가치와 문화에 대한 보다 깊은 이해를 바탕으로 한 신뢰와 긍지가 종전보다 배가돼야 하는 까닭은 그래서 자명하다.

세계무대에서 국제경쟁력을 가져야만 될 부문이 어찌 경제나 기술 위주의 물질문화 차원에서 머물겠는가. 정치나 사회제도 정비의 규범 문화도 하루속히 선진 대열로 나서야 하고, 보다 더 중요한 도덕과 가치의 우위를 결정짓는 종교·정신문화의 차원에서도 우리의 우수한 본연지성(本然之性)을 갈고닦아 세계로 펼쳐 나가야 한다.

그 연장선상에서 우리의 세계화는 아직은 분단을 해소하는 과정에 있는 우리 민족공동체의 장래에 궁극적으로 기여하는 민족 통일운동과 도덕·문화운동을 겸해야 한다. 근대화가 남쪽에서만 부분적으로 성공한 현실은 안타까운 일이지만 그 과정에서 결집된 국민의 역량이 결국 분단 극복의 부담과 시간을 줄이는 역할을 할 수 있도록 우리는 총력을 기울여야 한다.

세계화로 무너지는 국경이 새로운 기회를 제공할 지 위협의 대상이 될 지는 이를 대비하는 나라에 따라서 다를 수밖에 없다. 이 점에서 김일성 사후 극명하게 북한이 드러낸 정치안정의 한계와 폐쇄성은 우려의 대상이 아닐 수 없다. 세계화 추세가 보편화될수록 경쟁에서의 성공과 실패의 결과는 극대화되어 번영과 영락의 양극화를 더욱 심화시키게 되기 때문이다.

이 시점에서 국민의식의 총체적 깨우침이 절실하다. 세계화나 분단 극복의 트인 길로 정말 자신 있게 나서려면 무엇보다 먼저 우리 사회 자체의 도덕적·문화적 통합력이 긴요하다. 일체의 당파성이나 파벌주의는 하찮은 조짐이더라도 민족의 역사를 후진시키고 말 것이다. 세계화 시대와 더불어 광복 50주년을 맞는 우리의 다짐은 민족공동체 가꾸기를 통한 자긍 자존의 의연함이요 분단 극복을 향한 민족 역량의 총결집이 아닐 수 없다.

〈세계일보〉(1995. 1. 1)

'구 총독부' 해체와 민족정기

식민 잔재의 실체인 총독부 건물이 우리의 심장을 짓누르게 내버려 둔 채 민족정기와 민족문화를 말할 수는 없다.

우리 민족의 정기를 끊고 식민통치를 영구화할 목적으로 일제가 경복궁을 가로막아 지은 구 조선총독부 건물이 헐리게 되었다. 9일 김영삼 대통령이 현재 국립중앙박물관으로 사용되고 있는 이 건물을 조속히 해체, 경복궁을 완전 복원하고 새로운 국립중앙박물관을 국책사업으로 건립토록 하겠다는 단안을 내림으로써 그동안 왈가왈부했던 논의에 종지부를 찍은 결과가 되었다.

우리는 우선 김대통령의 이번 결단을 환영해 마지않는다. 그동안 이 건물의 철거 여부를 놓고 꽤 오랜 기간 동안 논란이 있어 왔던 것을 생각할 때, 이번 결정은 우리 민족사에 새로운 획을 긋는 커다란 계기가 될 것을 의심치 않는다. 광복 반세기가 다 되도록 우리는 일제에 침탈당했던 우리의 역사와 민족혼에 입은 상처를 다 걷어내지 못하고, 항상 식민 잔재에 관한 문제로 가슴

한구석이 유쾌하지 못했던 게 사실이다. 우리의 가슴 한구석에 돌멩이처럼 매달려 있던 그 짐을 벗는 일을 관념적으로만 할 게 아니라, 구체적·가시적 작업을 통해 우리 민족 모두가 체휼하도록 함으로써 자주민족의 긍지를 가지고 남북통일의 떳떳한 길로 나설 수 있게 될 것이다.

이런 의미에서 우리는 역대 정권이 정통성과 도덕성의 결여와 철학의 빈곤으로 인해 민족사의 흐름을 바로잡아 그 역사성을 오늘에 잇고 되살리는 작업을 제대로 할 수 없었던 점을 지적하지 않을 수 없다. 그러나 이제 광복 반세기를 눈앞에 둔 이 시점에서 우리의 근현대사를 되돌아보고 2000년대 통일조국의 미래상을 생각해 보지 않을 수 없는 것이다. 이렇게 볼 때 우리는 그 무엇보다도 우리 민족의 역사를 민족정기의 회복과 발양이라는 관점에서 그동안의 왜곡되고 헝클어졌던 부분을 바로잡지 않을 수 없는 것이다. 구 조선총독부 건물이 민족의 심장부인 수도 한복판에 버티고 앉아 있는 한, 그것도 민족의 역사의 얼굴과도 같은 국립중앙박물관으로 그 기능을 발휘하고 있는 한, 민족정기니 임정법통 계승이니 하는 말들은 한낱 빈 껍데기 수사에 다름 아닌 것이다.

우리는 이 치욕의 건물이 하루속히 해체되고 경복궁이 완전 복원되어 광화문이 되살아나 우리의 얼이 살아 숨쉬는 서울을 보고 싶고 사랑하고 싶은 것이다. 더욱이 이제부터는 국제화 시대다. 우리 나라를 찾아오고 방문하는 수많은 국가의 귀빈은 경복궁을 거닐면서 외교와 문물 교류를 위해 회담을 하고 그보다 더 많은 관광객·유학생들은 경복궁을 거닐면서 우리의 문화와 역사를 이야기하게 해야 한다. 지금처럼 식민 잔재의 실체인 총독부 건물이 우리의 심장을 짓누르게 내버려 둔 채 민족정기와 민족문화를 말할 수는 없다. 그런 뜻에서 해체한 석재는 광화문에서 남대문까지의 보도에 깔아 우리 후손들이 그 돌을 밟고 오가며 민족의 내일을 두고두고 이야기하게 해야 할 것이다.

또한 새 국립중앙박물관의 후보지가 용산가족공원 부지로 결정된 것도 매우 잘된 일이다. 이 자리는 일제의 조선 주둔군 사령부지였고, 광복 후 지금까지는 유엔군 및 주한미군 사령부 기지로 쓰여 오던 곳이기 때문이다. 민족정기 회복과 발양은 말로만이 아니고 구체적 가시적으로 해야 하는 것이다.

〈세계일보〉 (1993. 8. 11)

"민족문화 꽃피울 고려인 자치주 필요"

모스크바대 미하일 박교수 회견

원칙적으로 우리는 남한이나 북한에 대하여 똑같은 태도를 가질 것입니다. 실제로는 최근에 와서 오히려 남한과의 교류가 더 많아졌지만 원칙은 한국과 조선(북한)을 똑같이 대하고, 한국과 조선의 관계에 끼여들지 말자는 것입니다.

지난 4월 12일 세계언론인대회 참석차 모스크바를 방문한 본지 손대오 주필은 모스크바 고려인협회 회장이며 모스크바종합대학 동방학 주임교수로 있는 재소 한인 미하일 박(71세)박사와 모스크바 소빈센터에서 재소 고려인 문제와 소련 페레스트로이카의 전망 등에 관한 특별 회견을 가졌다.

그는 43만 재소 한인 중에서 가장 존경받고 있는 인물 중의 한 사람이며, 모스크바대학의 저명한 역사학 교수이기도 하다. 특히 이번 5월 17일부터 20일까지 모스크바에서 열리는 재소 전 고려인협회 창립총회에서 초대회장으로서의 선출이 유력시되고 있다.

지난해 연말 서울을 처음으로 다녀왔다는 그는 한국말이 유창하지는 않았지만 정확하고 수준 높아 의사 전달에는 조금도 어려움이 없었다.

〈편집자 註〉

▲손대오 주필 (이하 손) : 최근 한·소 교류가 활성화되면서 국내에서는 재소 동포들에 대한 관심이 고조되고 있습니다. 소련에 우리 민족이 들어와 살기 시작한 것은 언제부터입니까?

△미하일 박 (이하 박) : 1860년대 초부터 시베리아 연해주 지역에 이주해 오기 시작했습니다. 그러던 것이 1910년 한일합방이 되자 러시아로 이민을 오는 수가 갑자기 늘기 시작했지요.

1920년대부터는 카자흐스탄과 크질오르다 지역에까지 진출했고, 중앙아시아의 타슈켄트에는 고려인 자치촌락이 형성되기 시작했습니다. 당시 블라디보스토크에는 고려인 사범학교가 있었고 하바로프스크에서는 〈선봉〉 등과 같은 신문이 발행되고 있었습니다.

▲손 : 1937년 스탈린에 의해 우리 한인들이 중앙아시아로 강제 이주당하면서 학교도 없어지고, 우리말도 못 쓰게 됐다고 하는데, 그때 다른 소수민족도 강제 이주당했습니까?

△박 : 우리 민족이 제일 먼저 희생되었지만 다른 소수민족도 탄압을 당했습니다.

스탈린의 민족 차별정책으로 강제 이주당하고 자기 말도 못 쓰고 여행의 자유도 구속당해야 했던 소수민족들의 한이 70년 동안이나 쌓여 지금도 반소감정과 민족분쟁으로 표출되고 있지요.

스탈린 사후에는 인권 자유가 어느 정도 회복되었지만 그 시대의 나쁜 유산이 아직까지 남아 있어, 모든 사회와 민족 관계에 날카로운 모순으로 작용하기 때문에 아르메니아와 아제르바이잔

간의 투쟁이라든지 리투아니아의 연방 탈퇴 같은 일들이 생겨나고 있는 것입니다.

▲손 : 강제 이주 이후의 상황을 말씀해 주시죠.

△박 : 강제 이주만 당한 것이 아닙니다. 그때의 우리 쪽 간부들은 유배지에서 강제 노동하다가 다 죽었고, 소련 군대 내에도 한인 장교가 많았지만 모두 제거되었어요.

스탈린이 고려인을 탄압하지 않았더라면 고위급 지도자도 많이 나왔을 것입니다. 다른 민족에 비하면 학자나 지식인 비율이 높았고 대학 졸업생 수도 인구 비례로 따지면, 전소련에서 세 번째로 많았으니까요.

▲손 : 스탈린이 소수민족을 탄압한 것은 여러 가지 이유가 있다고 봅니다. 가령, 스탈린은 자신의 독재정권을 강화하려고 소수민족을 희생시킨 것이 아닌가 생각됩니다. 또 슬라브민족 지상주의를 추구하였기 때문에 많은 소수민족이 고통받을 수밖에 없었을 것입니다.

△박 : 그렇지요. 스탈린이 개인 독재를 수립하자니 레닌 시대의 혁명가들은 다 잡아 죽여야만 했지요. 30년대 초부터 37년까지 레닌의 전위대격인 그때의 공산당원들을 다 숙청한 후 소련공산당은 관료체제로 넘어가 개인독재에 절대 복종하는 보조기관이 되었어요.

오늘날의 공산당은 창발적으로 문제를 제기하고 해결하는 투사가 아니라, 명령만 받고 시행하는 기구로 전락해서 지난 28차 당대회에서 당 개혁 문제가 나온 것입니다.

▲손 : 그렇다면 박교수님께서 모스크바종합대학의 교수가 되는 것도 쉽지 않았을 텐데요.

△박 : 저는 36년에 모스크바대학에 입학했습니다. 만일 37년 이후였더라면 입학하지 못했겠지요. 37년 이후 스탈린 통치기간에는 우리 민족을 모스크바대학에 입학시키지 않았지요. 근자에도 스탈린의 유산이 남아 있어서 행정관료상에는 그대로 반영되고 있습니다.

▲손 : 최근 고려인회를 조직했다고 들었습니다만.

△박 : 이것도 페레스트로이카의 산물이라 할 수 있지요. 역사는 그리 길지 못하지만 우선 모스크바 내에 있는 5천여 명의 고려인을 주축으로 조직하고 5월달에 전소련고려인협회 창립대회를 소집할 것입니다.

▲손 : 왜 소련에서는 우리 민족을 '고려인'이라 부르게 되었습니까?

△박 : 한일합방 이후 일본이 한국을 '조선반도'나 '조선총독부'라 칭했기 때문에 러시아에 있던 독립군 민족주의자들이 우리 민족을 '고려인'이라 했습니다. 또 한국이 '코리아'로 유럽에 알려져 있었기 때문이기도 하지요.

▲손 : 고려인협회 창립대회 준비가 잘 진행되고 있습니까?

△박 : 규약도 만들고 초안도 만들고 선거사업은 각 지부에서 하고 있는데 아직은 준비 단계지요.

▲손 : 한국 정부나 한국 측이 재외 동포 차원에서 협조나 지원을 하겠다면 받아들이겠는지요.

2세들에게 한국말 가르쳐야

△박 : 좀 어렵겠는데요. 원칙적으로 우리는 남한이나 북한에 대하여 똑같은 태도를 가질 것입니다.

실제로는 최근에 와서 오히려 남한과의 교류가 더 많아졌지만 원칙은 한국과 조선(북한)을 똑같이 대하고, 한국과 조선의 관계에 끼여들지 말자는 것입니다. 거기에는 협상만 있는 것이 아니라 투쟁도 있기 때문이지요. 또 그렇게 하지 않으면 북한 대사관에서 우리 조직을 그들의 정치선전사업에 부속시키려고 하는데, 실제로 평화촉진위원회라는 북한의 지령을 받는 단체가 생겼습니다. 그러나 우리는 그 단체에 고려인을 절대 참가시키지 않음으로써 그 단체를 고립시켜 자연적으로 해체되게 했지요.

▲손 : 참 어려운 입장이군요. 도와주고 참여하고 싶지만 그러면 여러 가지 어려운 문제가 내부적으로나 외부적으로 생기니까 그럴 수도 없고…….

△박 : 우리 협회의 기본 목적은 우리 재소 고려민족이 어려운 위기에 처한 지금 민족적으로 부흥시켜야 할 과제의 실현인데, 그것은 민족문화를 창달하고 민족언어를 회복하는 것입니다. 이 목적을 실현하려면 그래도 소련의 어느 한 지역에 자치주를 갖는 것이 제일 유리하지요.

▲손 : 가능성은 좀 보입니까.

△박 : 어쨌든 5월달에 전소련고려인협회를 창설해 놓으면 그것은 민족국가의 기본이 됩니다. 아직 자치제도가 없지만 이 협회는 우리 민족에 대해 국가 기관과 협상할 권한을 가지고 있습니다.

▲손 : 자라나는 2세들에게 한국말을 가르칠 수 있도록 재소 고려인들의 지원은 많습니까?

△박 : 아주 부족합니다. 그게 비극입니다. 왜냐면 협회 내에 노인회라고 있습니다만 그 선생들도 한국말을 표준어로는 제대로 알지 못합니다. 그렇기 때문에 앞으로 교수 교환을 통하여 한국 쪽에서 선생들을 모셔다가 교원으로 충당하는 것이 좋겠다고 생각합니다. 내일 이 문제를 협의하기 위해 모스크바종합대학의 부총장을 만나기로 되어 있지요. 그때 이 모스크바종합대학에 한소 과학교육센터도 만들자고 제의할 겁니다.

▲손 : 소련의 현재 상황은 어떻습니까.

△박 : 각 방면이 정치·경제·법률상으로 과도기에 있어요. 낡은 법률을 없앴는데 아직 새로운 법률은 수립 과정에 있고 경제 제도도 개편해야 되겠는데 낡은 소유제도, 국가 독점이 그대로 남아 있어 단체 소유나 개인 소유가 발전을 못하고 생산력이 낮아졌지요. 모든 인민경제의 생산력이 자연적으로 발전하도록 개혁을 하고 있지만 그 개혁이 빨리 이뤄지지 못해 자꾸 불만이 쌓이고 있어요.

그러나 빠른 개혁이 전부는 아니지요. 천천히 나가야 합리적으로 발전할 수 있습니다.

▲손 : 어떤 젊은이는 말하기를 고르바초프의 페레스트로이카 정책 때문에 오히려 더 살기 어렵게 되었다고 하던데요.

△박 : 20년, 30년 전이 오히려 생활적인 면에서는 나았지요. 그것은 사람들을 강제로 해서 일시키는 독재정치의 이점이 어느 정도 작용한 탓입니다. 스탈린식의 강압적인 행정 방식이 약화된 지금에 와서도 낡은 경제·문화제도는 어디든지 그대로 남아 있어서 모든 것이 인민의 창발에서 발전되기보다는 지시로, 지령으로, 명령으로 이뤄지니 어렵습니다. 더구나 지시하는 사람들이 문화적으로 지식적으로 높은 수준에 있지 못하니 문화가 발전되지 못하고 인민 경제도 파산 상태가 되었지요.

공산주의 미명 아래 결함만 누적

지금에 와서 몇십 년 동안 축적된 나쁜 점들이 다 폭발되니까 어려운 점이 많습니다. 명령하는 사람들도 너무 많고, 생산하기보다 분배에만 관심이 큰 것도 문제입니다. 이 모든 것은 역사에서 남아온 유산이 지금 발현되기 때문이지요. 하루빨리 낡은 제도를 개혁해야 하는 이유가 여기에 있습니다.

이미 사상적으로는 자유가 수립된 것 같고, 문화적으로도 지금 창발적으로 노력이 진행되고 있으며, 언론도 할 말 다하고 자기 의견대로 글을 쓰고 있습니다. 신문들도 고르바초프를 당당히 비판하고 있어요.

▲손 : 고르바초프가 집권을 하지 않고 페레스트로이카나 글라스노스트를 다른 지도자가 추진했어도 지금과 같은 어려운 상황

은 일어났겠습니까.

△박 : 그렇죠. 페레스트로카가 없었으면 오히려 인민의 밑으로
부터의 폭발이 있었을 겁니다. 그랬다면 예측할 수 없는 사태가
올 수도 있었겠죠.

▲손 : 우리가 밖에서 듣기로는 정치노선이 상당히 개방적인 고
르바초프라는 특정한 인물이 나와서 개혁정책이 실시되는 줄 알
았는데요.

△박 : 어쨌든 소련은 고르바초프가 나와서 그런 개혁이 일어난
것은 아닙니다. 과거에 그럴 수밖에 없었던 역사가 있었기 때문
이지요. 다시 말하면 역사적 필연의 산물입니다.

▲손 : 이러한 개혁이 공산주의 체제를 사유재산제도 중심으로
변화시키려는 것은 아닌가요?

△박 : 그렇지는 않아요. 농업에 있어서는 개인 경영을 해야 해
요. 콜호즈제도라는 것이 협동의 과정에서 농민이 자기 농업에
대한 농업창발력을 청산시킨 것 같지만, 오히려 농노제도를 국가
공유로서 재생한 것이 되었어요. 산업에 대해서도 말로는 사회주
의 공업이니 산업이라 해도 봉건적·강제적·노예적인 요소들이
많이 들어갔기 때문에 지금의 사회주의를 순전한 사회주의라고
승인하기 어렵습니다. 페레스트로이카의 위대한 점은 정당한 사
회주의의 복구지요. 현재는 말로만 사회주의지, 올바른 사회주의
는 아닙니다.

▲손 : 원론적인 이야기지만 마르크스주의적 사회주의는 공산주

의라는 유토피아가 오기 위한 과도기적인 시스템이라고 하는데, 앞에서 말씀하신 사회주의도 공산주의가 오는 것을 전제로 하는 사회주의입니까.

△박 : 아직까지는 공산주의가 너무도 먼 이상입니다. 그러나 강령적으로는 이러한 정리제도로 사회가 평등 사회, 자유 사회, 복지사회의 높은 수준으로 향상될 것을 추구하고 있고, 우리의 이상은 사회주의지요.

▲손 : 거기다가 굳이 공산주의라는 이름을 붙여야 합니까.

△박 : 거기에 대해서는 논쟁이 많아요. 소련 공산당에서도 사회당으로 고치자는 의견이 있습니다. 그러나 마르크스주의의 종말적 이상주의는 앞으로의 먼 이상으로서 강령으로써 구호를 만들어도 큰 허물은 아니라고 봅니다. 다만 이러한 이상주의의 미명 아래 우리가 걸어온 길에는 너무도 결함이 많아서 오히려 그런 이상사회로 넘어가는 속도에 지장을 주어 왔습니다.

선언적으로 사회주의를 광고해서는 안 되고 객관적으로 모든 생산의 발전이나 문화 수준의 발전으로 이상사회에 접근해야 하지요. 명령으로 공산주의가 되는 것이 아닙니다. 그것을 몽매한 사람들이 이해하지 못하고 자기 주관이 공산주의라고 해서 오늘날까지도 총을 쏘며 명령함으로써 공산주의를 수립하려는 사람들이 러시아 공산당 내에는 많았던 것 같습니다. 이것이 역사적으로 악영향을 주었는데, 오늘날 높은 수준의 사상 발전으로 올라와서야 이것을 이해하게 되었지요.

한국 문제 해결 국제협력 필요

▲손 : 변증법적 유물론으로 보는 세계관이 변화될 수 있다거나 다양한 해석이 허용되어야 사상도 자유스럽게 되는 것이 아닙니까.

△박 : 변증법적 유물론이라는 것은 일반도식입니다. 그것을 환경에 따라서 구체적으로 이해해야지 그것을 형이상학적으로 도그마화해서는 안 됩니다. 객관적으로 물질이 자연적으로 발전한 것이 변증법이지, 지령을 붙여 놓고 도그마로 도식적으로 넣어서 이것이 변증법이라고 하는 것은 변증법이 아니고 도식주의일 뿐입니다.

▲손 : 남북한 대결 상황에 국제 정세의 변화가 어떻게 작용할 것인가 견해를 말씀해 주시죠.

△박 : 한국 문제는 전쟁 없이 평화적으로 해결되어야 합니다. 될 수 있으면 한민족 독자적으로 해결하면 좋지만, 결국에 가서는 국제적 협의 없이는 이 문제가 해결될 수 없다고 생각합니다.

김일성이 외세의 간섭 없는 민족 간 대화의 원칙을 세웠지만 그 원칙의 결점은 국제 정세를 무시한 점입니다. 어쨌든 세계정세가 변함이 없으면 한국 문제도 해결을 볼 수 없을 것입니다. 만일 미국과 소련이 장구한 평화관계로 협조의 관계로 발전하면 한국의 통일에 대해서 유리하게 작용할 것입니다.

▲손 : 장시간 수고하셨습니다.

〈전교학신문〉 (1990. 5. 16)

"잃었던 모국어부터 되찾아야"

'소련 고려인 전연맹 창설대회' 참관기 (1)

심지어 지금까지 20대 젊은 아들딸들은 모국어에 대해 조금도 관심이 없다가 최근에는 그들의 부모에게 왜 한국어를 가르쳐 주지 않았느냐고 항의까지 하는 일들이 벌어지고 있다고 한다.

소나기가 쏟아지는 지난 18일 오후 모스크바 중심가 마르크스 광장의 볼쇼이극장 좌측에 위치한 돔-소유지-옥타부르스카야 빌딩 2층에서 '소련 고려인 전연맹 창설대회'가 열리고 있었다.

필자와 본지 발행인 윤세원 선생이 가벼운 흥분을 가라앉히며 건물 입구에 들어서자 안내 데스크에 앉아 있던 여성들이 "어서 오십시오. 대회에 오신 것을 환영합니다"라고 분명한 한국어로 인사를 건네었다. 안내 데스크 바로 옆에 세워진 붉은 바탕의 현판에는 흰 글씨로 '소련 고려인 전연맹 창설대회'라고 큼직하게 씌어 있었다.

나중에 국내에 돌아와 보니 각종 매체에서는 이 대회를 '전체고려인협회' 창설이라고 보도했는데, 현지의 한인들이 부르는 공식

명칭은 '소련 고려인 전연맹'이었다.

고려인 연맹 회장에 미하일 박 선출

소련 전역에 흩어져 사는 재소 동포 대표들이 4백 석을 넘는 홀을 꽉 채운 채 사흘 동안 열띤 토론과 박수, 긴장과 흥분 속에서 진행된 이 대회는 5월 17일부터 19일까지 3일간의 전체 일정을 마치면서, 모스크바종합대학의 교수이며 모스크바 지역 고려인협회 회장으로 일해 온 71세 노역사학자 미하일 박교수를 만장일치로 초대 회장에 선출함으로써 대미를 장식하였다.

필자는 미하일 박회장과 알마아타시의 한글 신문인 〈레닌기치〉의 조영환 주필, 모스크바 방송국 한국어 담당 아나운서 노치근 씨 등을 만나서 '소련 고려인 전연맹' 창설과 '고려인' 사회에 관해 여러 가지 얘기를 나누어 보았다.

소련에 거주하는 한인들은 지금 무엇보다도 모국어를 잊어 가는 사태를 가장 큰 문제로 느끼고 있었다.

이 부분은 재소 동포들의 뼈아픈 이민사를 빼고는 이해할 수가 없다. 1860년대 초기를 한인들의 러시아 이민 출발기로 보아 금년으로 140여 년이 되었다. 한인들은 이민 초기의 어려움 속에서 1917년 볼셰비키혁명을 만난다. 극동의 항일독립군은 내부의 군권다툼으로 저 유명한 1921년의 '자유시(스보보드니) 참변'을 겪기도 했다.

그 후 끈질긴 노력으로 많은 악조건을 견디면서 연해주 일대의 원동 지역에서는 안정된 한인 사회를 정착시켜 가고 있었다. 그러나 1937년 스탈린이 강행한 한인 강제 이주로 18만 명에 가까운 한인들이 하루아침에 피땀으로 개척했던 원동 지역을 뒤로하고 개 끌려가듯 중앙아시아로 옮겨가야 했던 것이다.

강제 이주가 있기 전까지의 원동 재소 한인 사회에는 한인사범학교는 물론 6종의 한글 잡지와 7종의 한글 신문들이 발행되고 있었고, 한인 극단까지 조직되어 모국어는 물론 민족전통문화의 함양과 전수에 힘쓰고 있었다. 그러던 것이 1937년 스탈린의 비인도적 소수민족 탄압정책 이후부터는 한인들에 대해서는 모국어를 가르치지 못하게 하고 철저한 소비에트 정책을 강화시켜 온 것이다.

그로부터 어언 반세기가 넘는 세월이 흘렀다. 조국이 해방되었지만 남북이 분단되었고, 철저한 억압 속에 수많은 민족이 어울려 살아야 하는 여건에서도 소수민족의 아픔은 언제나 떠나지 않았다. 모국어를 잃어 가고, 정처 없는 유랑민처럼 그들이 겪은 자기 갈등의 심한 고뇌를 당해 보지 않은 우리로서야 어찌 상상인들 할 수가 있겠는가. 이민 1세대, 2세대, 3세대, 4세대로 이어지면서 이제 모국말과 한글은 재소 한인 사회에서 거의 자취를 감추어 가고 있다. 70세가 넘는 노인층 중에서도 한국어를 제대로 구사하는 이는 드물게 된 것이다. 실제로 모스크바 방송국에 아나운서로 근무하면서 주2회 한국어 강좌를 지도하고 있는 노치근 씨에 따르면 현재 22명의 학생들이 한국어를 배우는데, 연령 분포는 18세부터 70세에 이르고 있다는 것이었다.

이번 창설된 '소련 고려인 전연맹'의 제일 주된 사업을 정치지향보다 문화·계몽사업이라고 힘주어 말하는 미하일 박교수도 젊은 세대에게 모국어를 전수하는 사업이 가장 절실한 문제라고 지적하였다. 그런데 고르바초프가 페레스트로이카 정책을 추진하면서부터 소수민족들, 특히 한인들에게는 민족문화 전수 문제에 관한 한 기사회생의 전기가 되고 있다고 말하는 동포가 많았다. 그간의 소수민족 억압 또는 동화정책에서 보호 및 육성정책으로 선회하고 있다는 것이다. 〈레닌 기치〉의 조영환 주필은 중앙아시아 지역에 20만 가까운 동포들이 살고 있지만 그동안 한글 신문 〈레닌기치〉의 발행 부수가 해마다 줄어들다가 8,000부 정도까지 페레스트로이카 이후부터 차츰 늘어나기 시작하여 지금은 1만 부쯤 된다고 했다.

그러나 소련 동포들이 모국어를 배우고 익히기 쉽지 않은 점으로 그는 언어환경과 실용 문제를 언급했다. 모든 교육과 사회활동이 러시아어로 이루어지는 환경에서 모국어를 배우기란 정말 힘들고 또한 비록 모국어를 배워서 좀 안다 해도 활용할 수 있는 분야나 기회가 없다는 것이었다.

"왜 한글을 가르쳐 주지 않아요"

페레스트로이카 이후 소련의 한인 동포들에게 큰 충격을 준 것은 88 서울올림픽이었다. 올림픽을 계기로 까마득히 잊혀졌던 한국과 그 발전상에 놀라 모국에 대한 관심이 크게 고양된 것이다. 한·소 교류와 통상 및 수교가 트이게 되면서부터 모국어에 대한 수요 또는 관심이 부쩍 높아져 이제 동포들은 누구나 모국어를 배우고자 하는 열의로 가득 차 있다고 한다. 심지어 지금까지 20대 젊은 아들딸들은 모국어에 대해 조금도 관심이 없다가 최근에는 그들의 부모에게 왜 한국어를 가르쳐 주지 않았느냐고 항의까지 하는 일들이 벌어지고 있다고 한다. 재소 동포들이 모국어를

이토록 절실한 문제로 느끼게 된 것은 참으로 가슴 벅찬 일이 아
닐 수 없다.

　이 과정에서 필자에게 떠오르는 한 가지 의문이 있었다. 그것
은 북한은 같은 공산주의 국가로서 소련과의 각 방면에 교류를
가지고 있으면서도 재일 동포에게 한 것처럼 왜 재소 한인 동포
들에게는 그런 자극을 못 주었을까 하는 점이었다. 그것은 재일
동포들에게는 북한이 투자했다가 걷어갈 것이 많은 데 비해 같은
사회주의권에 있는 재소 동포들에게서는 돌려받을 게 별로 없으
리라는 계산에서였을 것이다. 그러나 이제 재소 동포들이 남한으
로부터 모국의 역할을 기대하는 것을 볼 때 북한으로서는 뼈아픈
실책이 될 것임은 두말할 필요도 없다.

〈전교학신문〉(1990. 5. 30)

딜레마에 빠진 북한의 재소 동포 정책

'소련 고려인 전연맹' 창설대회 참관기 ⑵

'반공역도'로 북한 측에게 그렇게 공격당하던 문선명 회장이 소련 당국은 물론 소련의 동포 사회에서도 이렇게 전폭적인 존경과 지지를 받게 되었으니 이 장면을 보는 북측의 심경은 참으로 착잡했을 것이다.

실제로 이번 창설대회를 전후해 북한의 떨떠름한 반응과 초조한 표정은 모스크바 주재 북한 대사관을 통해 잘 드러나고 있었다.

당초 이 대회를 주선하는 과정에서 지도부는 남북한 당사자들을 어떻게 예우하고 어떤 관계를 가질 것인가에 대단히 신경을 썼다고 미하일 박회장은 털어놨다. 그들의 결론은 남한의 공노명 영사처장과 북한의 손성필 대사를 초청하기로 하되 단상에 좌석을 마련하거나 축사 등의 발언을 하는 기회는 주지 않기로 했다는 것이었다. 그리고 보니 좌석도 단하의 일반 대표들과 같은 줄에 남북의 대표가 나란히 앉을 수밖에 없는 입장이 되었던 것이다.

이렇게 되자 5월 17일 개회식 때 북한 측의 손성필 대사는 불참하고 대신 공사급이 대리 참석했고 남한의 공처장은 물론 참석했다. 협회 측은 모든 고려인들이 지켜보는 가운데서 두 사람의 남북 대표가 만나는 장면을 보고자 했다. 이것은 남북관계가 화해로 가는 중재 역할을 재소 동포들이 할 수 있고, 또 해야 한다는 당위성을 염두에 둔 연출이었던 것이다. 그러나 이러한 재소 동포들의 여망을 북한 측에서 외면하고 나온 것이 못내 섭섭한 부분이라고 박회장은 말했다.

그러나 북측에서는 그 대회에 시종 3, 4명 정도의 서기관급 인사들을 참석시켜 진행 상황을 면밀히 탐지하였다. 필자의 눈에도 김일성 배지를 단 사람이 2, 3명 눈에 띄었고, 그 중 한 사람에게 말을 건네보니 자기는 모스크바 주재 북한 대사관 서기관이라는 대답이었다. 회의 진행 상황을 주의 깊게 살피는 표정이었고 가끔 메모도 열심히 했다. 그런데 대회의 마지막날인 19일 오후 폐회식 때 북한 대사관 측에서 '소련 고려인 전연맹협회' 대표자 전원을 같은 날 오후 4시에 북한 대사관저로 초청하여 리셉션을 갖게 돼 있으니 희망자는 안내 데스크에서 접수하라는 사회자의 광고가 있었다. 필자와 윤세원 발행인은 이 리셉션에 참석할 수 없었기 때문에 이 모임의 내용이 어떻게 진행되었는지 무척 궁금했다. 21일 월요일 마르크스 광장 옆 모스크바종합대학 구 캠퍼스에 연구실을 갖고 있는 미하일 박교수를 찾아가 만났을 때 필자는 그 내용을 소상히 들을 수 있었다.

우선 그 초청 리셉션에서는 아무도 마이크를 잡고 전체 앞에서 인사말이든 무엇이든 연설이 없었다는 것이었다. 그냥 '소련 고려인 전연맹협회' 각 지역 대표자들이 칵테일을 나누며 환담만 하다가 헤어졌다는 것이다. 초청자인 손대사의 인사말도 없었다는 얘기였다. 이 부분이 바로 북한이 지금 재소 동포 문제를 놓

고 이러지도 저러지도 못하는 고민을 하고 있음을 단적으로 드러
낸 사항이었다. 그 리셉션에서 아무런 연설이나 인사가 없었다는
것에 대해 의아해 하는 필자에게 미하일 박회장은 다음과 같은
설명을 해 주었다.

손성필 대사에 앞서 근무했던 권희경 전 소련 대사가 이임할
때 북한 대사관에서 그의 이임 환송파티가 있었다. 그때 북한 측
은 재소 한인 대표 지도자들을 초청하여 그 환송연에 참석해 주
기를 원했다. 물론 미하일 박회장도 그날 그 환송파티에 갔다.
그날의 분위기는 그런대로 잘 진행이 되었고 서로 담소를 나누며
끝을 내게 되었다. 그런데 마지막 순간에 가서 권대사가 마이크
를 잡고 연설을 했는데 그 내용이 문제가 됐다. 그는 소련에 있
는 모든 동포들이 전적으로 힘을 합하여 조국통일전선에 나서야
한다는 요지로 연설을 했다는 것이다. 김일성의 남조선 해방전략
을 그대로 주장한 발언이었음은 물론이다.

그의 연설이 끝난 다음에 문제가 벌어졌다. 바로 미하일 박회
장 자신이 마이크를 잡고 즉석에서 권대사의 연설을 면박해 버린
것이다. 미하일 박회장은 “소련에 있는 우리 동포들은 남한 또는
북한 그 어느 쪽에 편향되어 우리의 행동을 행하지 않는다. 남북
의 정치에 개입하지 않는 것이 우리의 대원칙이다. 남과 북이 화
해하도록 하는 일에는 우리가 나설 수 있지만 어느 일방의 편을
들어 상대를 골탕먹이는 일에는 개입하지 않을 것이다. 오늘 우
리가 권대사의 이임 환송파티에 온 것은 당신으로부터 북쪽이 주
장하는 남조선 해방통일을 동조하러 온 게 아님을 똑똑히 알라”
는 내용으로 면박을 했다는 것이다.

파티의 분위기가 끝에 가서 영 모양이 좋지 않게 되어 버린 것

은 두말할 필요도 없다. 그러니 후임 손성필 대사는 동포 사회의 이런 분위기를 잘 알고 있었기 때문에 '소련 고려인 전연맹' 창설을 축하하는 북한 대사관 주최 환영파티에서 아무런 연설을 할 수가 없었다는 것이었다.

일이 이쯤 되었다는 것을 보면 지금 북한은 재소 동포들을 놓고 말로 표현할 수 없는 불편한 처지에 있는 것이다. 한국과 소련의 관계가 급진전되어 가고 소련 언론에서는 북의 김일성 체제를 뒤흔들어 놓을 수 있는 내용을 폭로하기 시작했고, 재소 동포들도 북한보다는 남한으로 거의가 다 마음이 기울어진 것을 확인하게 되었으니 그 심사가 어떨 것인가는 쉽게 짐작이 가고도 남는다.

더구나 필자와 관계되는 일이지만 이번 '소련 고려인 전연맹협회' 창설대회에는 본지 26호에 이미 보도된 대로 본지 문선명 회장이 재소 동포 지도자들에게 증정한 《러한사전》 1천 권이 대환영 가운데 배포되었고, 또 문회장이 고르비와 회담한 사진이 수록된 '세계언론인대회 개·폐회 연설문집' 까지 전참석자들에게 다 배포가 되어 심지어 어떤 대표는 그 연설문집과 사전을 들고 북한 대사관 파티에 참석했다고 한다.

'반공역도'로 북한 측에게 그렇게 공격당하던 문선명 회장이 소련 당국은 물론 소련의 동포 사회에서도 이렇게 전폭적인 존경과 지지를 받게 되었으니 이 장면을 보는 북측의 심경은 참으로 착잡했을 것이다. 실제 북한 대사관 요원이 안내 데스크에 수북히 쌓여 있는 문회장 연설문집을 보고 어쩔 줄 몰라 하던 모습을 필자는 눈여겨보았던 것이다.

〈전교학신문〉 (1990. 6. 6)

한인자치주 설립의 꿈을 안고

'소련 고려인 전연맹' 창설대회 참관기 (3)

이번 창설대회에서는 재소 동포들을 무엇으로 부를 것인가에 관한 열띤 논쟁이 일어났다. 즉 '소련 고려인 전연맹' 이라는 명칭을 사용할 것인지, '조선인' 이라고 할 것인지, '한국인' 이라고 부를 것인지에 관한 열띤 토론이 진행되는 장면을 볼 수 있었다.

이번에 창설된 '소련 고려인 전연맹'은 소련에 거주하는 한인들이 자치주 또는 자치공화국 설립을 위한 어떤 움직임을 시작하지 않겠는가 하는 데 관심이 쏠리기도 했다.

사실 소련은 지금 다민족 간의 화해와 공존이 대단히 심각한 문제로 떠오르고 있다. 소련은 그 영토가 넓은 만큼 그 속에 살고 있는 민족의 수도 다양하다. '소비에트 사회주의 공화국연방'을 구성하는 15개의 공화국이 있는데, 그 15개 공화국 영역 내에는 주민족 이외에 다른 여러 소수민족도 함께 살고 있다. 이들 다른 민족은 각 연방공화국 안에서 자치를 인정받고 있는데 현재 20개의 자치공화국과 8개의 자치주, 10개의 민족관구가 있다. 소련 최대 민족인 러시아아인을 비롯하여 우크라이나인 · 우즈베크인·키르기스인·아제르바이잔인·카자흐인 등 소수민족 수를 합하여 약 130개의 민족이 살고 있는 것이다. 소련에서는 이들 민족들이 각각의 민족 고유어를 사용하고 있으며, 공통의 공용어로는 러이사어가 사용되고 있다.

정말 너무 큰 영토에다 너무나 많은 인종들이 각각의 언어·종교·습관 등을 유지해 가며 살아가야 하는 소련은 민족 간의 갈등이 끊일 새가 없다. 혁명기의 강권 시기가 지나고 지금처럼 공산주의 독재가 약화되는 시기에 고르바초프가 추진하는 페레스트로이카는 이들 모든 민족들이 중앙연방정부로부터 독립해 나가려는 움직임을 가속화시키는 일면이 없지 않다. 탈연방을 부르짖는 발트 3국도 민족주의운동 맥락에서 봐야 할 것이다. 그뿐만 아니라 아제르바이잔과 아르메니아, 키르기스인과 우즈베크 간에 벌어지고 있는 민족 간의 충돌 등은 소련 내부의 민족문제가 얼마나 심각한 것인가를 잘 나타내고 있는 것이다.

그런데 재소 한인의 경우는 현재 사할린과 연해주 지방의 원동 지역과 중앙아시아, 모스크바 주변, 두샨베 지역 등에서 거주하며 전체 수는 45만 정도인데, 각 지방에 흩어져서 다른 민족과 섞여 살아가는 데 대한 어려움과 불편이 큰 형편이다. 1937년 강제 이주 이전 시기에는 연해주 지역에 모여 살았기 때문에 자연 공동체를 형성하여 우리말과 전통문화를 향유했지만 그 후 약 50여 년 간을 흩어져서 타민족들과 어울려 살아야 하는 악조건 속에서 우리말과 전통을 대부분 잊어버린 채 살아가고 있는 실정이다.

여기에 소련 각 지역의 동포 지도자들 간에는 이번 고려인 전연맹 창설을 계기로 하여 우리 민족도 어딘가에 자치주를 건설할 수 있도록 연방정부 측과 교섭을 해 보도록 하자는 의견이 있었던 것이다. 그 후보 지역으로는 연해주의 한·소 국경 근방인 ‘포시에트’ 가 유력한 곳으로 지목되기도 했다. 이와 같은 움직임이 있을 수 있는 것은 두말할 것도 없이 페레스트로이카 영향 때문이다. 45만 정도로는 소련 내 130여 개 민족들 중에서는 하위 소수민족에 불과하다. 이런 소수민족까지도 자치주 문제를 거론할 수 있는 것을 봐서 소련의 개방·개혁정책은 상당히 심도 있게 추진되고 있음을 확인할 수 있다. 실제로 재소 한인들이 전체 협회를 구성하는 문제를 놓고 소련 정부는 긍정적인 반응을 보이고 있었다.

창설대회가 열리기 이틀 전인 5월 15일에는 한인 대표들이 투키아노 소련 인민최고회의 대의원회의 의장(국회의장에 해당)을 방문하여 2시간 동안 토의도 할 수 있었고, 17일 개회식에는 리휘크니샤노프 민족문제위원장을 내보내어 격려도 해 주었다고 미하일 박회장이 소련 정부의 반응을 말해 주었다.

실제 창설대회에서 자치주 창설 문제를 토의에 붙였을 때는 찬반양론이 뜨겁게 표출되었는데 대부분의 동포들은 자치주 창설에 찬성을 표했으나 소수의 반대 의사도 있었다고 한다. 후보지로는 역시 원동 소련과 한국의 국경 부근인 포시에트가 유력했다고 한다. 그런데 만일 이번 창설대회에서 이 문제를 공식화하여 사업으로 채택할 경우는 불필요한 많은 부작용을 유발할 가능성이 심각히 대두되었던 것 같았다. 즉 타시켄트, 알마아타 등지의 중앙아시아 쪽에 살고 있는 동포들은 현재 그 지역 원주민들인 우즈베크인·키르기스인 등과 그런대로 어울려 살고 있는데, 만약 재소 한인자치주 문제가 공식화되고 나면 현지 원주민들로부터 그 지방을 떠나서 한인자치주로 가라는 압력을 받게 되고 이것이 발단이 되어 민족 간에 마찰이 일어날 소지가 커진다는 점이었다. 특히 중앙아시아 원주민들은 회교도들이라 그 기질이 다혈질이어서 일단 한인들과 민족감정에 불이 붙게 되면 소수민족인 우리 동포의 피해가 클 수밖에 없는 상황이라는 설명이었다.

이 지역에서 한글 신문 〈레닌 기치〉를 발행하고 있는 조영환 주필은 이번 '소련 고려인 전연맹'이 자치주 창설 문제를 공식화하지 않고, 장래에 언젠가는 반드시 실현할 사업으로 정하고, 자치주 창설 준비위원회를 두어서 이 문제를 지속적으로 연구하되 소련 전지역에서 원하는 동포는 지금부터라도 자치주 창설 후보 지역으로 이사를 가도록 하자는 데까지 의견을 모은 것은 매우 현명한 결정이라고 설명을 해 주었다.

또 한 가지 이번 창설대회 참관에서 인상적이었던 것은 재소 동포들을 무엇으로 부를 것인가에 관하여 열띤 논쟁이 일어났다는 점이다. 즉 '소련 고려인 전연맹'이라는 명칭을 사용할 것인지, '조선인'이라고 할 것인지, '한국인'이라고 부를 것인지에 관한 열띤 토론이 진행되는 장면을 볼 수 있었던 것이다. 이 부분에 관한 토론은 마침 발언한 사람들이 대부분 고령자들로서 '한국어'를 사용하고 있었기 때문에 더욱 실감이 났다. 어떤 70대 노인 대표 한 분이 먼저 '고려인'이라는 명칭은 잘못된 것임을 주장하면서 '조선인'이라고 해야 된다는 주장을 내세웠다. 그가 고조선으로부터 조선왕조까지의 역사를 내세우자, 다른 한 60대 노인이 나와서 '한국인'으로 해야 된다고 주장했다. 대한제국과 대한민국을 들고 나왔다. 이렇게 양론이 갈리자 미하일 박교수가 최종적으로 왜 우리가 '고려인'이라고 쓰게 되었는가를 설명했다.

‘고구려’와 ‘고려’를 내세우며 세계적으로 쓰는 ‘KOREA’도 고려
에서 유래했음을 이야기했고, 또 ‘조선’, ‘한국’이라는 명칭을 사
용하면 분단된 한반도의 남과 북 어느 한쪽을 편파적으로 편드는
입장에 선다는 오해도 생기게 되므로 현재로서는 ‘고려인’이 최
적인 것을 설파하자 모든 참석자들이 이에 동의했다.

　앞으로 재소 동포들은 이 협회 창설을 계기로 정치 지향보다는
문화 · 계몽사업에 역점을 둘 것이며, 한반도의 통일문제와 같은
민감한 정치문제에 대해서는 되도록 끼여들지 않는다는 입장을
강조하는 것은 대변혁기에 처한 공산진영에서의 소련과 북한 간
의 관계를 의식한 것임을 느낄 수 있었다. 그러나 소련거주 전체
한인들의 남북한에 관한 관심도로 비교해 볼 때 앞으로 그 대세
가 어디로 가게 될지 자명한 것으로 보인다.

〈전교학신문〉 (1990. 6. 13)

"한국인 · 한국 기업의 몽골 진출 환영"

자스라이 몽골총리, 특별회견

> 몽골은 큰 나라 사이에 끼어 있는 작은 나라로 알려
> 져 있지만 실상은 다릅니다. 몽골인들은 인종과 문
> 화를 초월해 모든 사람을 포용하는 힘이 있습니다.

몽골의 폰차긴 자스라이 총리는 한국기업들이 몽골의 섬유 · 봉제 등 경공업 분야와 석유 등 지하자원 개발에 적극 투자할 것을 권유했다.

자스라이 총리는 지난 5일 울란바토르의 몽골 정부종합청사 총리 집무실에서 손대오 세계일보 편집인과 가진 특별회견을 통해 몽골의 값싼 노동력과 한국의 우수한 섬유 기술을 접합시킨다면 충분한 국제경쟁력을 확보할 수 있을 것이라고 말했다. 그리고 지하부존 자원이 풍부한 몽골과 자본 · 기술이 풍부한 한국의 기업이 제휴해 몽골의 지하자원을 개발한다면 한국은 물론 동아시아를 상대로 시장을 확보할 수 있을 것이라고도 설명했다. 한편 외국 투자기업의 경영 성과금을 자유롭게 본국으로 송금할 제도적 장치가 마련됐다면서, 외국인 투자보호법에 따라 한국기업들

이 몽골기업과 동등한 법적 지위를 가질 수 있다고 그는 덧붙였다.

자스라이 총리는 1990년 자유화 이후의 몽골 국민의식 개혁과 관련하여 '스스로 하면 된다'는 자신감으로 발전을 이룩한 한국민이 좋은 본보기가 될 수 있을 것이라면서 한국과 교육 및 문화 교류의 확대를 희망했다. 그리고 한국의 평화적인 통일 노력을 지지하며 남북한 당사자가 대화와 타협으로 문제를 해결해 나갈 것으로 기대한다고 말했다.

자스라이 총리는 1992년 총선에서 승리해 집권했으며 몽골의 정치·경제 등 모든 분야에서 실권을 잡고 있다. 몽골은 서구식 내각책임제에 약간의 대통령중심제적인 요소를 가미하고 있는 독특한 정치 형태를 유지하고 있다. 지난 2일부터 몽골을 방문 중인 손편집인은 몽골에서 최대의 영향력을 가진 〈자스긴 가자르 메데지〉와 양국 간의 언론인 교류와 교육에 대한 협조방안을 논의했다.

폰차긴 자스라이 몽골 총리와 손대오 〈세계일보〉편집인과의 특별회견은 5일 오후 3시부터 1시간 15분 동안 진행됐다.

몽골의 독립 영웅 수흐바타르 동상이 내려다보이는 총리 집무실에서 손편집인을 맞이한 자스라이 총리는 차분한 목소리로 몽골 정부의 까다로운 질문에도 소신껏 답변하면서 한국의 경제성장과 국민의식 개혁에 대해 커다란 관심을 표명했다.

자스라이 총리 집무실에서는 장식품을 일체 찾아볼 수 없었으며 간단한 사무용품 두세 개만이 책상 위에 놓여 있어 검소한 그의 성품을 그대로 나타내고 있었다.

손편집인의 회견에는 허름러긴 체블레 자스긴 〈가자르 메데지〉 사장이 배석했으며, 몽골 주요 언론들이 회견 내용을 발췌 보도

했다. 이번 회견에서 자스라이 총리는 한국 언론인과 처음 만났
다. 다음은 일문일답 요지이다.

〈편집자 註〉

▲손대오 주필 (이하 손) : 몽골은 지금도 민주화 작업이 계속
되고 있는데 어떻게 전망하시는지요?

△자스라이 총리 (이하 자) : 사회주의국가에서 자본주의로 노
선을 바꾼 국가가 전세계에 40여 개국이나 됩니다. 러시아·유고
등 많은 국가가 피를 흘렸거나 소용돌이에 휘말렸지만 몽골만은
평화롭게 변화를 이룩했습니다.

몽골은 큰 나라 사이에 끼어 있는 작은 나라라고 알려져 있지
만 실상은 다릅니다. 몽골인들은 인종과 문화를 초월해 모든 사
람을 포용하는 힘이 있습니다. 몽골인의 애족정신은 정말 뛰어납
니다. 앞으로의 민주화도 순조롭게 진행되리라 믿습니다.

▲손 : 몽골 경제가 플러스로 성장하기 시작했는데 어떤 변화가
예상되는지요?

△자 : 몽골 경제가 침체의 늪을 벗어나기 시작했습니다. 지난
해 처음으로 2%가 넘는 성장을 기록했습니다. 1990년 이후 매년
퇴보하던 경제가 이제 기지개를 켜며 일어서고 있습니다. 소규모
경공업과 유목생산이 크게 늘고 있기 때문입니다. 올해는 3% 이
상 성장할 것으로 보입니다.

▲손 : 시장경제 체제로 전환하면서 외국 기업의 투자 유치를
위한 제도적인 뒷받침이 요구되고 있습니다.

△자 : 각종 법률과 제도의 정비작업이 진행 중입니다. 외국인 투자법도 마련됐습니다. 외국 투자가들의 과실 송금도 자유롭게 이루어질 것입니다. 그러나 몽골이 안고 있는 근본적인 취약점으로 수송·통신시설 미비, 협소한 국내시장, 해로 확보의 어려움 등을 들 수 있습니다.

더욱이 몽골인들은 시장경제를 체험하지 못했습니다. 모든 것이 미숙합니다. 한국을 비롯한 선진국의 자본은 물론 신기술 등의 투자가 요구됩니다.

▲손 : 구체적으로 투자 대상은 무엇이며 전망은 어떻습니까?

△자 : 한국이 합작 또는 직접 투자한 것은 극소수의 중소기업뿐입니다. 이들 기업은 예상 밖으로 좋은 평가를 받고 있습니다. 몽골에 대한 투자는 장기적인 안목에서 이루어져야 된다고 봅니다. 단기투자에서는 실패할 확률이 높습니다. 안정된 투자라면 섬유 등 경공업 분야와 석유개발, 정유산업, 지하자원 개발을 들 수 있습니다. 몽골은 프랑스의 5배 면적에 인구는 고작해야 230만 명 정도입니다. 자연환경을 상품으로 하는 관광산업도 좋은 투자 대상입니다. 어떤 면에서는 낙후된 몽골산업이 투자에서 우월하다는 생각을 하기도 합니다.

▲손 : 교육 말씀을 하셨는데 몽골의 교육에도 사회주의 이념교육이 제거되었는지요?

△자 : 몽골의 미래는 국민들의 의식개조, 신과학교육 등에 달려 있다고 봅니다. 지금까지 국가가 해 주던 것만을 받는 데 익숙한 국민들의 사고를 바꾸는 것이 급선무입니다. 쉽게 결정할

사항은 아니라고 봅니다. 한국의 발전에 교육이 크게 기여했다는 것도 알고 있습니다. 지금 의회에서 새로운 교육법과 제도 마련을 위해 토론 중인데 곧 좋은 방안이 마련될 수 있을 것입니다.

▲손 : 한·몽 두 나라의 문화 및 학술 교류 진행 상황은 어떻습니까?

△자 : 올해가 두 나라 교류의 1천년이 됩니다. 이처럼 오랜 역사가 증명하듯 두 나라의 문화와 국민의식에는 동질 요소가 많이 내포되어 있는 것으로 압니다. 최근에는 유학생 숫자도 증가하고 있고 교류의 폭도 넓어지고 있습니다.

특히 〈자스긴 가자르 메데지〉와 〈세계일보〉가 자매결연을 통해 언론인 교류가 이루어진다면 양국 간의 이해의 폭과 속도가 훨씬 넓어지고 빨라지리라 봅니다. 양국민의 우호증진을 위한 교량 역할을 할 것입니다.

▲손 : 한반도의 통일에 대한 총리의 견해는 어떻습니까?

△자 : 21세기는 아시아의 세기가 될 것입니다. 몽골을 포함한 동아시아가 중심이 될 것이란 생각에는 추호의 의심이 없습니다. 몽골은 남북한과 평화적으로 우호관계를 유지하고 있습니다. 어떤 경우에도 혼란은 바람직하지 않습니다. 남북한 당사자가 직접 대화로 문제를 슬기롭게 해결해 나가기를 바랍니다.

〈세계일보〉 (1995. 6. 7)

민족정기 서린 고토를 찾아
백두산 가는 길

우리 민족의 저 먼 시원은 대륙을 휘몰아치는 노도처럼 크고 넓고 높았건만 오늘의 우리들은 어쩌다 반도 안으로 움츠러들어 그것도 남북으로 갈라져 못나게도 제 살 깎는 싸움박질만 몸에 배었단 말인가.

서울을 떠나 텐진(天津)행 아시아나 비행기에 몸을 실은 지난달 21일, 황해 상공(上空)을 건너는 기내에서는 나의 머릿속에 온갖 상념이 떠올랐다. 두 시간 남짓이면 우리가 가고자 하는 목적지까지 이를 것을, 그 무슨 국경선이 어쩌니 항공협정이 어떠니 하면서 거의 네 시간이나 걸리게 되어 있다는 것이었다. 머지않아 직항로가 열리면 나아질 것이라고 한다. 어차피 이런 과정을 거치는 것이겠지만 인간만사(人間萬事)나 국가대사(國家大事)나 간에 자업자득(自業自得)이요 자승자박(自乘自縛) 아닌 게 없구나 하는 생각이 들었다.

뭐 이리 거치는 게 많고, 말 많고 탈도 많고 법도 많고, 세상사가 복잡하기만 한가. 인간들이 제 스스로 만들어 놓고 그 속에

갇혀 죽고 죽이고 미워하고 치고 박고 하는 것들이 그 얼마나 부
질없는 짓인가. 인류의 이상과 꿈은 이런 필요 없는 껍데기들을
벗어던져야만이 그 실현을 기대할 수 있을 것이다. 그런데도 그
것이 잘 안 되는 것이다. 이것을 풀면 저것이 맺히고, 하나의 껍
질을 벗어나면 또 다른 껍데기가 생겨나고, 필요 없는 자승자박
과 자업자득의 쳇바퀴를 끝없이 돌고 돌며 인간은 나고 죽고, 나
라는 흥망하고 역사는 의미 없이 흘러간다.

이래서는 안 된다고 분연히 들고나선 사람 가운데는 예수나 석
가와 같은 성현도 있고 마르크스나 레닌 같은 폭력혁명가도 있
다. 예수나 석가의 '자승자박·자업자득' 해법은 모든 것은 '내
탓'이니 자기 성찰 곧 무명해탈(無明解脫), 원죄(原罪) 청산을 먼저
해야 사회나 국가나 세계의 이상도 실현될 수 있다는 입장인 데
반해 마르크스와 레닌류의 폭력혁명가들은 모든 것이 '네 탓'이
니 제도와 구조악을 타도하기 위한 계급 투쟁만이 그 해답이라고
핏대를 돋우어 선동한다.

20세기 후반의 인류는 이 두 상반된 견해의 어느 한쪽 입장에
서 다른 한쪽과 죽기살기로 싸웠다. 소위 냉전이라는 전쟁이 바
로 그 싸움이었다. 그런데 우리 한민족은 이 싸움이 냉전이 아니
라 열전이요 골육 간의 혈전이 되고 말았다.

이제 20세기는 냉전의 종결과 함께 서서히 그 종막을 내리고
있다. 1848년 마르크스가 서른 살 때 핏발선 눈자위와 저주 섞인
목소리로 '공산당이란 유령'의 출현을 선언하며 '만국의 노동자들
이여 단결하라'는 무산계급 해방전쟁을 선포한 이래 세계는 이
유령 소동에 온통 넋을 빼앗겼다. 유령은 언제 출현하는가. 한밤
중 암흑에서다. 먼동이 트면 유령은 사라져야 한다. 1917년 러시

아 볼세비키혁명 이래 20세기 줄곧 이 유령은 인류를 괴롭혔다. 공산당이란 유령이 활개 친 깜깜했던 20세기는 이제 끝나고 있다. 그 요란스럽던 유령들도 어디론가 사라져 갔다. 대명천지가 우리 앞에 전개되고 있음을 알리는 청신호가 아니고 무엇인가. 상념이 여기에 이를 즈음 목적지 공항이 눈 아래 나타났다.

복잡하고 무질서한 톈진공항을 빠져 나와 베이징(北京)으로 내닫는 고속도로를 달리며 중국이 정말 빨리 변하고 있음을 실감했다. 베이징공항에서 다롄행 비행기로 갈아타는 대여섯 시간의 짬을 이용해 쯔진청(紫禁城)을 관람하고 톈안먼(天安門)광장을 돌아보았다. 한낱 역사 속에 묻혀 버릴 권력의 위세가 무슨 의미를 가지고 있으며 그 권력을 떠받들었던 뭇 인간들의 허망한 허우적거림과 수많은 백성들의 피땀은 무엇으로 보답받았을 것인가를 떠올리게 되었다.

어둠이 이미 짙게 깔린 발해 상공을 베이징발 다롄(大連)행 비행기는 예정된 시간보다 두 시간이나 연발하여 건너가고 있었다.

서울-톈진행 기내에서 떠올랐던 상념들이 다시 이어졌다. 중국 비행기를 타고 발해 상공을 건너 뤼순(旅順)에 계시는 안중근 의사 유적을 찾아뵙고 민족의 발상지요 우리의 성산(聖山)인 백두산을 찾아가는 도정(道程)에서 분단된 한반도의 남과 북을 떠올리게 됨은 당연한 귀결일 것이었다.

김일성의 돌연한 죽음으로 시작된 지난 여름의 한반도는 왜 그리도 덥고 지리했었는지. 우리 일행이 떠나는 날인 지난달 21일까지도 우리는 귀따가운 '주사파(主思派) 소동'에 시달렸었다. 대명천지 밝은 대낮에 웬 유령 소동인가. 유령들의 본거지에서는 그 소동이 이미 끝난 지 오래인데 어쩌다가 '조용한 아침의 나라' 한반도 한구석에는 아직도 그 유령의 출몰이 끊이지 않고 있는지. 아마도 이는 그 유령들이 어느 동토에서 얼어죽었다가 다시 살아난 강시(僵屍)가 되어 소동을 일으킨 것이 틀림없다. 이 난리법석도 알고 보면 우리 민족의 자업자득이요 자승자박이 아닐 것인가. 어떻게 이 사슬을 풀어낼 것인가.

뤼순감옥에서 대한국인 안중근 의사를 다시 뵈었다. 1992년 9월 말에 뵈었던 후로 두 번째였다. 분단된 남과 북에서 아직도 앙앙불락하는 우리들은 대한국인 안의사 앞에 죄스럽기만 한 존재가 아니고 무엇인가. 감옥 낭하 벽에 걸려 있는 의사께서 남기신 '빈여천인지소오자야(貧與賤人之所惡者也)'란 유묵 앞에 섰다. '가난함과 천함은 인간의 싫어하는 바라.' 이 짧은 한마디 속에서 자유와 평등이 보장된 자유 민주 복지사회의 꿈을 그대로 담아내신 것이 아닌가. 우리 민족의 통일도 가난함과 천함이 없는 복지와 풍요는 물론 인간의 자유와 가치가 보장되는 도덕적인 나라여야 함을 안 의사께서 가르쳐 주시는 듯했다.

숙연한 마음으로 의사의 유적을 참배하면서 중국인 방문객들과 얼굴을 마주친다. 전사불망 후사지사(前事不忘 後事之師) 중국 정부가 뤼순감옥을 역사 박물관으로 꾸미며 러시아와 일제의 침탈 사실을 일반 국민들에게 적나라하게 보임으로써 '옛일을 잊지 않는 것이 뒷일의 스승' 이라고 전시실 가운데 써놓은 글귀의 뜻이 새롭게 와 닿았다.

뤼순의 안중근 의사를 뵌 후, 우리 일행은 서둘러 백두산정을 향한 여정에 나섰다. 베이징에서 비행기로 옌지(延吉)시까지 가서 떠나는 편리한 길을 마다하고 굳이 뤼순에서 옌지시까지의 6박 7일간의 2천2백km 육로(대부분 비포장)를 택한 우리의 결정에 중국 측

안내원들도 기가 질린 모양이었다. 더욱이 우리 일행 중에는 정신문화연구원장과 동국대 총장 등을 역임하신 사학계의 대원로인 팔순의 정재각(鄭在覺) 선생, 정계 원로인 이철승(李哲承) 선생이 함께 하고 있었으니 그들의 걱정이 보통이 아니었다.

그러나 정재각 선생은 "안중근 의사의 정신으로 이 길을 가자"고 오히려 염려하는 일행들을 격려하여, 백두산 정상에 오르는 것이 평생을 동양사 연구에 몰두하면서 백산학회 등을 결성하고 이끌어 온 학자로서의 생애에는 각별한 의미가 있음을 느끼게 했다.

단동시와 신의주를 갈라놓는 압록강상의 유람선에서 북한 땅을 하염없이 건너다보았다. 바로 저기가 우리의 동족이 살고 있는 내 나라 땅인데 이렇게 수만 리 길 남의 나라 땅을 빙빙 돌아와 지척에 있는 동포들과도 말 한마디 주고받지 못한 채 멀거니 건너다보아야만 하다니.

안내원(조선족)은 이 강상(江上)에서 가끔 남쪽에서 오는 고령자 이산가족들이 통곡을 하는 바람에 당황한 적이 한두 번이 아니었다고 전해 준다. 고향 땅을 바로 코앞에 두고 한 발짝도 디뎌 보지 못하고 되돌아서야 하는 실향민의 그 쓰린 마음을 누가 달랠 수 있겠는가. 지난 여름에도 한국에서 이곳을 방문했던 사학자 한 분과 저명한 여류소설가 한 분이 이곳 강상 유람선 위에서 북받치는 오열을 가누지 못하고 방성통곡을 하더란 전언을 들으며 처연해지는 마음을 어쩔 수 없었다.

이튿날 이른 아침 우리는 압록강을 따라 이른바 '조·중 국경선'을 따라가는 본격적인 여정에 올랐다. 그 첫 기착지는 지안(集安)이었다. 지안에 들러 고구려의 기상을 접하지 않고 어찌 백두산에 오르겠는가. 끝없이 이어지는 산길 신작로를 따라 몇 번이고 길을 물으며 늦은 밤에 고구려의 옛 영광과 웅지가 서린 지안현 반관(飯館)에 여장을 풀었다.

지안(集安. 舊 輯安)은 고구려 제2대 유리왕 때부터 20대 장수왕에 이르기까지의 A.D. 3~427년에 이르는 동안의 도읍지로 고구려가 최강성했던 시대의 유적이 많은 곳이다. 아침 일찍 나서서 지안시 박물관을 찾았다. 그 길로 바로 벽화고분을 찾았다. 우리가 본 것은 제5호 묘라는 중국인 안내원의 설명을 들으면서도 벽면에 스며나는 습기와 엉망인 보존 상태가 더 마음에 거슬렸다. 장수왕릉으로 고증된 장군총엘 들렀다. 지안시 박물관 안내책자에서는 이 석총의 규모가 31.58m, 가로·세로 정방형으로 높이 12.40m라고 적혀 있다. 그 웅장한 규모와 섬세한 솜씨를 '동방의 금자탑'으로 평가하고 있다.

서방에는 이집트의 피라미드요, 동방에는 지안의 장군총이란 것이다. 이 웅장한 석총이 장수왕릉인 것으로 고증이 되었다면 그 이름은 마땅히 '장군총'이 아니라 '장수왕릉'으로 고쳐 불러야 할 것이란 생각이 드는 것은 나 혼자만이 아닐 것이다. 고구려의 웅혼했던 기상을 피부로 느끼게 되는 순간이었다. 다시 광개토대왕비를 찾았다. 일인들이 비문의 일부를 조작하여 한민족의 위세를 폄하하려고 별별 장난을 다 부렸지만 호태왕비는 끄떡없이 의연하게 1천5백70여 년을 그 자리에 우뚝 솟아 있다. 온갖 풍상을 다 겪으며 광개토대왕의 웅혼한 대륙 경영을 웅변으로 입증하고 있는 것이다. 역사는 날조되거나 조작될 수 없는 것이다. 제아무리 간특한 무리가 있어 역사를 조작하거나 날조하여 기록한다 하더라도 조만간 진실은 드러나는 법이 아니겠는가.

다시 국내성터 돌담 위에 앉아 보았다. 시내 한복판 아파트 주거지역 뒤켠으로, 그 옛날 고구려의 위세를 상징하던 국내성터가 나지막한 돌담으로 주저앉아 있었다. 어느 누구 관심 있게 돌아보지도 않는 것 같았다. 장수왕릉과 광개토대왕비와 고분벽화와 주저앉은 국내성터, 참으로 부끄러웠다. 우리 민족의 저 먼 시원은 대륙을 휘몰아치는 노도처럼 크고 넓고 높았건만 오늘의 우리들은 어쩌다 반도 안으로 움츠러들어 그것도 남북으로 갈라져 못나게도 제 살 깎는 싸움박질만 몸에 배었단 말인가. 우리 청년학도들은 이곳을 다녀가야 한다. 잘난 조상 앞에 못난 후손된 것도 뉘우쳐야 되겠고, 좁아져 시야가 비뚤어진 우리 젊은이들을 광개토대왕비와 장수왕릉 앞에 앉혀 놓고 민족의 과거와 현재와 미래를 이야기하게 해야겠다. 이런 생각에 꽉 젖어 있는데 우리를 태운 버스는 어느덧 백두산을 향해 또 달린다.

백산시에서 하루를 더 묵고 이도백하(二道白河)를 거쳐 백두산 아래 숙소에 여장을 풀었다. 조선족 자치주라서 그런지 가는 곳마다 한글로 된 간판이 눈에 띄었다.

드디어 백두산에 오른다. 걸어서 등정은 못하게 되어 있으니 거의 정상까지 지프차로 가도록 되어 있었다. 울창한 임해(林海)를 벗어나면서 드디어 정상이 나타난다. 정상 주변에는 나무도 풀도 보이지 않고 있는 것은 흙뿐이다. 흙과 바람과 비와 눈과 얼음과 구름과 안개, 그리고 하늘 그 아래 천지의 깊고 푸른 물-백두산정은 그렇게 있다. 연중 270일 정도는 기상 변화로 천지를 볼 수 없다는 것이고 보면 우리 일행에게 천지가 선명하게 그 웅지를 드러내 준 것은 감동적이지 않을 수 없었다. 숨이 막힐 것 같은 흥분을 가라앉히며 백두산정에 앉아 하느님(환인)을 생각했다. 환웅을 생각했다. 단군을 생각했다. 신단수와 신시를 그려보며 웅녀의 기도를 생각했다.

홍익인간(弘益人間), 재세이화(在世理化)로 내비친 국조 단군의 꿈을 더듬어 보았다. 백두산 정상의 호연지기는 단군신화가 되어 우리로 하여금 일체의 당파성을 뛰어넘게 하고 하나가 되게 하여 세계를 경략(經略)하라고 소리치는 것 같았다. 하느님의 한 아들 단군의 후예인 우리가 남북으로 갈라져 이토록 미련하게 패싸움에 열중하고 있는가. 금세기가 가기 전에 남과 북이 화합하고 통일하라는 신의 목소리를 듣는 듯했다. 송구한 마음으로 하산했다. 나는 백두산정에서 천지를 내려다보며 마음속 깊은 곳으로부터 울려 왔던 하늘의 소리, 역사의 소리, 조선(祖先)들의 소리를 길이 잊지 못할 것이다.

우리 여정은 어느덧 그 끝에 와 있었다. 옌지시의 동포들이 사는 곳, 투먼(圖們)시에서 북한으로 들어가는 다리 위 전망대에 서서 또다시 하염없이 북한 땅을 건너다보고 사람 하나라도 더 찾아보고 싶어 망원경에 눈을 갖다 대며 손에 잡힐 듯한 저 두만강 건너의 북쪽 산하를 향해 이리저리 몸을 뒤튼다.

이런 나의 심사는 여행 중 마지막으로 찾은 용정에서 옛 모습대로 복원된 대성중학교 교정에 세워진 윤동주의 서시(序詩) 앞에서 그만 뜨거운 눈이슬로 맺혀지고야 말았다. 동주의 시비는 "죽는 날까지 하늘을 우러러 / 한 점 부끄럼 없기를 / 잎새에 이는 바람에도 / 나는 괴로워했다"고 노래하고 있었다.

(1994. 9. 15~16)

문선명 목사의 평양 방문

문목사가 작년 4월 소련의 고르바초프 대통령을 만난 이래 소련과 문목사 측과의 관계와 교류가 종교적 사상적 면이나 경제적인 면에서 괄목할 만한 진전을 보인 것을 잘 알고 있으며, 한·소 관계 개선에도 긍정적인 영향을 주었음을 상기하게 된다.

통일교 창시자로 널리 알려진 문선명 목사의 평양 방문 소식은 세인들의 눈과 귀를 놀라게 하기에 충분한 '사건'이다.

더욱이 문목사는 광복 이후 6·25 동란을 거치면서 북한 공산당국으로부터 모진 수난을 겪었고, 지난 40여 년 간의 냉전시대에 자타가 인정하는 반공·승공운동의 세계적 지도자이기에 더욱 그러하다. 북한 김달현 부총리가 박보희 본사 사장과의 대담에서 "북조선 인민들은 문목사를 지난 40여 년 동안 승공의 괴수로 알고 있다"고 말한 것처럼 북한이 싫어하는 인물 중 그 서열이 제1위에 있을 바로 그 문선명 목사가 평양에 입성한 것이다. 그것도 분단 이후 최초로 북한 정부의 공식 초청을 받아 북한이 제공한 특별기를 타고 최고 국빈에 준하는 예우를 받으면서 평양에

도착한 것은 역사의 아이러니가 아닐 수 없다.

북한 정부 당국이 문목사를 초청한 표면상의 명분은 고향 방문과 경제협력 문제로 알려졌지만, 우리의 관심사는 무신론과 유물론을 국가통치 이념으로 삼는 주체사상의 나라 북한이 유신론을 주창하는 종교 지도자로서 세계에서 유일하게 이론적으로나 실천적으로 반공·승공 운동의 총수격인 문목사를 공식 초청했다는 부분이 아닐 수 없다.

우리가 다시 생각해 보면 남북한을 갈라놓고 있는 분단의 장벽은 정치·군사적인 물리적 분단이 그 본질이 아니요, 보이지 않는 이념과 세계관의 분단이요 대립인 것이다. 그러므로 한반도의 남북분단은 정치·군사적 분단과 함께 이념·가치적 분단이 그야말로 총체적으로 집합된 상황이 아닐 수 없다. 이런 분단국가는 이제 지구상에 남북한밖에는 없다. 따라서 우리는 남과 북이 통일의 자리에서 만나기 위해서 정치·군사적 대립관계를 풀어 나가는 일 못지않게 사상과 가치관의 대립관계를 화해시키는 작업이 병행되지 않으면 안 된다고 생각하는 것이다.

지금까지 우리 정부가 북한을 상대로 진행시키는 다방면의 접촉은 정치·군사관계를 개선하려는 측면으로 본다면, 지금까지 소홀했던 일면이 없지 않은 사상·가치·이념 등의 화해 개선의 길은 민간 차원에서 활발하게 추진하도록 권장해야 할 것이다.

이런 관점에서 이번 문선명 목사의 방북은 역사적 의미를 부여해도 좋을 것이다. 우리는 문목사가 작년 4월 소련의 고르바초프 대통령을 만난 이래 소련과 문목사 측과의 관계와 교류가 종교적 사상적 면이나 경제적인 면에서 괄목할 만한 진전을 보인 것을 잘 알고 있으며, 한·소 관계 개선에도 긍정적인 영향을 주었음

을 상기하게 된다. 또한 중국과 문목사의 통일그룹의 경제적 협
력과 외교적 협력관계도 상당한 수준에 와 있는 것을 잘 알고 있
다. 우리는 문목사의 금번 방북 계기로 북한 당국과 문선명 목사
사이에 깊은 신뢰를 쌓는 계기가 되어 교착 상태에 있는 남북 당
국 간의 회담에도 새로운 활력을 불어넣고 남과 북이 더 이상 필
요 없는 일에 민족의 에너지를 소비시켜 온 분단시대를 종식시킬
큰 물꼬가 트이기를 기대해 마지않는다.

〈세계일보〉(1991. 12. 8)

땀흘리는 사람에게 축복을

1991년 새해를 맞는 우리의 기원

역사는 노력하는 사람들의 땀이 고이고 눈물이 고이고 피가 끓는 곳으로 간다. 자본주의 경제 원칙은 인간의 피와 땀과 눈물이란 노력과 성실을 전제로 한 것임을 우리는 너무도 자주 망각하곤 한다.

아직도 가로놓인 한랭전선

한 해를 보내고 또 새해를 맞이하는 우리들의 가슴속에는 언제나 만감이 교차하지만, 1990년을 보내고 1991년을 맞는 금년은 유다른 데가 있다. 그것은 무엇보다도 지난해에 접어들면서 한반도 주변의 정세가 우리의 갑갑했던 숨통을 틔워 줄 것만 같은 화해와 개방·개혁의 대기류가 불어왔기 때문이다. 또한 이와 같은 대기류는 반세기 동안 얼어붙었던 한반도 내부에 따뜻한 기운을 감돌게 할 것으로 기대된 때문이었을 것이다.

과연 우리가 기대했던 대로 외적으로는 한반도에 화해와 개방의 대기류는 불어왔다. 그렇지만 우리의 기대와는 달리 남과 북에 가로놓인 한랭전선은 걷힐 줄 모른 채 1990년 한 해는 저물고 말았다.

통일을 동·서독의 경우처럼 저렇게 갑자기 이룩해 낼 수는 없다 하더라도, 우리도 통일의 길로 함께 발맞춰 남과 북이 어깨동무라도 하고 나설 줄 알았는데 그 일은 아직도 우리에게 찾아와 주지 않았다.

역사는 소박한 서민들의 편

그러나 남과 북은 작년 한 해 동안만큼은 과거 어느 때보다도 교류와 접촉이 빈번했던 것은 다행한 일이었다. 그럴 때마다 우리는 뭔가를 기대해 보았다. 그 결과는 언제나 실망과 허탈이 찾아왔지만 그래도 우리는 끈기를 가지고 참고 기다리고 있다. 만나다 보면 서로의 사정도 알고 사정이 통하면 인정이 통하고 인정이 통하면, 서로 사랑해 주고 위해 주게 될 것이라고 말이다. 이런 우리의 소박한 바람과 인내는 그 누구도 짓밟거나 배반하지 못할 것이다. 당장에는 이데올로기의 장벽과 체제 간 경쟁, 권력의 장악 등에 방해가 되기 때문에 이런 우리의 소박한 꿈을 외면하고 있지만, 역사는 종국적으로 소박한 서민들의 편으로 가는 것이 아니겠는가.

그러나 한 가지 우리가 유념해야 될 것은 역사는 노력하는 사람들의 땀이 고이고 눈물이 고이고 피가 끓는 곳으로 간다는 교훈이다. '하늘은 스스로 돕는 자를 돕는다'는 격언처럼, 우리는 과연 우리들의 소박한 꿈을 영글게 하기 위해서 피와 땀과 눈물을 흘릴 마음의 준비와 실천력을 준비하고 있는가를 되물어 보지 않을 수 없다.

오늘날 우리 대한민국이 이룩해 낸 경제적 번영과 국제적 지위 격상은 가만히 앉아서 그냥 온 것이 아님을 우리 모두는 다시 한 번 되새겨야 할 시점이라고 생각한다. 그렇다면 우리가 바라는 통일조국을 건설하는 일도, 정치·경제·문화·교육 선진국으로 진입하는 일도 우리들의 노력과 땀흘리는 수고 없이 찾아오리라고 절대로 기대할 수 없다.

땀을 잊으면 사양길

지금 우리 사회는 경제면에서도 소위 서비스업종에는 젊은이들이 몰리고, 제조업종에서는 점점 사람들이 떠난다고 야단이다. 땀흘리는 생산과 창조의 현장이 줄어들고, 먹고 마시고 즐기는 일에 사람들이 몰린다는 것은 곧바로 국가 경제가 후퇴하는 요인이 아니겠는가. 미국이 지금 그 눈부신 발전의 시대를 놓치고 사양 대국이 되어 가는 근본 원인이 바로 이런 요인 때문임을 우리는 직시해야 할 것이다. 미국 젊은이들이 산업현장으로 뛰어들어 땀흘리는 건강한 청년으로 있는 동안은 미국이 발전에 발전을 거듭했던 것이다. 그러나 그들이 점차 편하고 쉬운 일거리만 찾아나설 때부터 오늘의 미국이 이미 예정돼 있었던 것이다. '최소의 투자로 최대의 이윤'을 목표로 하는 것은 자본주의식 경제 원리이지만, 이 경제 원리가 인간의 노력을 지배하게 될 때는 그 사회는 병들기 시작하는 것이다. '최소의 노력으로 최대의 대가'를 얻겠다고 잘못 인식하게 된다면 모든 사람들은 놀고 먹는 일에만 눈독을 들이게 마련이다. 실제로 우리 사회는 지금 이와 같은 잘못된 인식이 널리 퍼져 나가고 있다. 사실 '최소의 투자(비용)로 최대의 이윤(효과)'을 추구하는 자본주의 경제 원칙은 인간의 피와 땀과 눈물이란 노력과 성실을 전제로 한 것임을 우리는 너무도 자주 망각하곤 한다. 오늘날 소련과 동구 공산진영의 몰락과 경제적 공동화(空洞化)는 공산주의제도란 바로 사람들의 능력을 최대한 발휘할 수 있는 제도가 아니라 놀고 먹고 적당히 지낼 수 있었던 데서 기인했음을 우리는 다 알게 되었다. 이제 우리 사회는 그 어떤 국가목표가 있든지 간에 가장 선행되고 근본적인 것은 우리 모두가 그 목표를 위해 얼마만큼 땀과 눈물을 흘리면서 우리의 힘을 투입할 수 있느냐에 달려 있는 것이다.

그런 면에서 우리는 우리의 교육 문제를 다시 한 번 생각하지 않으면 크나큰 위기에 부딪칠 것을 느끼게 된다. 사회 전체가 근면과 노력과 성실을 존중하는 풍토를 가꾸는 일에 나서야 하겠다. 땀흘리고 일하는 사람을 우대하는 사회가 건강한 사회임을 우리 모두가 입증해야 되겠다.

통일은 피·땀·눈물의 결실

우리 국민이 꿈에도 이루어지기를 바라는 통일이란 국가목표도 국민이 놀고 입으로만 외친다고 올 게 무엇인가. 통일을 위해 각 계에 종사하는 모든 사람들이 피땀을 흘리며 열심히 노력할 때에 가능한 것이다. 경제적으로도 우리가 얼마나 땀을 흘리며 정직하고 성실하게 노력하고 있는가. 밤낮없이 일하려는 산업전사와 일선 경영인들이 많아져야 나라의 부가 축적될 것이고 그래야 통일의 여력이 나올 것 아니겠는가.

정치적으로는 또 어떤가. 모든 정치인과 각급 공직자들이 진정으로 위민보국의 정신으로 부지런하고 성실히 땀흘리며 노력해야 한다. 무사안일에 빠져든 공무원과 공직자들, 나라 일에 자기 당파의 이익만 앞세우고 놀고 먹는 정치인들의 작태가 새해에는 말끔히 없어져야 할 것이다.

또한 우리의 학원과 교육계에도 교수와 학생, 교사와 학생들이 열심히 연구하고 가르치고 배워야 할 것이다. 공부하지 않는 학생에 연구하지 않는 선생이 많아지면 우리의 국력은 뒷걸음질치게 된다. 새로운 지식과 정보가 하루가 멀다하고 쏟아져 나오는 이 시대에 우리 사회의 각계각층은 잠시도 놀고 한눈을 팔 수가 없다.

끝으로 우리 사회는 지금 도덕성으로 무장된 각계의 엘리트가 많이 배출되어야 함을 강조하지 않을 수 없다. 지금 우리 나라뿐만 아니라 전세계는 도덕문맹증으로 인류문명이 파탄에 직면하고 있다. 도덕적 우위를 확보한 엘리트가 아닌 자는 나라나 세계를 주도할 수가 없게 되는 시대가 곧 도래할 것이다. 우리 나라의 남북통일도 결국은 도덕적 우위를 확보한 국력의 축적이 승한 쪽이 그 주도 세력이 될 것이다. 우리는 대한민국이 북한에 비해 통일의 주도국이 될 것을 새해 벽두에 기원해 보는 것이다.

〈전교학신문〉 (1991. 1. 2)

새로운 국민 형성의 길

한국인으로서의 주체성과 아울러 세계인으로서의 시야와 국제적 경쟁력을 갖춘 일등국민이 '새한국인'이다. 도덕적으로 건강하고 문화적으로 세련과 교양이 넘치는 순화된 인간형이야말로 새한국인상이다.

종전—광복—분단 반세기를 긋는 1995년, 세계화의 원년에 세계일보는 어제로써 창간 6주년을 맞았다. 우리 나이로 이제 겨우 일곱 살이 되는 유충한 연륜이다.

그럼에도 불구하고 세계일보의 존재에 대한 독자일반의 인식은 확고하고 기대 또한 날로 높아가고 있음을 우리는 매순간 가슴 뿌듯이 느낀다. 특히 '세계일보의 세계일보다움'을 강조하는 애독자들의 한결같은 열망에서 우리는 세계일보가 나아가야 할 길을 새삼 확인하게 된다. 세계일보의 존재의미는 이미 그 이름으로 표상된다. 시야를 멀리 넓고 크게 열어 항상 세계를 내다보고 세계를 생각하며 세계를 향해 앞으로 나아가는 신문임을 자임한다는 뜻에서 '세계일보'다. 세계일보는 곧 시대정신으로서의 세계화를 태반으로 하여 그 생명의 약동이 시작된 것이다. 세계를 지향하는 세계일보의 이 창간 정신은 오늘에 이르러 정부가 국정지표로 제시하고 있는 세계화의 과업과 맥이 닿아 있음을 본다.

세계화의 중심개념은 보편성으로 귀착된다. 보편성이란 인간이면 누구나가 옳다고 시인하고 따를 수 있는 범인류적 가치의식이나 행동양식이라 할 수 있다. 따라서 세계화란 인류의 보편적 가치를 창조하는 작업이다.

그러나 보편성은 특수성의 토양 속에서 자란다. 서구문명이 보편성을 띠고 금세기까지 세계를 지배할 수 있었던 것도 희랍-로마의 과학적 합리주의와 청교도적 기독정신이 접목된 서구적 특수성의 토양이 준비되어 있었기 때문이다. 세계무역기구(WTO)의 출범(1995년 1월 1일)과 함께 세계가 하나로 되는 21세기의 서곡은 이미 울려 퍼지기 시작했다. 전 세기와는 분명 판이하게 전개될 21세기, 이 새 시대의 새 역사를 창조하는 능동적 주체는 우리 한민족이 되어야 한다. 그러기 위해서 우리는 무엇보다 '새로운 국민 형성의 길'을 모색해야 한다.

새로운 국민이란 '새한국인'을 말한다. 한국인으로서의 주체성과 아울러 세계인으로서의 시야와 국제적 경쟁력을 갖춘 일등국민이 새한국인이다. 도덕적으로 건강하고 문화적으로 세련과 교양이 넘치는 순화된 인간형이야말로 새한국인상이다. 이 새한국인을 통해서만이 세계를 능히 담아 낼 수 있는 보편성을 띤 한국문화를 창조할 수 있다. 남북통일로 실현될 이른바 '슈퍼네이션'의 건설은 새한국인의 과업이다. 지금 정부가 세계화의 전략목표로 제시하고 있는 '세계중심국가론'도 새로운 국민 형성을 전제로 하는 것이 아니면 한낱 공허한 레토릭에 지나지 않는다. 이전

시대의 한국, 한국 사회, 한국인으로서 세계화의 구호는 사치요 허영이다.

그동안 얼마나 많은 대형 사건과 사고가 일어났는가. 비리에 곪아터지고 부실에 무너져 내리고 상상하기조차 부끄러운 패륜과 비인간적 만행이 도처에서 쏟아지는 소리에 우리는 얼마나 경악했는가. 광복 이래 50년 동안 고이고 쌓였던 온갖 모순과 병리가 한꺼번에 폭발했던 지난날의 악몽을 떨쳐버리고 새로운 시작, 새로운 출발을 위한 방법론이 세계화라면 우리는 더욱 더 새로운 국민 형성의 대도를 개척해 나가야 한다. 세계일보는 남이 만든 역사의 거센 조류에 휩쓸리고 끌려만 다니는 수동적 객체가 아니라 역사창조의 주역이 되어 새 역사를 이끌어 나가는 능동적 주체로 나서야 할 새로운 국민 형성에 향도적 역할을 다 할 것이다.

세계일보는 이 민족적 사명과 국가·사회적 책무를 사지(社旨)로써 규정하고 있다. 조국통일의 정론, 민족정기의 발양, 도의세계의 구현이 그것이다. 우리의 이 3대 사지는 각기 분립된 개별적 과업이 아니라 '세계'라는 하나의 목표로 집약되는 새로운 국민 형성의 구체적 방법론이다. 통일성업의 완수는 새한국인의 몫이다. 세계중심국가(슈퍼네이션)로 되는 새한국의 건설도 통일조국의 총화로 이룩되어야 한다는 점에서 새한국인의 몫이다.

따라서 세계일보가 민족의 지상명제요 절대가치인 조국통일의 정론지로 나섰다는 것은 세계화를 향한 새로운 국민 형성의 길을 개척하고 있다는 뜻이 된다. 그러나 새한국인은 세계인이기에 앞서 투철한 한국인이어야 한다. 민족정기의 발양이 요구되는 까닭이 여기에 있다. 그리하여 통일된 조국의 미래상은 온 세계가 부러워하고 배우며 따르는 의리의 나라 ― 곧 정신적 부국, 문화대국이어야 한다. 이렇게 되기 위한 오늘의 급선무는 정신적으로 썩고 병들어 날로 황폐화하고 있는 우리 사회의 환부와 병원소를 스스로 도려내고 자가치유할 수 있는 회복능력을 길러 내는 일이다. 도의의 재건을 통한 도의세계의 구현이야말로 유일한 처방이 아닐 수 없다.

이상의 3대 사지를 굳건히 지키면서 세계일보는 권위 있는 사회공기로서 소임을 다하기 위해 일로 매진할 것이다. 우리의 눈으로 세계를 보고 세계의 시각으로 우리의 문제를 풀어 나갈 대안을 제시하면서 책임 있는 사회 각계 지도층의 다양한 정보욕구와 정책갈증을 충족시킬 것이다. 증면경쟁과 같은 물량적 무한경쟁을 고도의 전문성과 분석력으로 축약된 지면으로 극복하고 끊임없는 자정능력의 배양을 통해 한국 언론의 고질적 병폐인 선정성과 상업성, 이기성을 배격·타파해 나갈 것을 다짐한다.

'미운 일곱 살'이란 속언이 있다. 호기심 많고 장난기 심한 개구쟁이를 꼬집는 말이다. 우리는 조국의 통일과 21세기를 향한 한민족의 위대한 전진을 가로막는 일체의 사상에 대해서 미운 일곱 살 노릇하기를 결코 주저하지 않을 것이다. 창간 6주년, 일곱 살배기 세계일보가 세계화 시대에 새로운 국민 형성의 대도를 개척하는 노력에 독자 여러분의 뜨거운 관심과 아낌없는 지지성원 있기를 당부하여 마지않는다.

〈세계일보〉 (1995. 2. 2)

통일시대를 위한 새로운 가치

초판 인쇄 · 2002년 1월 3일
초판 발행 · 2002년 1월 10일

지은 이 · 손대오
펴낸 이 · 임종대
펴낸 곳 · 미래문화사

등록 번호 · 제 3 - 44호
등록 일자 · 1976년 10월 19일
주소 · 서울시 용산구 효창동 5 - 421호 ㉾140 - 120
전화 · 715 - 4507, 713 - 6647
팩스 · 713 - 4805
E - mail · miraebooks@com.ne.kr
　　　　　 mirae715@hanmail.net

ISBN 89 - 7299 - 223 - 2
ⓒ2001, 미래문화사

정가 · 9,000원